기독교 종말론은 미래에 일어날 사건들에 관한 신학적 이론이다. 종말론 논의 중 빠질 수 없는 것이 천년기(千年其), 혹은 천년왕국(Millennialism)에 관한 논쟁이다. 기독교 역사의 시대마다 우세했던 천년기론이 있었다. 대표적 세 가지 천년기 유형으로는 전천년설, 후천년설, 무천년설이 있다. 한편 19세기에 이르러 전천년설에서 가지치기해서 세대주의적 전천년설이 나오고, 전통적 전천년설을 역사적 전천년설이라 부르게 된다. 이렇게 해서 천년기에 관한 네 가지 견해가 수립된다. 네 견해는 다시 예수의 재림과 최후의 심판을 어떻게 보느냐에 따라 두 편으로 나뉜다. 무천년설과 후천년설은 예수의 재림 때 최후 심판이 있다고 주장한다. 한편 역사적 전천년설과 세대주의적 전천년설은 예수의 재림 때 천년기가 시작하고 그 후에 최후 심판이 있다는 주장이다. 모두 성경적 근거를 댄다. 물론 요한계시록 20장 전반부가 중요한 본문이 되지만, 성경의 전체적 가르침을 어떻게 이해하느냐에 따라 나눠진다.

이 책은 역사학자가 좌장 역할을 하면서 네 견해를 각각 대변하는 학자(신약학자와 조직신학자)들이 각자의 신학적 입장에서 천년기를 논하고, 다른 학자들의 논평에 신실하고 친절하게 답한다. 좀 오래된 책이긴 하지만, 천년기에 대한 각 진영의 입장은 거의 바뀌지 않았다 해도 지나침은 없을 것 같다. 천년기에 관한 큰 그림을 선명하게 보여주는 책이다. 독자들에게 선택을 강요하지는 않지만, 꼼꼼히 읽는 독자는 어느 입장이 좀 더 설득력 있게 다가오는지 정도는 느낌으로 알 수 있으리라 생각한다.

류호준   백석대학교 신학대학원 은퇴 교수

세계 제2의 선교사 파송교회, 한국교회가 이렇게 선교에 열심을 내는 아름다운 전통은 어디에서 왔을까? 전천년설일 것이다! 한국개신교회 전체를 아우르는 정체성을 교리면에서 보자면, 이신칭의론일까, 아니면 회심이나 방언이나 예정론일까? 전천년설이다! 이 책은 전천년설을 위시한 후천년설과 무천년설이 주장하는 성경적이고 역사적인 그리고 조직신학적인 입장을 면밀하게 살피고 꼼꼼히 비교한다. 이 책은 이론마다 성경적 기초를 내세우면서 다른 이론들을 배타적으로 대하지만, 이와 동시에 천년설의 저변에는 교회가 처한 역사적 상황이 크게 작용한다는 것도 잘 묘사한다. 암울한 시절을 보낸 고대 교회에는 전천년설이 처음으로 우세하다가 교회가 로마 제국의 공인을 받자 무천년설이 새롭게 등장하였듯, 천년설은 이후 교회사에서 시대와 장소에 따라 계속 부침이 심하게 교체하였다. 본서는 독자들이 한국교회의 천년설 이해를 차분하게 살피면서 반성하도록 도우며, 교회가 이 땅에서 종말론적으로 지닌 사명을 새롭게 깨닫도록 인도할 아주 좋은 안내서다

유해무    고려신학대학원 은퇴 교수

이 책은 신학의 주요 주제들에 대한 주요 네 가지 견해를 소개하는 시리즈 중 하나다. 요한계시록 20장을 중심으로 종말론의 주요 주제인 천년왕국을 어떻게 이해할 것이냐를 놓고 역사적 전천년설과 세대주의적 전천년설, 후천년설과 무천년설을 차례로 소개하며, 각 입장에 대해 다른 입장을 지닌 학자들이 자신의 입장에서 비평하는 방식으로 저술된 책이다. 하나의 결론을 제시하기보다는 각 입장의 핵심 내용을 소개하고 그 내용에 대한 이견들을 소개하는 방식을 통해 독자들이 스스로 건전한 종말론을 찾아가도록 기획되었다. 자신의 종말론적 입장의 근거를 다시 한번 확인하는 계기가 되는 동시에 다른 입장들에 대해 균형 있는 시각을 가질 수 있도록 한다는 점에서 유익하다. 본론을 정독하기 선에 로버드 클리우스외 서론을 먼저 읽고 길잡이 삼기를 추천한다.

이경직    백석대학교 교수

상징과 은유의 언어로 충일한 고대 묵시문학의 일종인 요한계시록 20:1-6의 본문은 말세에 이루어질 이른바 "천년왕국"에 대한 여러 가지 신학적 이론을 생산해 오늘날까지 그리스도인들에게 영향력을 발휘하고 있는데 전천년설, 후천년설, 무천년설 등이 그것이다. 전천년설은 또다시 분기하여 역사적 전천년설과 세대주의적 전천년설로 대별되는데 이러한 교리적 관점이 일견 색바랜

옛시절의 고고학적 유물처럼 고색창연해 보이지만 그것이 여전히 다수 그리스도인의 신앙적 심성을 긴장하게 하거나 혼란스럽게 하는 것도 사실이다. 이 책은 이러한 배경 아래 천년왕국설에 관한 기존의 전통적 주장을 대표적인 논문 한 편씩으로 요약하여 제시하고 다른 관점에서 그 맹점을 지적하는 방식으로 교차 검증하는 구조 속에 친절하게 천년왕국설에 관한 주요 해석적 스펙트럼을 정리해 제시한다. 전천년설, 후천년설, 무천년설 등의 용어에 위압감을 느끼거나 헷갈려하는 기독 신앙인들, 이 세상의 종말과 그 이후 펼쳐질 내세에 대한 성서의 비전에 관심을 지닌 독자들 모두에게 신앙적 자기계몽의 효과란 측면에서 일정한 도움이 되리라 믿는다.

차정식    한일장신대학교 교수

그리스도인들 사이의 서로 다른 입장들로 말미암은 분열과 대립 그로 인한 적대감은 적잖게 오해와 부정확한 이해들로부터 기인하는 경우가 많은데 천년왕국설 논쟁이야말로 바로 그러한 대표적인 예다. 그런 의미에서 비록 오래된 책이라 할지라도 이 논쟁의 소개서로서 매우 훌륭한 책이 국내에 번역되어 출판되는 것에 열렬한 환영의 박수를 보낸다. 천년왕국설 논쟁은 단순히 종말에 대한 전망뿐 아니라 역사와 문화에 대한 태도 및 무엇보다 성경해석의 틀 사이의 첨예한 대립을 함의하고 있는 의미심장한 주제이기 때문에, 여러 견해를 한눈에 조망할 수 있는 이러한 논쟁 시리즈로 접근하는 것이 가장 적합하다. 더 나아가 이 책은 자칫 복잡할 수 있는 신학적 주제를 이해하기 쉽도록 명쾌하게 소개하는 윗세대 학자들의 깊은 학문성과 서로 간의 꾸밈없는 학문적 대화의 모습을 접할 수 있어 더욱 소중하다. 제대로 이해되지 못한 채 많이 회자되고 있는 이 주제에 대하여 정확히 알기 원하는 모든 신학자, 목회자, 일반 성도들에게 강력히 추천하는 바다.

한상화    아신대학교 교수

이리가 어린 양과 함께 살며

표범이 어린 염소와 함께 누우며

송아지와 어린 사자와 살진 짐승이 함께 있어

어린아이에게 끌리며.

이사야 11:6

# THE MEANING OF THE MILLENNIUM

*Four Views*

Loraine Boettner / Anthony A. Hoekema /
Herman A. Hoyt / George Eldon Ladd

edited by
Robert G. Clouse

# 천년왕국 논쟁

## 천년왕국 이론에 관한 네 가지 견해

로레인 뵈트너 / 안토니 A. 후크마 /
허먼 A. 호이트 / 조지 엘던 래드 지음

로버트 G. 클라우스 편집

노동래 옮김

Holy
WavePlus

# ▶차례◀

# ▶ 서론
## ▶ 로버트 G. 클라우스

하나님 나라를 가르치는 것은 성경 해석자들이 다뤄야만 하는 주제 중 좀 더 어려운 주제다. 신자들이 다니엘 2장이나 요한계시록 20장 같은 구절들에 대해 자신의 해석을 제시할 때 그 문제가 예리해진다. 이런 텍스트들을 인간 역사의 흐름과 관련지으려는 시도에서 그리스도인들은 그리스도의 재림과 그의 통치를 설명하는 몇 가지 시스템을 만들어냈는데, 그것들 세 가지에 전천년설, 무천년설, 후천년설이라는 명칭이 붙여졌다. 이 범주들은 유익하고 널리 받아들여지지만 어떤 면에서는 유감스러운 구분이다. 그 구분들은 그리스도의 재림 시기와 좀 더 관련이 있기 때문이다. 전천년주의자들이 고대하는 왕국은 후천년주의자들이 고대하는 왕국과 판이하다. 차이는 그 왕국이 수립될 시기와 방식에 관해서뿐만 아니라 그 왕국에 대한 그리스도의 통제 행사의 본질과 방식에 관해서도 나타난다. 우리는 그 견해들을 자세히 정의함으로써 그 견해들과 그 함의들을 이해할 수 있다.

## 몇 가지 간략한 정의

전천년주의자들은 일반적으로 그리스도의 재림에 앞서 복음이 모든 나라에 전파됨, 대대적인 배교, 전쟁, 기근, 지진, 적그리스도의 출현, 대환난 같은 특정한 표지들이 있을 것이라고 믿는다. 그의 재림 후에는 세상의 종말에 앞서 평화와 의(righteousness)의 시기가 이어질 것이다. 그리스도가 왕으로서 직접 또는 선택된 추종자 집단을 통해 통치하실 것이다. 이 통치는 오랜 기간에 걸쳐 개인의 영혼들이 개종함으로써 확립되는 것이 아니라 갑자기 압도적인 힘을 통해 올 것이다. 이때 유대인들이 개종하고 매우 중요해질 것이다. 자연 역시 복을 공유하여 매우 풍요로워질 것이다. 맹수들조차 유순해질 것이다. 이 시대에는 "쇠 막대기"로 다스리시는 그리스도에 의해 악이 억제될 것이다. 그러나 1,000년의 끝에 사악한 사람들의 반역이 일어나고 그것이 성도들을 거의 압도한다. 몇몇 전천년주의자들은 이 황금기 동안 죽은 신자들이 영화된 몸으로 부활하여 땅의 나머지 거주자들과 자유롭게 섞일 것이라고 가르쳤다. 천년왕국 후 죽은 비그리스도인들이 부활하고 천국과 지옥의 영원한 상태가 확립된다.

전천년주의자들과 대조적으로 후천년주의자들은 하나님 나라가 기독교의 가르침과 설교를 통해 지금 확장되고 있다고 설명한다. 이 활동이 세상을 기독교화하고 천년왕국이라고 불리는 긴 평화와 번영의 기간을 가져올 것이다. 새로운 시대가 반드시 현재와 본질적으로 다르지는 않을 것이다. 그것은 세계 인구의 점점 많은 부분이 기독교로 개종함에 따라 출현한다. 악이 제거되지는 않지만, 그리스도인들의 도덕적·영적 영향이 커짐에 따라 악이 줄어들 것이다. 교회가 더 중요해질 것이고 많은 사회·경제·교육 문제가 해결될 것이다. 이 기간은 그리스도의 재림, 죽은 자들의 부활과 최후 심판으로 끝난다.

무천년주의자들은 성경이 세상의 종말 전에 보편적 평화와 의의 기간이 있을 것이라고 예측하지 않는다는 입장을 취한다. 그들은 세상에서 선과 악이 계속 성장하고, 죽은 자들이 부활하고 최후 심판이 시행될 때인 그리스도의 재림에서 절정에 이를 것이라고 믿는다. 무천년주의자들은 장차 내생의 새로운 땅에 존재할 영광스럽고 완벽한 왕국도 고대하지만, 승리하신 그리스도가 그의 말씀과 성령을 통해 자기 백성을 다스리고 계심에 따라 하나님의 나라가 지금 현존한다고 주장한다. 무천년주의자들은 요한계시록 20장에 언급된 천년왕국이 죽은 신자들의 영혼이 현재 하늘에서 그리스도와 함께 다스리는 것을 묘사한다고 해석한다.

## 시기에 따라 견해가 달라진다

교회사에서 어느 시대에나 이런 해석들의 신봉자가 존재했지만 특정한 시대에는 특정한 견해가 압도했다. 기독교 시대의 첫 3세기 동안에는 전천년설이 지배적인 종말론 해석이었다. 이 견해의 지지자로는 파피아스(Papias), 이레나이우스(Irenaes), 순교자 유스티누스(Justin Martyr), 테르툴리아누스(Tertullian), 히폴리투스(Hippolytus), 메토디오스(Methodius), 콤모디아누스(Commodianus), 락탄티우스(Lactantius)가 포함된다. 콘스탄티누스 황제 치하에서 기독교 교회에 특권적 지위가 부여되었던 4세기에 무천년설이 받아들여졌다. 천년왕국은 교회를 가리키는 것으로 재해석되었고 그리스도와 그의 성도들의 1,000년 동안의 통치는 지상 교회의 전체 역사와 동일시되었으며, 따라서 미래의 천년왕국을 부인하게 되었다. 유명한 교부인 아우구스티누스(Augustine)가 이 입장을 명확히 설명했으며 그것은 중세 때의 지배적인 해석이 되었다. 그의 가르침이 전적으로 수용되어 431년에 열린 에베소 공의회에서는 천년왕국에 대한 믿음이 미신적이라고 정죄되었다.

　　중세 때 공식적인 교회 교리는 무천년설이었지만 특정한 신자 집단에서는 전천년설이 계속 신봉되었다. 이 천년왕국주의자들은 간혹 기성 체제를 공격했다. 예를 들어 인구가 증가하고 부의 차이로 말미암아 전통적인 사회의 유대가 망가진 지역들에서 평화와 안정의 천년왕국에 대한 욕구가 강해졌다. 새로운 사회 조건을 통해 야기된 불안이 성령을 통한 영감을 받았다고 주장하는 지도자들 아래 하나님의 이름으로 천년왕국을 추구하며 압제에 대한 반란을 시도하게 만들었다.[1] 이런 활동의 마지막 예 중 하나는 1534년에 독일의 뮌스터에서 일어난 반란이었다. 얀 마티스(Jan Matthys)라는 사람이 그 공동체를 장악하고, 자기가 선한 공동체를 확립하고 현행 법규들을 없앰으로써 그리스도의 재림을 위한 길을 예비하는 에녹이라고 설교했다. 그리고 그는 신실한 모든 사람에게 뮌스터가 새 예루살렘이니까 뮌스터로 모이라고 요구했다. 재세례파의 많은 사람이 그 도시로 갔고 개신교 신자들과 가톨릭 신

---

1_ Norman Cohn, *The Pursuit of the Millennium* (New York: Oxford University Press, 1970).

자들의 군대에 포위되었다. 공포가 지배함에 따라 그 공동체는 계속 마티스의 후계자의 통제 아래 있게 되었지만 결국 방어선이 무너지고 그 마을은 함락되었다.

아마도 이 에피소드가 개신교 개혁자들로 하여금 아우구스티누스의 무천년설에 머무르게 했을 것이다. 그러나 그들은 종말론 해석에서 변화를 시작했고 그것이 17세기에 전천년설에 대한 관심이 소생하는 무대를 형성했다. 예를 들어 마르틴 루터(Martin Luther, 1483-1546)는 성경에 대해 좀 더 문자적인 접근법을 옹호했고, 교황을 적그리스도와 동일시했으며, 성경의 예언들에 주의를 환기시켰다. 후대의 몇몇 루터파 학자들은 이 관심을 전천년주의적인 해석에 초점을 맞추는 방향으로 돌렸다. 장 칼뱅(1509-64)은 루터와 마찬가지로 천년왕국주의자들의 해석에 대한 접근에 매우 신중했는데, 이는 부분적으로는 일부 재세례파의 과도함 때문이었을 수도 있다.[2]

독일의 칼뱅주의 신학자인 요한 하인리히 알스테드(Johann Heinrich Alsted, 1588-1638)는 전천년설에 반대했지만, 전천년설의 가르침이 현대 세계에서 학문적 형태로 소생하게 했다.[3] 알스테드의 견해를 제시한 그의 저서 『사랑받는 도시』(*The Beloved City*, 1627)가 학식 있는 성공회 학자 조셉 미드(Joseph Mede, 1586-1638)를 전천년주의자가 되게 했다. 두 사

---

2_ 칼뱅은 천년설에 관심을 보이는 사람들을 "무식하다" 또는 "악의적이다"라고 여겼다. John Calvin, *Institutes of the Christian Religion*, ed. J. T. McNeill, trans. F. L. Battles, II (Philadelphia: Westminster Press, 1960),111, 25,996. Heinrich Quistorp, *Calvin's Doctrine of the Last Things*, trans. H. Knight(Richmond, Virginia: John Knox Press, 1955)도 보라.

3_ Robert G. Clouse, "Johann Heinrich Alsted and English Millennialism," *Harvard Theological Review*, LXII (1969), 189-207.

람의 작품들이 1640년대 청교도 혁명 발생 후 지상에 하나님 나라를 건설하려는 욕구에 영감을 주는 데 도움이 되었다.[4] 하지만 스튜어트 왕가의 통치가 회복되면서 통치자들이 제5 군주파(Fifth Monarchy Men) 같은 급진적인 청교도 집단과 연결되었기 때문에 이 견해는 불신받게 되었다. 그럼에도 J. H. 벵겔(J. H. Bengel), 아이작 뉴턴(Isaac Newton), 조지프 프리스틀리(Joseph Priestley) 같은 사람들이 관심을 보인 데서 알 수 있듯이 전천년설은 18세기에도 소멸하지 않았다.

전천년설이 쇠약해짐에 따라 후천년설이 가장 우세한 종말론 해석이 되었는데, 이 시기의 후천년주의자 가운데 다니엘 휘트비(Daniel Whitby, 1638-1726)가 가장 인상적이었다. 그의 해석에 따르면 세상이 그리스도에게 개종하고, 유대인들이 그들의 땅을 회복하며, 교황과 이슬람이 패배하고, 그 후 땅이 1,000년 동안 보편적 평화와 행복과 의의 시기를 누리게 되어 있다. 이 기간의 끝에 그리스도가 몸소 재림하여 최후의 심판을 하실 것이다. 후천년설은 아마도 18세기 계몽주의의 견해들과 일치하기 때문에 그 시기의 지도적인 주석자들과 설교자들에게 채택되었을 것이다.[5]

19세기에 전천년설은 다시 폭넓은 주의를 끌었다. 이 관심은 프랑

---

4_ Robert G. Clouse, "The Apocalyptic Interpretation of Thomas Brightman and Joseph Mede," *Journal of the Evangelical Theological Society*, XI (1968), 181-93. 청교도의 천년왕국설에 관한 좀 더 자세한 내용은 Philip G. Rogers, *The Fifth Monarchy Men*(New York: Oxford University Press, 1966)과 Peter Toon, ed., *Puritans, the Millennium and the Future of Israel, Puritan Eschatology* 1600-60(Cambridge: James Clarke & Co., 1970)을 보라.

5_ 조나단 에드워즈는 18세기의 가장 유명한 정통 기독교 후천년주의자 중 한 명이었다. 그의 아이디어들에 대한 분석이 James Carse, *Jonathan Edwards and the Visibility of God*(New York: Charles Scribner's Sons, 1967)에 포함되어 있다.

스 혁명 시기에 유럽의 정치·사회 제도들이 폭력적으로 뿌리째 뽑힌 것에 의해 강화되었다.[6] 유대인들의 개종과 그들의 지위에 관한 관심도 되살아났다. 런던에 소재한 교회에서 사역한 스코틀랜드 교회 사역자 에드워드 어빙(Edward Irving, 1792-1834)은 이 시기의 영향력 있는 인물 중 한 명이었다. 그는 예언에 관한 많은 책을 발간했고 앨버리 파크 예언 컨퍼런스들(Albury Park prophecy conferences)을 조직하는 데 도움을 주었다. 이 모임들은 19세기와 20세기의 천년왕국주의자 모임의 패턴을 형성했다. 예언에 대한 어빙의 열심은 다른 집단들에 확산되었으며, 플리머스 형제단에게 확고한 지지를 받았다.

플리머스 형제단의 초기 지도자였던 J. N. 다비(J. N. Darby, 1800-82)는 세대주의적 전천년설을 명확하게 표현했다. 그는 천년왕국 전 그리스도의 재림이 두 단계로 이루어진다고 묘사했다. 1단계에서는 대환난이 땅을 황폐화하기 전에 은밀한 휴거가 교회를 [공중으로] 이동시킨다. 2단계에서는 그리스도가 그의 성도들과 함께 재림하여 왕국을 세우신다. 그는 또한 교회는 하나의 신비인데 바울만 그것에 관해 말했으며, 성경에 나타난 하나님의 목적은 세대들(dispensations)이라 불리는 일련의 기간들을 통해 이해될 수 있다고 믿었다. 다비는 죽을 때 40권의 저작과 전 세계에 약 1,500개의 모임을 남겼다. 예언에 관한 책 네 권을 포함하는 그의 책들을 통해 세대주의는 영어 사용권에 확산되었다. 다비의 세대주의적 전천년설은 그와 그의 동시대인들이자 추종

---

6_ Ernest R. Sandeen, *The Roots of Fundamentalism*, British and American Millenarianism (Chicago: University of Chicago Press, 1970).

자들(C. H. 매킨토시[C. H. Mackintosh], 윌리엄 켈리[William Kelly], F. W. 그랜트[F. W. Grant])에서 시작하여 중간 시기의 학자들(W. E. 블랙스톤[W. E. Blackstone], 제임스 홀 브룩스[James Hall Brooks], G. 캠벨 모건[G. Campbell Morgan], H. A. 아이언사이드[H. A. Ironside], A. C. 게벨라인[A. C. Gaebelein], C. I. 스코필드[C. I. Scofield]와 그의 스코필드 성경)을 거쳐 현대의 그의 견해 추종자들로 이어져 왔다.[7] 이 영향이 막대해서 오늘날 많은 복음주의 진영에 세대주의 해석이 널리 퍼져 있다. 형제단의 세대주의 견해 전도사였던 헨리 무어하우스(Henry Moorhouse)가 다비의 견해가 확산되는 데 도움이 되었다. 그는 D. L. 무디(D. L. Moody, 1837-99)에게 다비의 예언적 해석을 납득하도록 도움을 주었다. 19세기 말 무렵에 무디는 아마도 걸출한 복음주의 지도자였을 것이다. 다비가 C. I. 스코필드(1843-1921)에게 끼친 영향은 아마도 훨씬 더 중요할 것이다. 스코필드는 세대주의를 그의 성경 주석의 필수적인 부분으로 만들었는데 50년 동안 미국에서 『스코필드 주석 성경』(Scofield Reference Bible) 3천만 부가 인쇄되었다.[8] 최근에 할 린지(Hal Lindsey)의 책들이 인기를 끄는 것은 또다시 세대주의 견해의 생명력을 보여준다.[9]

역사적 맥락에서 간략하게 언급된 이 견해들 각각에 독실한 복음주의 그리스도인 신봉자들이 존재해왔다. 오늘날에도 상황은 똑같다.

---

7_Clarence Bass, *Backgrounds to Dispensationalism* (Grand Rapids, Michigan: William B. Eerdmans, 1960).

8_스코필드 성경에 대한 비판적 분석은 Loraine Boettner, *The Millennium* (Philadelphia: Presbyterian and Reformed Publishing Co., 1957), 369-73을 보라.

9_Hal Lindsey, *The Late Great Planet Earth* (Grand Rapids, Michigan: Zondervan Publishing House, 1970); *There's a New World Coming* (Santa Ana, California: Vision House, 1973); *The Terminal Generation* (Old Tappan, New Jersey: Fleming H. Revell, 1976).

본서에 수록된 논문들은 그들이 대표하는 천년왕국에 대한 견해를 취하는 충실한 신자들이 각각의 입장을 진술한 것이다. 풀러 신학교의 조지 엘던 래드 교수는 "역사적" 전천년설이라고 불릴 수 있는 입장을 제시한다. 그레이스 신학교의 허먼 A. 호이트 학장은 "세대주의적" 전천년설에 관해 쓴다. 로레인 뵈트너는 후천년설 견해를 논의한다. 칼빈 신학교의 안토니 A. 후크마 교수가 쓴 마지막 논문은 무천년설 입장을 상세히 설명한다. 각 논문이 마무리되고 나서 다른 저자들이 그들의 특정한 입장에서 응답한다. 그리고 나의 후기와 그 뒤에 천년왕국설에 관한 참고 문헌들이 수록되어 있다.

나는 이 논문들이 성경을 진지하게 연구하는 사람들로 하여금 천년왕국의 해석에 관한 자신의 결론을 형성하도록 도움을 주기를 희망한다. 예언의 해석은 기독교 교리의 영역인데, 그 영역에서는 우리가 항상 바울의 다음과 같은 경고를 명심해야 한다. "우리가 지금은 거울로 보는 것 같이 희미하나 그때에는 얼굴과 얼굴을 대하여 볼 것이요, 지금은 내가 부분적으로 아나 그때에는 주께서 나를 아신 것 같이 내가 온전히 알리라"(고전 13:12).

# 1

## 역사적 전천년설

# 역사적 전천년설

조지 엘던 래드

전천년설은 그리스도의 재림 후 도래할 시대의 새 하늘과 새 땅에서 하나님의 구속 목적이 최종적으로 완성되기 전에 그가 땅에서 1,000년 동안 다스리실 것이라고 진술하는 교리다. 이는 요한계시록 20:1-6의 자연스러운 해석이다.

요한계시록 19:11-16은 그리스도의 재림을 정복자가 자신의 적들, 곧 적그리스도와 사탄과 죽음을 멸망시키기 위해 오는 것으로 묘사한다. 요한계시록 19:17-21은 먼저 적그리스도와 하나님 나라에 반대하여 그를 지원한 무리들의 멸망을 묘사한다. 요한계시록 20장은 이어서 적그리스도 배후에 있는 악한 힘, 곧 옛 뱀이요 마귀요 사탄인 용의 멸망을 이야기한다. 이것은 두 단계로 일어난다.

우선, 사탄이 적그리스도를 통해 그렇게 했던 것처럼 "다시는 만국을 미혹하지 못하도록" 결박되어 "무저갱"(계 20:1)에 감금된다(계 20:3). 이때 성도들의 "첫째 부활"이 일어나(계 20:5) 그리스도가 이 땅을 1,000년 동안 통치하시는 데 참여한다. 이 일 후에 사탄이 결박에서 풀려나고, 사탄은 그리스도가 이 땅을 1,000년 동안 다스리셨다는 사실에도 불구하고 여전히 하나님께 반역할 준비가 되어 있는 거듭나지 않은 사람들을 발견한다. 최후의 종말론적 전쟁이 뒤따르고 마귀가 불과 유황의 못에 던져진다. 그때 천년왕국 전에 부활하지 않은 사람들의 둘째 부활이 일어난다. 그들은 하나님의 심판석 앞에 나와 그들의 행위에 따라 심판을 받는다. "누구든지 생명책에 기록되지 못한 자는 불 못에 던져지더라"(계 20:15). 그때 사망과 무덤이 불 못에 던져진다.

그리스도는 이렇게 그분의 세 원수인 적그리스도와 사탄과 죽음을 이기신다. 적대적인 모든 세력이 정복된 뒤에야 영원한 상태, 즉 새 하늘과 새 땅이 도래할 준비가 된다(계 21:1-4). 이것이 요한계시록 20장의 가장 자연스러운 해석이며, "성경의 예언이 이미 이루어졌다고 믿는" 대다수 해석자(요한계시록이 전형적인 유대-기독교적인 책이고 종말에 관한 기독교의 예언이 아니라 1세기의 묵시록이라고 이해하는 사람)는 일반적으로 그것을 이런 식으로 이해한다.

그것을 하나님의 구속 목적이 실제로 완성되는 것에 관한 기독교의 예언이라고 여기는 사람들에게는 추가적인 질문이 남는다. 다른 성경책들이 그리스도의 1,000년 동안의 통치에 대해 뭐라고 가르치는가? 우리가 다른 어떤 성경책들에 의존하여 이 통치의 성격이 어떠할지 알아낼 수 있는가?

## 해석학의 질문

이 질문들에 대해 복음주의 학자들 사이에 첨예한 의견 차이가 있고 따라서 매우 다른 대답들이 주어진다. 세대주의 이론은 구약성경의 많은 예언이 천년왕국을 예언하며 따라서 그것들을 토대로 메시아의 1,000년 통치의 그림이 구성되어야 한다고 주장한다. 이 견해는 구약성경의 예언들이 문자적으로 해석되어야 한다는 해석학에 근거한다. 세대주의 이론의 명확한 대변인들 중 한 사람인 찰스 라이리(Charles Ryrie)는 그의 저서『오늘날의 세대주의』(Dispensationalism Today)에서 이 점에 관해 명확하게 설명했다.[1]

세대주의의 첫 번째 필수조건은 이스라엘과 교회 사이의 구분이다. 라이리는 "세대주의의 기본적인 전제는 영원까지 구분을 유지하는 두 백성의 형성에서 표현된 하나님의 두 목적이다"라고 말하는 다니엘 풀러(Daniel Fuller)에게 동의한다.[2] 이 결론은 문자적 성경 해석 체계라는 두 번째 원칙에 의존한다.[3] 그러나 이는 주로 구약성경에 적용된다. 구약성경은 이스라엘이 영원히 하나님의 백성이 되리라는 것과 팔레스타인 땅을 영원히 상속받으리라는 것과 영원히 하나님의 신정 국가를 형성하리라는 것을 약속한다. 이 약속들이 천년왕국에서 실현될 것이다.

구약성경의 문자적 해석에 대한 반대는 "영적 해석", 즉 구약성경의 예언들이 기독교 교회에서 실현되었다고 보는 해석이다. 따라서 무천년주의자들은 대개 천년왕국을 "영적"으로 해석한다. 천년왕국은 그리스도께서 문자적으로 이 땅에서 통치하시는 왕국이 아니다. 그것은 그리스도께서 이 시대에 그의 교회에서 통치하시는 것이거나 순교자들

---

1_ Charles Ryrie, *Dispensationalism Today* (Chicago: Moody Press, 1965).
2_ Ibid., 45.
3_ Ibid.

이 죽은 후 중간 상태에서 통치하는 것이다. 세대주의에 있어 이 문제의 중대성을 월부드(Walvoord)의 글에서 볼 수 있다.

> 예수의 부활을 영적으로 해석하는 현대주의자들은 요한계시록 20:1-10
> 에 묘사된 하늘을 발견하는 B. B. 워필드(B. B. Warfield)가 사용한 것과 거
> 의 똑같은 기법을 사용함으로써 그렇게 한다. 더욱이 현대 자유주의의 역
> 사는 그것의 옹호자들이 거의 전적으로 무천년주의자 진영에서 나오고
> 있음을 보여주었다.[4]

월부드는 "로마 가톨릭, 현대 자유주의, 현대 보수주의 저자들의 다양한 신학 체계는 본질적으로 같은 방법을 사용하고 있다"고까지 말한다.[5] 이것은 세대주의와 구약성경에 대한 세대주의의 문자적 해석만이 참으로 복음주의적인 신학을 제공할 수 있다는 주장에 해당한다.

나는 이 견해가 명백히 옳지 않다고 생각한다. B. B. 워필드는 "영적" 해석을 자유주의적 해석과 동일한 의미로 사용하지 않는다. 자유주의자는 신약성경이 예수의 몸의 부활을 가르친다는 것을 **인정**하지만, 자신의 철학적 전제들이 그로 하여금 그것을 받아들이는 것을 불가능하게 만든다. 반면에 B. B. 워필드는 성경이 영감을 받아 쓰였다는 관점에 대한 당대의 열성적인 옹호자였다. 그는 성경을 통해 증명될 수 있는 어떤 교리든 받아들일 용의가 있었다. 그가 천년왕국을 "영적으로 해

---

4_ John Walvoord, *The Millennial Kingdom* (Findlay, Ohio: Dunham, 1959), 71.
5_ Ibid.

석"했다면 그것은 그가 **총체적인 성경 해석학이 자기에게 그렇게 하도록 요구한다**고 느꼈기 때문이다. 그것은 자유주의가 아니다. 그것은 성경을 영감을 받은 하나님의 말씀으로 받아들이는, 똑같이 복음주의적인 학자들이 "자유주의적"이라는 비난을 받음이 없이 동의하지 않을 수 있어야 하는 질문이다.

나는 하나님의 프로그램에서 이스라엘과 교회 사이의 구분을 유지하지 않기 때문에 라이리는 나를 올바로 비세대주의자로 인식한다. 그러나 나는 내가 세대주의자가 아니라고 해서 나의 복음주의적인 자세가 의심을 받지는 않는다고 믿는다.[6] 천년왕국 연구에서 나는 누군가가 성경적 가르침으로 확립할 수 있는 것이라면 무엇이든 받아들일 용의가 있다. 그리고 내가 세대주의적 구분을 받아들이지 않는다면 그것은 영감을 받은 하나님의 말씀을 통해 그렇게 하지 말라고 느끼기 때문이다. 성경이 그리고 성경만이 우리의 권위다.

종말에 관한 구약성경의 예언들의 해석을 위한 주요 주장 중 하나는 그리스도의 초림에 관한 구약성경의 예언들이 문자적으로 성취되었다는 것이다. 그러나 우리는 이 주장을 면밀하게 조사해봐야 한다. 사실 신약성경은 종종 구약성경의 예언들을 **구약성경의 맥락을 통해 제안되지 않은 방식**으로 해석한다.

먼저 간단한 예를 들어보자. 마태복음 2:15은 성경으로부터 예수가 이집트에서 오셔야 한다는 것을 증명하기 위해 호세아 11:1을 인용한다. 그러나 이것은 그 예언이 구약성경에서 의미하는 바가 아니다. 호

---

6_ Ryrie, 46.

세아는 "이스라엘이 어렸을 때에 내가 사랑하여 내 아들을 애굽에서 불러냈다"고 말한다. 호세아서에서 이 말은 예언이 아니라 하나님이 출애굽 때 이스라엘을 이집트에서 불러내셨다는 역사적 진술이다. 그러나 마태는 예수가 하나님의 더 위대한 아들이심을 인식하고서 역사적 진술을 예언으로 바꾼다. 이는 성경의 예언 전체에 걸쳐서 적용되는 원칙인데, 그것은 바로 **구약성경이 그리스도 사건에 비추어 재해석된다**는 것이다.

좀 더 중요한 예를 살펴보자. 신약성경과 기독교 교회는 이사야 53장이 메시아의 고난에 관한 예언이라고 생각한다. 마태는 그 고난이 종에 의해 경험되어야 한다는 것을 언급하지 않지만, 이 예언을 예수께 적용한다(마 8:17). 그러나 빌립은 에티오피아의 환관에게 종의 고난이 예수를 가리키는 것으로 해석한다(행 8:30-35).

혹자가 어떻게 이사야 53장이 예수가 경험하신 고난에 대한 예언이라고 인식하지 않을 수 있는가?

그가 찔림은 우리의 허물 때문이요
그가 상함은 우리의 죄악 때문이라.
그가 징계를 받으므로 우리는 평화를 누리고
그가 채찍에 맞음으로 우리는 나음을 받았도다.
우리는 다 양 같아서
각기 제 길로 갔거늘
여호와께서는 우리 모두의 죄악을
그에게 담당시키셨도다(사 53:5-6).

물론 이것은 예수의 고난에 대한 예언이지만 그 사건이 발생한 뒤에야 그렇게 해석된 예언이다. 그리스도 사건에 비추어 구약성경을 해석하는 신약성경의 또 다른 예를 살펴보자. 사실 구약성경의 배경에서 이사야 53장은 메시아에 관한 예언이 아니다. **메시아**는 "기름 부음을 받았음"을 의미하며 승리를 거두고 기름 부음을 받은 다윗 가문의 왕을 가리킨다. 우리는 이 점을 이사야 11장에서 명확히 볼 수 있다.

> [그가] 그의 눈에 보이는 대로 심판하지 아니하며
>
> 그의 귀에 들리는 대로 판단하지 아니하며
>
> 공의로 가난한 자를 심판하며
>
> 정직으로 세상의 겸손한 자를 판단할 것이며
>
> 그의 입의 막대기로 세상을 치며
>
> 그의 입술의 기운으로 악인을 죽일 것이며(사 11:3-4).

이 대목에 완전히 다른 그림이 존재한다. 메시아는 통치할 것이다. 그는 악을 분쇄할 것이다. 그는 악인을 죽일 것이다. 그렇게 승리하는 통치자가 어떻게 동시에 자신의 영혼을 죽음에 내놓는 온순하고 비천한 존재가 될 수 있는가?(사 53:12) 이것이 이사야 53장의 기록에도 불구하고 예수의 제자들이 예수가 고난을 받고 죽으셔야 한다는 사실을 이해하지 못한 이유다. 메시아는 정복하고 다스려야지, 정복당하고 분쇄되면 안 되었다. 구약성경은 메시아가 정복자와 통치자로 오기 전에 먼저 겸손하고 고난받는 종으로 나타나야 한다는 것을 명확하게 표현하지 않는다.

두 번째 사실도 똑같이 중요하다. [이사야서에서] 고난받는 존재는 결코 메시아나 다윗의 아들이라고 불리지 않는다. 그는 이름이 밝혀지지 않은 개인이다. 게다가 그 텍스트의 맥락에서 고난받는 존재는 야웨의 종인데, 그는 이사야 52:13("보라, 내 종이 형통하리니"), 이사야 50:10("너희 중에 여호와를 경외하며 그의 종의 목소리를 청종하는 자가 누구냐?"), 이사야 49:3("너는 나의 종이요 내 영광을 네 속에 나타낼 이스라엘이라"), 이사야 49:5("이제 여호와께서 말씀하시나니 그는 태에서부터 나를 그의 종으로 지으신 이시요 야곱을 그에게로 돌아오게 하시는 이시니 이스라엘이 그에게로 모이는도다"), 이사야 45:3-4("네 이름을 부르는 자가 나 여호와 이스라엘의 하나님인 줄을 알게 하리라. 내가 나의 종 야곱, 내가 택한 자 이스라엘 곧 너를 위하여") 같은 구절에서 **때때로 이스라엘과 동일시된다.**

이 구절들에서 종은 이스라엘과 이스라엘을 구속하는 존재 모두다. 두 개념 사이에 상호작용이 존재한다. 그러나 어느 경우에도 그 종이 메시아나 다윗 가문의 통치자인 왕으로 불리지 않는다. 유대교 해석자들이 그 종에게서 정복하고 구원하는 메시아적인 왕을 본 것이 아니라 고난받고 고통받는 이스라엘 백성을 본 것은 놀랄 일이 아니다. 이사야 53장은 그것 자체의 역사적 맥락에서 보면 메시아에 관한 예언이 아니다. 그것은 그리스도 사건에 비추어 해석되는 경우에만 메시아에 관한 예언이 된다.

이 점은 확실히 "문자적 해석"이 통하지 않는다는 점을 확고히 한다. 이사야 53장은 문자적으로 메시아 예언이 아니라 이름이 알려지지 않은 야웨의 종에 관한 예언이기 때문이다. 구약성경의 예언들이 그것들의 좀 더 깊은 의미를 발견하려면 신약성경에 비추어 해석되어야 한다.

이 원칙이 한층 더 나아가야 한다. 나는 어떻게 신약성경이 구약성경의 예언들을 신약 교회에 적용하며 그 과정에서 교회를 영적 이스라엘과 동일시한다고 결론짓지 않을 수 있는지 모르겠다. 내가 이 결론에 도달한 이유는 내가 그것을 책에서 읽었거나 특정한 신학 체계에서 발견했기 때문이 아니라, 내가 영감을 받은 하나님의 말씀을 귀납적으로 연구한 데서 발견했기 때문이다.

이 원칙에 대한 가장 생생한 예는 바울이 "[이 그릇은] 우리니 곧 유대인 중에서뿐 아니라 이방인 중에서도 부르신 자니라"라고 말하는 로마서 9장에서 발견된다(롬 9:24). 달리 말하자면 바울은 몇몇 유대인을 포함할 뿐만 아니라 대체로 이방인이었던 로마에 있는 교회에 관해 말하고 있다. 그런 사람들을 존재하게 하는 것이 하나님의 목적이었음을 증명하기 위해 바울은 호세아서에서 두 구절을 인용한다.

> 호세아의 글에도 이르기를
> "내가 내 백성 아닌 자를 '내 백성'이라, 사랑하지 아니한 자를 '사랑한 자'라 부르리라."
> "'너희는 내 백성이 아니라' 한 그곳에서 그들이 '살아 계신 하나님의 아들이라' 일컬음을 받으리라"(롬 9:25-26).

호세아서에서 두 구절 모두 문자적인 이스라엘 백성을 가리킨다. 이스라엘의 반역성 때문에 그들은 더 이상 하나님의 백성이 아니다. "여호와께서 이르시되 '그들의 이름을 로암미라 하라. 너희는 내 백성이 아니요, 나는 너희 하나님이 되지 아니할 것임이니라'"(호 1:9). 이스라엘은 그들의 불신 때문에 야웨로부터 거절되었다. 하지만 호세아는 불순종하는 백성이 순종적으로 될 미래의 회개의 날을 본다. "전에 그들에게 이르기를 '너희는 내 백성이 아니라' 한 그곳에서 그들에게 이르기를 '너희는 살아 계신 하나님의 아들들이라' 할 것이라"(호 1:10). 이것은 미래에 있을 유대인들의 회심을 언급한다. 다음과 같은 두 번째 예언도 마찬가지다. "[내가] 긍휼히 여김을 받지 못하였던 자를 긍휼히 여기며 내 백성 아니었던 자를 향하여 이르기를 '너는 내 백성이라' 하리니 그들은 이르기를 '주는 내 하나님이시라' 하리라"(호 2:23). 이 구절은 하나님이 거절하신 백성이 다시금 하나님의 백성이 될 때인, 문자적 이스라엘의 미래의 구원을 예견한다.

바울은 의도적으로 이스라엘의 미래의 구원에 관한 이 두 예언을 취해서 그것들을 교회에 적용한다. 유대인과 이방인 모두로 구성된 교회가 하나님의 백성이 되었다. 호세아서의 예언들이 기독교 교회에서 성취되었다. 이것을 "영적 해석"이라고 불러도 무방하다. 그러나 아무도 그것을 자유주의라고 불러서는 안 된다. 그것은 확실히 신약성경이 구약성경의 예언들에 대해 하는 일이다.

교회를 영적 이스라엘로 보는 아이디어는 다른 구절들에도 나타난다. 아브라함은 "모든 믿는 자의 조상"으로 불리고(롬 4:11) "아브라함의 믿음에 속한" "우리 모든 사람의 조상"이다(롬 4:16). "믿음으로 말미암은 자들은 아브라함의 자손인 줄 알지어다"(갈 3:7). "너희가 그리스도의 것이면 곧 아브라함의 자손이요 약속대로 유업을 이을 자니라"(갈 3:29). 만일 아브라함이 영적인 사람들의 조상이라면, 그리고 모든 신자가 아브라함의 자손이라면 그들은 영적으로 말하자면 이스라엘이다.

이것이 바울로 하여금 "무릇 표면적 유대인이 유대인이 아니요 표면적 육신의 할례가 할례가 아니니라. 오직 이면적 유대인이 유대인이며 할례는 마음에 할지니 영에 있고 율법 조문에 있지 아니한 것이라"라고 말하게 한다(롬 2:28-29). 이 구절에서는 바울이 유대인들에 대해서만 **진정한** 유대인은 외적으로만 할례를 받은 사람이 아니라 마음에도 할례를 받은 사람이라고 말하고 있을 수 있다. 그는 이 구절들에서 이방인들을 염두에 두고 있지 않을 수도 있다. 그러나 그가 빌립보인들에게 "하나님의 성령으로 봉사하며 그리스도 예수로 자랑하고 육체를 신뢰하지 아니하는 우리가 곧 할례파라"(빌 3:3)라고 말할 때는 확실히 대체로 이방인으로 구성된 교회를 가리킨다.

바울은 갈라디아서 6:16을 제외하고 교회를 이스라엘이라고 부르기를 삼가는데, 그 구절은 많은 논란의 대상이 되고 있다. 그러나 바울이 구약성경의 배경에서는 문자적 이스라엘에게 속하는 예언들을 교회에 적용한다는 것은 사실이다. 그는 교회를 아브라함의 자손, 아브라함의 씨라고 부르고 신자들을 참된 할례를 받은 사람들이라고 부른다. 따라서 바울이 교회를 영적 이스라엘로 본다는 결론을 피하기 어렵다.

또 다른 매우 중요한 구절이 이스라엘에게 주어진 예언을 기독교 교회에 적용한다. 예레미야 31장에서 예언자는 반역하는 이스라엘과 새 언약을 맺을 날을 예견한다. 이 새 언약은 하나님이 자기 백성들 안에서 새 일을 행하시는 것으로 특징지어질 것이다. "내가 나의 법을 그들의 속에 두며 그들의 마음에 기록하여 나는 그들의 하나님이 되고 그들은 내 백성이 될 것이라.···이는 작은 자로부터 큰 자까지 다 나를 알기 때문이라. 내가 그들의 악행을 사하고 다시는 그 죄를 기억하지 아니하리라"(렘 31:33-34).

히브리서는 이것을 그리스도의 피로 맺어진 새 언약에 적용한다. 히브리서 8장은 그리스도에 의해 도입된 새 질서를 구약성경의 지나가는 질서와 대조한다. 그리스도는 옛것에 속하지 않은 "참 장막"에서 섬기신다. 옛것은 "하늘에 있는 것의 모형과 그림자"일 뿐이기 때문이다 (히 8:5). 그러므로 그리스도는 더 좋은 약속에 근거한 새롭고 더 좋은 언약의 중보자시다(히 8:6). "저 첫 언약이 무흠하였더라면 둘째 것을 요구할 일이 없었을" 것이기 때문이다(히 8:7). 이 구절들은 히브리서가 흠이 있는 옛 언약과 그리스도에 의해 확립된 두 번째 언약을 대조하고 있음을 확실히 한다. "그들의 잘못을 지적하여 말씀하시되"(히 8:8). 즉 이스라엘이 언약의 조항들을 계속 어겼기 때문에 하나님이 옛 질서 아래에 있는 이스라엘의 잘못을 지적하신다. 그러므로 새 언약이 필요하다. 히브리서 8:8-12은 그리스도에 의해 맺어진 이 새 언약을 묘사하면서 예레미야 31:31-34을 인용한다. 이 인용이 하나님의 백성인 기독교 교회와 맺은 새 언약, 즉 그리스도의 희생으로 가능해진 새 언약을 가리킨다는 결론을 피할 수 없는 것으로 보인다.

그리고 나서 히브리서는 구약성경의 제사를 가리켜 "새 언약이라 말씀하셨으매 첫 것은 낡아지게 하신 것이니 낡아지고 쇠하는 것은 없어져 가는 것이니라"라고 결론짓는다(히 8:13). 히브리서의 정확한 저술 연대가 의심스럽기 때문에 우리가 히브리서가 쓰일 당시에 예루살렘 성전이 여전히 존재했는지를 알 수는 없다(그 성전은 기원후 66-70년에 파괴되었다). 그러나 히브리서가 성전과 성전에서 드리는 제사의 옛 질서가 쓸모없어졌다고 선언한다는 점 한 가지는 확실하다.

구약성경의 예언들의 문자적 해석에 기초한 세대주의적 전천년설의 핵심 교의 중 하나는 에스겔 40-48장의 예언들에 따라 천년왕국 때 유대인의 성전이 다시 건축되고 전체 제사 제도가 다시 시행되리라는 것이다. 그러나 천년왕국 때의 제사와 구약성경에 따른 제사 사이에는 차이가 있을 것이다. 천년왕국에서의 제사들은 예수의 희생 죽음에 대한 기념이 될 것이다. "천년왕국에서 드리는 제사들을 천년왕국에서 문자적으로 준수될 의식으로 여기는 사람들은 그 제사들에 그리스도가 드린 제사를 뒤돌아보며 기념하는 것의 핵심적인 의미를 부여한다."[7] 기념적이든 다른 의미를 지녔든 간에 구약성경의 제사 제도가 회복된다는 아이디어는 구약성경의 의식이 낡았고 없어져 간다고 확언하는 히브리서 8:13에 정면으로 어긋난다.

그러므로 히브리서 8:8-13은 두 가지 점에서 세대주의 신학을 반박한다. 즉 히브리서는 구약성경의 배경에서 이스라엘을 가리킨 예언을 기독교 교회에 적용하며, 그리스도 안에 있는 새 언약이 구약성경의 의식을 대체했다는 것과 따라서 그것이 없어질 운명이라는 것을 확언한다.

앞 단락의 요점은 역사적 맥락에서 문자적인 이스라엘에게 적용되었던 구약성경 구절들이 신약성경에서는 교회에 적용되었다는 것이다. 이 모든 것이 천년왕국과 무슨 관계가 있는가? 그것은 구약성경이 예언들이 어떻게 성취될지를 명확히 예견하지 않는다는 것이다. 그 예언

---

7_ Walvoord, 312.

들은 구약성경 자체가 명확하게 예견하지 않았고 유대인들이 예상하지 않았던 방식으로 성취될 터였다. 그리스도의 초림에 관해서는 **구약성경이 신약성경을 통해 해석된다.**

세대주의는 구약성경의 문자적 해석에 의해 종말론을 형성하고 신약성경을 그것에 맞추는 반면 비세대주의 종말론은 신약성경의 명시적인 가르침을 통해 종말론을 형성한다는 점에 세대주의 신학과 비세대주의 신학 사이의 기본적인 분수령이 놓인다. 비세대주의는 (a) 그리스도의 초림은 구약성경의 문자적 해석을 통해 예견되지 않았던 방식으로 성취되었고, (b) 구약성경의 약속들이 기독교 교회에서 성취되었다는 피할 수 없는 징후들이 있다는 이유로 인해 종말에 관한 구약성경의 예언들이 어떻게 성취될지 확신할 수 없다고 고백한다.

영민한 독자는 "이는 무천년설처럼 들린다"라고 말할 것이다. 사실 그것은 무천년설처럼 들린다. 나는 무천년설을 신봉하는 저자라면 지금까지 언급된 모든 내용에 충심으로 동의하리라고 생각한다. 그러나 신약성경에는 피할 수 없는 두 구절이 있다. 그중 하나는 로마서 11:26이다. "그리하여 온 이스라엘이 구원을 받으리라." 이것이 문자적 이스라엘을 의미한다는 결론을 피하기 어렵다.

바울은 하나님의 백성에 대해 감람나무 비유를 사용했다. 이스라엘은 원 가지이고 이방인들은 야생 가지들이다. 야생 가지들은 원 가지와 달리 뿌리에 접붙임을 받았다. 이스라엘은 믿지 않아서 꺾였다(롬 11:19). 그러나 원 가지들이 믿지 않는 데 계속 머무르지 않는다면 그들은 자신의 나무에 다시 접붙여질 것이다(롬 11:23). 야생 가지들이 본성을 거슬러 접붙임을 받았다면 "원 가지인 이 사람들이야 얼마나 더 자기 감람나무에 접붙이심을 받겠는가?"(롬 11:24) 이것이 바울이 이방인의 충만한 수가 들어오기까지 이스라엘의 더러는 우둔해졌다고 말하는 맥락이다. "그리하여[이런 식으로, 우둔함의 기간 후에] 온 이스라엘이 구원을 받으리라"(롬 11:26).

신약성경은 확실히 문자적 이스라엘의 구원을 단언하지만, 구원의 날에 관해서는 어떤 세부적인 내용도 제공하지 않는다. 그러나 이스라엘의 구원은 이방인의 구원과 동일한 조건인, 예수를 십자가에서 처형당하신 그들의 메시아로 믿는 믿음을 통해 일어나야 한다는 것은 확실하다. 우리가 이미 지적한 바와 같이 신약성경의 주해(히 8장)는 "천년왕국의 성전"에 관한 예언들이 문자적으로 실현되리라고 믿는 것을 어렵게 만든다. 그 예언들은 예수의 피 안에서 세워진 새 언약 안에서 성취된다. 이스라엘의 회심이 천년왕국과 연결되어 일어날 수도 있을 것이다. 천년왕국에서 사상 최초로 우리가 진정한 기독교 국가를 목격할지도 모른다. 그러나 신약성경은 천년왕국 때 이스라엘의 회심과 역할에 관해 어떤 세부사항도 언급하지 않는다. 따라서 비세대주의 종말론은 이스라엘이 미래에 구원받으리라고 단언하지만 세부사항에 관해서는 하나님의 미래에 열려 있다.

그렇다고 해서 무천년주의자들이 주장하듯이 구약성경의 많은 약속이 교회에서 성취되기 때문에 이것이 하나의 규범적인 원칙으로 여겨져야 하는 것은 아니고 이스라엘에게 주어진 **모든** 약속이 예외 없이 교회에서 실현되는 것도 아니다. 우리는 이미 신약성경이 이스라엘의 최종적인 구원을 가르친다는 것을 증명하려고 했다. 이스라엘은 여전히 하나님의 선민, 곧 "거룩한" 백성이다(롬 11:16). 우리는 이스라엘이 여전히 하나님의 백성이라는 것과 그들이 하나님의 방문을 경험하고 그것이 그들의 구원을 가져오리라는 것 외에 구약성경의 예언들이 어떻게 실현될지 알 수 없다.


## 천년왕국설의 맥락

두 번째 고려사항도 똑같이 중요하다. 모든 천년왕국 교리는 신약성경의 맥락, 특히 신약성경의 기독론과 일치해야 한다.

그리스도의 천상의 지위에 관한 교리는 종종 소홀히 취급되지만 신약성경의 핵심 교리 중 하나다. "죄를 정결하게 하는 일을 하시고 높은 곳에 계신 지극히 크신 이의 우편에 앉으셨느니라"(히 1:3). 이것은 신약성경에서 종종 반복되는 주제다. "[주께서] 그를 영광과 존귀로 관을 씌우시며 만물을 그 발아래에 복종하게 하셨느니라"(히 2:7-8). "오직 그리스도는 죄를 위하여 한 영원한 제사를 드리시고 하나님 우편에 앉으사 그 후에 자기 원수들을 자기 발등 상이 되게 하실 때까지 기다리시나니"(히 10:12-13).

이 대목에서 시편 110:1이 명확하게 언급된다. "여호와께서 내 주에게 말씀하시기를 '내가 네 원수들로 네 발판이 되게 하기까지 너는 내 오른쪽에 앉아 있으라' 하셨도다." 오른쪽은 선호하는 자리, 힘 있는 자리, 탁월한 자리다. 이는 메시아적 왕으로서 그리스도의 통치와 관련이 있다. 오른쪽은 사실상 하나님의 보좌다. "이기는 그에게는 내가 내 보좌에 함께 앉게 하여 주기를 내가 이기고 아버지 보좌에 함께 앉은 것과 같이 하리라"(계 3:21). 그리스도는 현재 하나님의 섭정으로서 하늘에서 다스리고 계신다. 그리스도의 통치는 적대적인 모든 세력을 진압하는 것을 목표로 한다. "그 후에는 마지막이니 그가 모든 통치와 모든 권세와 능력을 멸하시고 나라를 아버지 하나님께 바칠 때라. 그가 모든 원수를 그 발아래에 둘 때까지 반드시 왕 노릇 하시리니 맨 나중에 멸망 받을 원수는 사망이니라"(고전 15:24-26). 신약성경은 그리스도의 통치를 천년왕국에서 이스라엘을 통치하는 것에 제한된 것으로 제시하지 않는다. 그것은 이미 시작된 하늘에서의 영적 통치이며, 그것의 주된 목적은 그리스도의 영적 적들을 멸망시키는 것인데, 최후의 원수는 사망이다.

그리스도의 현재의 승귀와 통치에 관한 진리가 위대한 기독론적 구절인 빌립보서 2:5-11에 명확히 표현되어 있다. "그는 근본 하나님의 본체시나 하나님과 동등 됨을 취할 것으로 여기지 아니하시고 오히려 자기를 비워 종의 형체를 가지사 사람들과 같이 되셨고 사람의 모양으로 나타나사 자기를 낮추시고 죽기까지 복종하셨으니 곧 십자가에 죽으심이라. 이러므로 하나님이 그를 지극히 높여 모든 이름 위에 뛰어난 이름을 주사 하늘에 있는 자들과 땅에 있는 자들과 땅 아래에 있는 자들로 모든 무릎을 예수의 이름에 꿇게 하시고 모든 입으로 **예수 그리스도를 주라** 시인하여 하나님 아버지께 영광을 돌리게 하셨느니라."

원시 기독교의 일차적인 고백은 구원자로서의 예수에 대한 고백이 아니라 주님으로서의 예수에 대한 고백이었다. "네가 만일 네 입으로 예수를 주로 시인하며 또 하나님께서 그를 죽은 자 가운데서 살리신 것을 네 마음에 믿으면 구원을 받으리라"(롬 10:9). 이 고백은 예수가 **나의** 주님이시라는 고백 이상이다. 그것은 우선 내가 하나님이 예수를 주님의 지위로 높이셨음을 인정한다는 신학적 고백이다. 그는 **주님이시다.** 그는 하나님의 오른쪽으로 높여지셨다. 그러므로 나는 그의 주권에 절함으로써 그를 **나의** 주님으로 삼는다.

주권과 왕권은 상호 교환 가능한 용어들이다. 이 점이 디모데전서 6:15에 제시되어 있다. 하나님은 우리의 "복되시고 유일하신 주권자이시며 만왕의 왕이시며 만주의 주시다." 이 구절이 성부에 관해 말하지만 주 예수의 중보 사역을 통해 모든 적이 그의 발아래 놓일 것이다. 이 일이 달성되고 주 예수가 "모든 통치와 모든 권세와 능력을" 멸망시키시면 그가 **나라**를 아버지 하나님께 넘기실 것이다(고전 15:24). "만물을 그에게 복종하게 하실 때에는 아들 자신도 그때에 만물을 자기에게 복종하게 하신 이에게 복종하게 되리니 이는 하나님이 만유의 주로서 만유 안에 계시려 하심이라"(고전 15:28).

같은 진리가 베드로의 오순절 날 연설에서 명확히 제시되는데, 베드로는 그 연설을 다음과 같이 마무리한다. "그런즉 이스라엘 온 집은 확실히 알지니 너희가 십자가에 못 박은 이 예수를 하나님이 주와 그리스도가 되게 하셨느니라"(행 2:36). 맥락에서 떼 내면 이 구절은 예수가 그의 승귀에서 주와 그리스도가 **되셨음**을 의미할 수도 있을 것이다. 그러나 사도행전 3:18은 예수가 그리스도로서 고난을 견디셨음을 명확히 한다. 그러므로 그 구절은 예수의 승귀에서 그가 자신의 메시아로서의 사명의 새로운 단계에 들어가셨음을 의미한다. **그리스도**는 "기름 부음을 받은 자"를 의미하며 기름 부음을 받은 다윗 가문의 왕으로서 그의 역할을 가리킨다. 주는 절대적인 주권을 의미하는 종교적인 단어다.

이 말의 중요성은 베드로의 설교에서 발견된다. 다윗은 하나님이 자신의 후손 중 한 명을 자신의 자리에 앉히리라고 맹세하신 것을 알았다. 그러므로 그는 그리스도의 부활을 예견하고 그것에 관해 말했다. 그리스도는 하나님의 오른쪽으로 높여지셨다. "다윗은 하늘에 올라가지 못하였으나 친히 말하여 이르되 '주께서 내 주에게 말씀하시기를 "내가 네 원수로 네 발등상이 되게 하기까지 너는 내 우편에 앉아 있으라" 하셨도다' 하였으니"(행 2:34-35). 이 구절에도 시편 110편에서 인용한 내용이 등장한다. 베드로가 예수의 승귀와 하나님의 오른쪽에 앉으심에서 하나님이 시편 110편의 약속을 이행하셨음을 의미한다는 결론을 피하기 어렵다. 베드로는 영감을 받아 다윗의 보좌를 예루살렘(시온)으로부터(시 110:2) 하늘로 옮겼다. 천상에서 예수는 주로 삼아지셨다. 그는 또한 다윗 가문의 메시아적 왕으로서 통치하기 시작하셨다. 그는 주와 그리스도로서의 통치를 개시하셨다.

이 진리는 예수의 재림을 가리키는 데 사용된 그리스어 단어 세 개 중 하나인 **아포칼립시스**(*apokalypsis*)에 반영되었는데, 그 단어는 "계시"를 의미한다. 바울은 고린도 교회 교인들이 "우리 주 예수 그리스도의 나타나심"을 기다린다고 말한다(고전 1:7). "주 예수께서 하늘로부터 나타나실 때" 주의 돌아오심은 고난받는 그리스도인들에게 안식을 의미할 것이다(살후 1:7). 그리스도의 재림은 바로 이미 그분의 것인 주권과 그분이 주님이시라는 사실을 세상에 알리는 것을 의미할 것이다. 그가 지금 주님이시다. 그가 지금 하나님의 오른쪽에서 다스리고 계신다. 그러나 그의 현재의 통치는 믿음의 눈을 통해서만 보인다. 그것은 세상에게는 보이지 않고 인식되지 않는다. 그의 두 번째 도래는 이미 그분의 것인 주권을 드러내는 것, 즉 계시를 의미할 것이다. 그것은 "우리의 크신 하나님 구주 예수 그리스도의 영광이 나타나심"(딛 2:13)을 의미할 것이다.

우리는 성경에서 예수가 이스라엘의 왕이신 동안 교회의 주님이시라는 아이디어에 대한 근거를 발견할 수 없다. 성경에서 예수가 재림 때그의 메시아적 통치를 시작하신다는 아이디어와 그의 통치가 주로 천년왕국에 속한다는 아이디어가 발견되지 않는다. 오히려 그리스도의1,000년 동안의 통치는 이미 그분의 것인 주 되심과 주권이 역사에서드러나는 것이라는 점이 발견된다.

## 천년왕국설

우리는 천년왕국에 관한 신약성경의 가르침을 연구하기 위해 신약성경을 살펴봐야 한다. 위에서 짧게 설명된 이유로 인해 천년왕국 교리는 구약성경의 예언들에 근거할 수 없고 신약성경에만 근거해야 한다.

성경에서 실제로 천년왕국에 관해 말하는 곳은 요한계시록 20:1-6뿐이다. 모든 천년왕국 교리는 이 구절의 가장 자연스러운 주해에 근거해야 한다.

요한계시록은 묵시문학이라 불리는 문학 장르에 속한다. 첫 번째묵시록 책은 정경 다니엘서였다. 이 책에 이어 기원전 200년에서 기원후 100년 사이에 「에녹서」, 「모세의 승천」, 「에스라4서」, 「바룩의 묵시록」 등 다니엘서를 모방하는 많은 작품이 나왔다. 묵시문학 연구를 통해 묵시문학들은 고도로 상징적인 언어를 사용하여 역사에서 일어난 일련의 사건들을 묘사하며, 묵시문학의 주된 관심사는 시대의 종말과 하나님 나라의 확립이라는 두 가지 사실이 드러났다. 때때로 메시아가 등장하지만 반드시 그런 것은 아니다. 「모세의 승천」에서는 하나님이 직접 자신의 나라를 확립하신다.[8] 예를 들어보자. 다니엘은 바다에서 네 짐승이 올라오는 것을 보는데, 그 짐승들은 연속적인 네 개의 세계 제국을 나타낸다. 그 후에 그는 인자 같은 이가 하나님의 보좌로 나아와 왕국을 받아서 그것을 땅에 있는 지극히 높으신 이의 성도들에게 가져오는 것을 본다(단7장). 이것이 다니엘이 시대의 종말과 하나님 나라의 확립을 묘사하는 방식이다.

요한계시록 13장의 짐승은 고대사의 로마이자 종말론적 적그리스도다.[9] 가장 먼저 주목할 점은 요한계시록 20장의 사건들이 19:11-16에 묘사된 그리스도의 재림 환상에 이어진다는 것이다. 이 환상에서 정복자로서의 그리스도의 도래가 강조된다. 그는 전사처럼 백마를 타신 것으로 묘사되는데 하늘의 군대들이 그를 따른다. "그는 만왕의 왕이요 만주의 주"로서 오신다(계 19:16). 그는 13장과 17장에 묘사된 적그리스도와 싸우러 오신다. 언급된 유일한 무기는 그의 입에서 나오는 검이라는 것을 주목할 가치가 있다(계 19:15). 이 대목은 참으로 놀랍다. 그는 "살아있고 활력이 있어 좌우에 날 선 어떤 검보다 예리한" 그의 말씀(히 4:12)만으로 승리하신다. 그는 세상의 군사 무기들을 사용해서 승리하

---

8_ G. E. Ladd, "Apocalyptic, Apocalypse" in *Bakers Dictionary of Theology*, ed. E. F. Harrison (Grand Rapids, Michigan: Baker Book House, 1960), 50-54을 보라.

9_ 이에 관해서는 G. E. Ladd, *A Commentary on the Revelation of John*(Grand Rapids, Michigan: William B. Eerdmans, 1972)에서 자세하게 논의된다.

시는 것이 아니라 그의 말씀만으로 승리하실 것이다. 그가 말씀하시면 승리는 그의 것이 될 것이다.

몇몇 해석 체계는 이 환상이 그리스도의 재림을 언급한다고 보지 않는다. 오히려 그들은 이 환상을 세상에서 교회를 통한 하나님의 말씀의 증거에 대한 고도로 상징적인 묘사로 본다. 하지만 이 해석은 불가능한 것 같다. 요한계시록의 주제는 주님이 돌아오셔서 그의 구속 사역을 완성하시는 것이다. "볼지어다, 그가 구름을 타고 오시리라. 각 사람의 눈이 그를 보겠고 그를 찌른 자들도 볼 것이요 땅에 있는 모든 족속이 그로 말미암아 애곡하리니"(계 1:7). 우리가 여기서 전체로서의 신약성서 신학에서 그리스도의 재림의 역할을 검토할 수는 없다. 우리는 그것이 신약성경의 모든 부분에서 절대적으로 핵심적인 교리라고 말할 수 있을 뿐이다. 성육신은 신성이 역사 안으로 침투한 사건이었는데, 성육신에서는 신적 위엄과 영광이 예수의 인성에 가려졌다. 재림은 신성의 두 번째 침투일 것이고 그때는 하나님의 위엄과 영광이 드러날 것이다. 요한계시록 19장은 요한계시록에서 그리스도의 재림을 묘사하는 유일한 구절이다. 이 구절이 다르게 해석된다면 요한계시록은 어느 곳에서도 주님의 돌아오심을 묘사하지 않는다.

더욱이 요한계시록 19:7-10은 "어린 양의 혼인"—그리스도가 돌아오실 때 일어날 그리스도와 그의 신부인 교회의 연합—을 발표한다. 그 결혼 자체는 묘사되지 않는다. 결혼은 주님이 돌아오실 때 일어난다. 이 주제가 21:2에서 다시 언급되는데 거기서 하나님의 구속받은 백성을 나타내는 하늘의 예루살렘이 하늘에서 내려오는데 "그 준비한 것이 신부가 남편을 위하여 단장한 것 같았다." 예수는 혼인 잔치 비유를 사용해서 하나님 나라의 종말론적 도래를 묘사하셨고(마 22: 1-14), 하나님 나라가 도래할 미지의 시간을 신랑이 올 불확실한 시간에 견주셨다(마 25:1-13). 바울은 그리스도에 대한 교회의 관계를 "한 남편에 대한 정결한 신부[처녀]"의 관계에 비유한다(고후 11:2). 여기서 교회는 아직 아내가 아니다. 결혼은 종말론적 연합이다. 바울은 또다시 그리스도와 그의 교회 사이의 관계를 남편과 그의 아내 사이의 관계에 비유하지만(엡 5:25-33), 실제 결혼은 교회가 "티나 주름 잡힌 것이나 이런 것들이 없이 거룩하고 흠이 없이 영광스럽게" 그의 앞에 제시될 때인 미래에 일어나는 것으로 여겨진다(엡 5:27). 요한계시록에서 실제 결혼 행사는 어디서도 묘사되지 않는다. 그것은 "하나님의 장막이 사람들과 함께 있으매 하나님이 그들과 함께 계시리니 그들은 하나님의 백성이 되고 하나님은 친히 그들과 함께 계실" 때(계 21:3)의 최종적인 구속 행위를 언급하는 은유적인 방식이다.

요한계시록 19-20장은 어린 양의 혼인, 그리스도의 승리의 귀환과 적들에 대한 그의 승리를 선언하는 연속적인 내러티브다. 요한계시록 19:17-21은 고대 전쟁의 관점에서 짐승과 거짓 예언자에 대한 그리스도의 승리를 묘사한다. "이 둘이 산 채로 유황불 붙는 못에 던져졌다"(19:20). 20장은 짐승 배후의 존재인 마귀에 대한 승리를 설명한다. 마귀에 대한 승리는 두 단계로 일어난다. 먼저 짐승을 통해 미혹했던 그가 "다시는 만국을 미혹하지 못하도록" 1,000년 동안 결박되어 "무저갱"(바닥이 없는 구덩이)에 던져지고 그 구덩이가 잠겨진다(계 20:2-3). 1,000년이 지난 뒤에야 사탄이 드디어 불과 유황 못에 던져져 짐승과 거짓 예언자의 운명을 공유한다(20:10).

이것이 내게는 요한계시록 20:1-6에 대해 받아들일 수 있는 유일한 주해다. 그 단락의 주해는 20:4-5의 해석에 의존한다. "그들[4절의 앞에서 언급된 사람들]이 살아서 그리스도와 더불어 1,000년 동안 왕노릇 하니 (그 나머지 죽은 자들은 그 1,000년이 차기까지 살지 못하더라) 이는 첫째 부활이라." "그들이 살아서"(they come to life)의 그리스어는 하나의 동사인 **에제산**(ezēsan)인데 그 동사는 "그들이 살았다"(they lived)로 번역될 수도 있다. "살다"가 무엇을 의미하는가? 이는 그 단락의 전체 해석이 첫 번째 **에제산**과 나머지 죽은 자들의 **에제산**이 같은 것, 즉 몸의 부활을 의미하는지에 달려 있다. "첫째 부활"이 무엇인가? 그것은 문자적인 몸의 부활인가, 영적인 영혼의 부활인가? 우리가 이 질문에 대한 답을 발견할 수 있다면 이 단락에 등장하는 천년왕국 문제를 해결하기 위한 열쇠를 지니게 될 것이다.

신약성경은 확실히 영적 부활을 가르치기 때문에 신약성경이 영적 부활을 가르치지 않는다는 것을 근거로 첫 번째 **에제산**의 "영적" 해석에 반대할 수는 없다. 에베소서 2:1-6은 죄로 죽었던 우리가 그리스도와 함께 살림을 받았고 일으킴을 받았다고 가르친다. 이것은 확실히 우리가 예수 그리스도를 믿을 때 일어나는 영적 부활이다.

요한복음 5:25-29에서도 영적 부활과 몸의 부활이 같은 맥락에서 일어난다.

진실로 진실로 너희에게 이르노니 죽은 자들이 하나님의 아들의 음성을 들을 때가 오나니 곧 이때라. 듣는 자는 살아나리라[zesousin].…이를 놀랍게 여기지 말라. 무덤 속에 있는 자가 다 그의 음성을 들을 때가 오나니 선한 일을 행한 자는 생명의 부활로, 악한 일을 행한 자는 심판의 부활로 나오리라.

위의 구절에서는 먼저 영적 부활이 일어나고, 종말의 몸의 부활이 이어진다. 비천년주의 해석자들은 요한계시록 20장이 요한복음 5장과 비슷한 방식으로 해석되어야 한다고 주장한다.

하지만 이 구절은 요한계시록에 등장하는 구절과의 진정한 유사성을 제공하지 않는다. 두 구절 사이에는 매우 중요한 차이가 있다. 요한복음에서는 맥락 자체가 한 번은 영적으로 해석하고 또 다른 한 번은 문자적으로 해석해야 한다는 실마리를 제공한다. 살아나는 첫 번째 집단에 관해서는 **이미 그때가 왔다**. 이 점이 첫 번째 집단은 영적으로 죽었다가 하나님의 아들의 음성을 듣고 살아나는 사람들을 가리킨다는 것을 확실히 해 준다. 그러나 두 번째 집단은 **무덤에** 있다. 그들은 영적으로 죽은 것이 아니라 신체적으로 죽었다. 그렇게 죽은 사람들이 다시 살아날 것이다. 그들 중 일부는 "생명의 부활", 즉 몸의 부활을 경험하고 도래할 시대의 영원한 생명으로 들어갈 것이다. 나머지 사람들은 "심판의 부활"로 살아나, 그들이 하나님의 아들과 그가 가져오는 생명을 거절했기 때문에 그들에게 임할 신적 심판 선고가 집행될 것이다(요 3:18, 36). 이 단어들의 언어가 예수가 자신의 말을 듣는 사람들이 자신이 두 종류의 "삶"을 말하고 있음을 알기를 원하신다는 것을 의심할 여지가 없게 만든다.

요한계시록 20장에서는 **부활을 두 가지로 해석할 수 있는 맥락상의 단서가 없다**. 그 구절의 언어는 매우 명확하고 모호하지 않다. 그 구절에 의미를 들여오기 위해 **에제산**을 영적으로 해석할 필요도 없고 그렇게 해석할 맥락상의 가능성도 없다. 1,000년이 시작될 때 죽은 자들 가운데 일부가 살아나고 1,000년이 끝나면 죽은 자들의 나머지가 살아난다. 그 구절은 문자적으로 해석될 때 완벽하게 뜻이 통한다.

같은 단어가 요한계시록에서 살아나는 것과 관련하여 두 번 사용된다는 사실을 통해 이 점이 강화된다. 요한계시록 2:8에 "죽었다가 살아나신(ezēsan) 이가 이르시되"라는 표현이 등장한다. 이 말은 확실히 예수의 부활에 대한 언급이다. 요한계시록 13:14에서는 "칼에 상하였다가 살아난(ezēsan)" 짐승이 언급된다. 13:3로부터 우리는 그 상처가 죽음으로 이어지는 "치명적인 상처"였다는 것을 안다.

우리는 에베소서 2장과 요한복음 5장 같은 구절들은 요한계시록 20장과 참으로 유사한 것이 아니며 첫 번째 **에제산**을 영적으로 해석하고 두 번째 **에제산**을 문자적으로 해석하기에 충분한 정당화를 제공하지 않는다고 결론지어야 한다. 자연스러운 귀납적인 주해는 두 경우 모두 그 단어가 같은 방식으로, 즉 문자적인 부활을 가리키는 것으로 여겨져야 함을 암시한다. 여기서 자주 인용되는 헨리 알포드(Henry Alford)의 말을 살펴보는 것이 좋을 것이다.

한 구절에서 **두 부활**이 언급되는데 처음에는 특정한 **프쉬카이 에제산**(psychai ezēsan)이 있고 첫 번째 부활 후 특정한 기간 뒤에야 나머지 **네크로이 에제산**(nekroi ezēsan)이 있을 경우, 그런 구절에서 첫 번째 부활이 그리스도와 함께 **영적으로** 살아나는 것을 의미하는 반면 두 번째 부활은 무덤으로부터의 문자적 부활을 의미하는 것으로 이해될 수 있다면 언어에서의

모든 의미가 끝장날 것이고 어떤 것에 대한 결정적인 증언으로서의 성경도 없어진다.[10]

혹자는 요한이 본 것은 몸이 아니라 영혼인 **프쉬카이**(*psychai*)였다는 사실을 강조한다. 이것은 사실이 아니다. 요한은 **에제산**(*ezēsan*)한, 즉 부활 때 살아난 **프쉬카이**(*psychai*)를 보았다.

천년왕국설에 대한 가장 강력한 반대는 이 진리가 성경의 한 구절, 즉 요한계시록 20장에서만 발견된다는 것이다. 비천년주의자들은 유비의 논증, 즉 어려운 구절들은 명확한 구절들을 통해 해석되어야 한다는 논증에 호소한다. 신약성경의 대부분이 천년왕국에 관해 아무 말도 하지 않는다는 것은 사실이다.

세대주의자들에게 있어 복음서들에 등장하는 가장 중요한 "천년왕국" 구절 중 하나는 마태복음 25:31-46에 기록된 양과 염소의 비유다. 그들은 이것이 천년왕국에 들어가는 사람들과 거기서 배제되는 사람들을 결정하는 심판이라고 주장한다. 텍스트 자체가 의인들은 영생에 들어가는 반면 악인들은 영벌에 들어갈 것이라고 말하기 때문에(마 25:46) 이 해석은 불가능하다. "영생"은 천년왕국이 아니라 도래할 시대의 영원한 생명이다. 실제로 존 월부드(John Walvoord) 박사는 내가 그런 구절에서 천년왕국을 발견하지 않기 때문에 나를 무천년주의자로 분류한다.[11] 나는 복음서들에서 중간의 지상 왕국이나 천년왕국에 대한 아이디

---

10_ Henry Alford, *The Greek Testament* (Boston: Lee and Shepard, 1872), IV, 732.

11_ J. F. Walvoord, Review of *The Presence of the Future*, in *Bibliotheca Sacra* (July 1974), 273.

어의 흔적을 발견하지 못한다.[12]

그러나 바울 서신에는 천년왕국은 아니라 할지라도 중간 왕국을 가리킬 수도 있는 구절 하나가 존재한다. 바울은 고린도전서 15:23-26에서 그리스도의 나라의 승리가 몇 단계로 성취되는 것으로 묘사한다. 그리스도의 부활이 첫 번째 단계(*tagma*)다. 두 번째 단계는 재림(*parousia*) 때 일어나는데, 그때 그리스도에게 속한 자들이 그의 부활을 공유할 것이다. "그 후에는 마지막이니 그가 모든 통치와 모든 권세와 능력을 멸하시고 나라를 아버지 하나님께 바칠 때라. 그가 모든 원수를 그 발 아래에 둘 때까지 반드시 왕 노릇 하시리니 맨 나중에 멸망 받을 원수는 사망이니라." "그 후에는"으로 번역된 부사들은 **에페이타**(*epeita*)와 **에이타**(*eita*)인데 그 단어들은 "그 후에"라는 순서를 가리킨다. 세 개의 구분되는 단계들이 있다. 즉 먼저 예수가 부활하시고, 그 후(*epeita*) 그가 재림하실 때 신자들이 부활하고, 그 후(*eita*) 종말(*telos*)이 온다. 그리스도의 부활과 그의 재림 사이에 특정되지 않은 기간이 존재하고, 재림과 그리스도가 그의 적들에 대한 정복을 완성하시는 때인 종말 사이에 특정되지 않은 두 번째 기간이 존재한다.[13]

이 대목에서 점진적 계시의 예가 등장한다. 예언의 주목적은 우리의 모든 질문에 대답하는 것이 아니라 하나님의 백성이 미래에 비추어 현재를 살 수 있도록 해 주는 것이다(벧후 1:19). 성경은 인간에게 주신

---

12_ G. E. Ladd, "The Parable of the Sheep and Goats in Recent Interpretation," *Twenty-fifth Anniversary Volume of the Evangelical Theological Society*(1975)를 보라.

13_ 이 주해는 Oscar Cullmann, "The kingdom of Christ and the Church in the New Testament," in *The Early Church*, ed. by A. J. B. Higgins (Philadelphia: Westminster, 1956), 111 이하를 통해 방어된다.

하나님의 계시를 포함하는 하나님의 말씀이라고 믿는 복음주의자들은 점진적 계시를 인정한다. 구약성경이 교회 시대를 명확하게 예언하지 않는 사실이 문제가 되지 않듯이 신약성경이 대체로 천년왕국을 예견하지 않는다는 점이 문제가 되지 않아야 한다.

신약성경은 어느 곳에서도 천년왕국의 신학, 즉 하나님의 구속 계획에서 천년왕국의 목적을 설명하지 않는다. 천년왕국은 그리스도가 성경에 밝혀지지 않은 모종의 방식으로 그것을 통해 모든 원수를 자기의 발아래 두시는(고전 15:25) 메시아적 통치의 일부다. 천년왕국의 가능한 또 하나의 다른 역할은 그리스도의 메시아적 왕국이 **역사 안에서** 드러내질 수도 있다는 것이다. 예수의 지상 사역의 목적은 하나님 나라를 사람들에게 가져오는 것이었다(마 12:28). 왕이 오셨기 때문에 우리는 이미 흑암의 권세에서 해방되어 그의 왕국으로 옮겨졌다(골 1:13). 우리는 앞서 그리스도가 그의 부활과 승천에서 메시아적 통치를 시작하셨다고 주장했지만, 그의 현재의 통치는 세상에게는 비가시적이고 보이지 않으며 인식되지 않고 믿음의 눈에만 보인다. 도래할 시대의 질서는 새 하늘 및 새 땅과 관련될 것이고, 현재의 질서와 판이해서 우리는 그것이 **역사를 넘어선다**(beyond history)고 말할 수 있다(벧후 3:12; 계 21-22장). 천년왕국은 우리가 지금 알고 있는 그리스도의 통치의 영광과 능력을 세상에 드러낼 것이다.

그리스도가 1,000년동안 통치하실 수 있는 또 다른 이유가 있다. 1,000년이 끝나면 마귀가 감금에서 풀려나 평화와 의의 시기에 살아왔으면서도 마귀의 유혹에 반응하는 사람들의 마음을 얻을 것이다. 이것은 최후 심판에서 하나님의 정의를 기리는 데 기여할 것이다. 죄, 즉 하나님께 대한 반역은 악한 사회나 나쁜 환경에 기인하지 않는다. 그것은 사람들의 마음이 사악하기 때문이다. 따라서 최후 심판 날에 하나님의 정의가 완전히 옹호될 것이다.

물론 천년왕국 교리에 심각한 신학적 문제들이 있다. 그러나 신학이 그것의 모든 문제에 대한 답을 발견하지 못할지라도 복음주의 신학은 성경의 명확한 가르침 위에 세워져야 한다. 그러므로 나는 전천년주의자다.

# 세대주의적 전천년설의 응답

허먼 A. 호이트

본서에 제시된 천년왕국에 대한 관점들은 각각의 저자에 의해 채택된 해석학 또는 원칙에 집중한다. 이 해석 원칙은 각각의 저자가 그 체계와 충돌하거나 그 체계 밖에 있는 내용을 거의 보지 못하게 하는 신학 체계를 전개한다. 저자가 자신이 궁지에 몰리면 그 문제를 무시하거나 모종의 합리화를 해서 상황을 그 체계에 꿰맞춘다. 이는 저자의 관점에 따라 정도의 차이가 있는데, 모든 경우에 저자의 진실성에는 의문의 여지가 없다고 할 수 있을 것이다. 각각의 저자는 자신의 체계가 가장 덜 부적절하다고 믿는데, 래드도 다른 저자들과 마찬가지로 자신의 체계가 그렇다고 믿는다.

나는 "역사적" 전천년설 신봉자였다고 제시된 인물들에 대한 내용이 옳다고 생각하지 않는다. 교부들은 2세기 이후 줄곧 이 견해를 유지하지 않았으며, 따라서 교부들의 견해는 역사적 전천년설의 타당성을 확립하지 않는다. 참으로 역사적인 근본적 타당성은 신약성경에서 발견되는데, 그것은 초기 교회의 지지를 받았고 수백 년 동안 지속되었다.

래드가 "해석학의 질문"으로 천년왕국설이라는 주제에 대한 논의를 시작한 것은 잘한 일이다. 서론적인 단락들에서 그의 해석 원칙은 그로 하여금 다른 견해를 배제하는 한 가지 관찰을 하게 만든다. 그는 교회가 환난이 끝날 때까지 휴거되지 않을 것이라고 믿는다. "첫째 부활"에 대한 언급(계 20:5)은 구원받은 모든 사람이 동시에 부활할 것을 의미해야 한다는 것이다. 세대주의적 전천년설의 견해는 구원받은 사람들의 **마지막** 무리가 이때 부활하여 첫째 부활을 완성한다고 생각한다.

래드의 해석학 논의로부터 그가 세대주의 체계에 대해 단호하게 반대한다는 점이 매우 확실하게 드러난다. 그러나 나는 왜 한 체계는 세대주의적이라는 이름이 붙고 다른 체계들은 그 묘사를 피하는지 이해하기 어렵다. 실상은 다음과 같기 때문이다. (1) 본서에 제시된 천년왕국설의 어떤 견해에서도 어느 정도의 세대 배열(arrangement of dispensation)이 없지 않다, (2) 어느 정도의 세대 배열이 없이는 성경을 해석하는 것이 불가능하다, (3) 종말론적 천년왕국에 대한 언급 자체가 또 다른 세대를 부과한다. 그러나 래드가 자신의 체계 외에는 다른 세대 체계를 위한 여지를 발견할 수 없다는 것과 그에게 있어 주된 어려움은 "세대주의자들"로 알려진 사람들에게 인정된 성경의 문자적 해석에 대한 강조에 놓여 있다는 것이 명백하다.

래드는 문자적 해석이 세대주의적 천년왕국설의 초석이라는 사실을 알고 있다. "구약성경의 예언들이 문자적으로 해석되어야 한다"(본서의 27쪽을 보라). 이는 이스라엘 국가와 기독교 교회 사이를 명확하게 구분하는 데 도움이 된다. 그러나 그는 구약성경은 신약성경을 떠나서는 완전하지 않다는 것과 신약성경은 구약성경을 떠나서는 이해될 수 없다는 것을 이해하기를 거부한다. 래드 스스로 자신은 신약성경이 구약성경을 해석한다고 주장한다는 것을 인정한다. 이 점은 확실히 어느 정도는 사실이다. 그러나 래드는 구절마다 신약성경이 단순히 구약성경에서 발견되는 원칙을 적용하고 있는데도 신약성경이 구약성경을 해석하고 있다고 주장한다(마 2:15로 호 11:1을 해석하고 롬 9:25-26로 호 1:10; 2:23을 해석한다고 주장한다). 이 자료들이 교회와 이스라엘을 구원받은 사람들로 구성된 같은 몸으로 본다는 성급한 결론을 내리는 것은 전혀 정당성이 없다. 비록 "신약성경이 구약성경의 예언들을 신약 교회에 적용"하기는 하지만(본서의 33쪽을 보라), 신약성경이 교회를 영적 이스라엘과 동일시한다는 의미에서 그렇게 하지는 않는다. 신약성경은 단지 둘 모두에 대해 사실인 어떤 점을 설명할 목적으로 그런 적용을 한다.

핵심적인 현안에 초점을 맞추면서 래드는 "세대주의는 구약성경의 문자적 해석에 의해 종말론을 형성하고 신약성경을 그것에 맞춘다. 비세대주의 종말론은 신약성경의 명시적인 가르침을 통해 종말론을 형성한다"라고 단언한다(본서의 38쪽을 보라). 내가 판단하기에 이것은 사실에 대한 공정한 진술이 아니다. 세대주의자는 구약성경에 비추어 신약성경을 해석하는 반면 비세대주의자는 구약성경에서 도출된 것이 아닌 해석 체계를 통해 신약성경에 접근하고 이를 신약성경에 부과하는 것으로 보인다. 래드가 "(a) 그리스도의 초림은 구약성경의 문자적 해석을 통해 예견되지 않았던 방식으로 성취되었고, (b) 구약성경의 약속들이 기독교 교회에서 성취되었다는 피할 수 없는 징후들이 있다"고 단언할 때(본서의 38쪽을 보라) 그의 말은 무천년설처럼 들릴 뿐만 아니라 무천년설과 아주 가깝다. 이 지적을 피하기 위해 그는 교회가 명확히 이스라엘과 구분되는 로마서 11장 같은 구절들을 해석할 때 영적 해석에서 문자적 해석으로 이동할 필요를 느낀다.

래드는 해석에서 천년왕국설의 맥락으로 주제를 바꿀 때 신약성경 기독론과 일관성을 유지하는 데 관심을 기울인다. 그는 그리스도가 이제 주와 그리스도라는 높은 위치로 높여져서 그의 힘을 행사하시고 있고 하나님의 섭정으로서 하늘에서 통치하고 계신다고 주장한다. 주와 왕이라는 단어들에 의존하여 주를 교회에 제한하고 왕을 천년왕국에 제한하는 것과 실제적인 차이가 없는 구분을 하는 세대주의자들이 있을지도 모른다. 하지만 그런 경우 이는 세대주의에 관한 한 비주류일 뿐이다. 세대주의의 핵심은 래드가 다음과 같이 지적한 내용을 따를 것이다. 즉 천년왕국에서는 주권자로서의 그리스도의 계시가 있을 터인데, 천년왕국 기간에 그분의 통치는 모든 적을 점진적으로 그에게 정복당하게 할 것이고 마지막으로 정복될 적은 사망이다(고전 15:24-26). 천년왕국 기간에 그리스도는 이스라엘뿐만 아니라 이방인들도 포함한 온 땅을 통치하실 것이다. 그러나 이 통치는 래드의 견해와 달리 땅과 직접적인 관련이 있을 것이다. 이 통치는 개인적이고, 지상의 통치이며, 가시적이고, 실재적이며 영적일 것이다.

래드는 그의 글을 마무리하면서 신약성경에서 천년왕국에 관해 언급된 내용이 매우 적다는 것과 겨우 한 구절이 사실상 천년왕국에 관해 신약성경에 계시된 모든 것이라고 선언한다. 그는 요한계시록 19-20장을 언급한다. 그러나 이 말은 아마도 지나치게 적게 말한 것인데, 래드도 이에 동의할 것이다. 신약성경의 다른 부분들에 기록된 세부내용들이 그림을 크게 보강한다. 아쉽게도 그는 구약성경이 그 그림을 완전하게 해 주는 자료들의 많은 부분을 제공한다는 것을 보지 못한다.

요한계시록 19-20장이 그리스도의 재림에서 그의 사역의 절정을 이룬다는 래드의 주장은 옳은 말이다. "볼지어다, 그가 구름을 타고 오시리라. 각 사람의 눈이 그를 보겠고 그를 찌른 자들도 볼 것이요 땅에 있는 모든 족속이 그로 말미암아 애곡하리니"(계 1:7). 이는 어린 양과 신부(교회)의 혼인, 적그리스도의 지휘하에 동원된 군대들의 패배, 사악한 두 악령을 불 못에 던짐을 포함한다. 그 후에 사탄이 1,000년 동안 무저갱에 감금될 것이다. 이때 성도들의 육체적 부활이 있을 것이다. 1,000년이 지나면 악한 자들이 부활하고, 그들이 심판을 받고, 영원한 상태가 올 것이다.

래드가 요한계시록 20장의 부활들을 다루면서 맥락을 고려하고 문자적인 해석을 고수한다는 점은 고무적이다. 이 대목에서 그는 이 해석 방법을 지지하는 헨리 알포드의 글에서 길게 인용한다. 래드가 지적한 것처럼 고린도전서 15:23-26에 기록된 바와 같이 그리스도의 왕국은 점진적으로 승리하고 그리스도는 그의 적들에 대한 정복을 완성하신다. 첫 번째 단계의 특징은 그리스도 자신의 부활이다. 그 후 정해지지 않은 기간인 교회 시대가 이어지고, 그 후 그리스도가 재림하시고 구원받은 사람들이 부활한다. 이어서 고린도전서 15장에서 정해지지 않은 또 다른 기간이 뒤따르는데, 그것은 요한계시록 20장에서 1,000년으로 정의된다. 세 번째 단계는 종말인데, 그때 그리스도가 사악한 죽은 자들을 부활시켜 그들을 심판하시고 나라를 영원히 아버지께 드리실 것이다.

래드가 천년왕국에 관한 신약성경의 계시는 제한적이라고 단언하기는 하지만 그가 점진적 계시를 지적하는 충분한 자료가 있다고 지적한 점은 옳다. 모든 질문에 대한 답이 제공되는 것은 아니지만 한 가지 근원적인 목적, 즉 "하나님의 백성이 미래에 비추어 현재를 살 수 있도록 해 주는" 실제적 가치는 분간될 수 있다(벤후 1:19)(본서의 52쪽을 보라). 신약성경은 어느 곳에서도 공식적인 의미에서 천년왕국 신학을 설명하지 않는다. 그러나 인간들은 그 왕국 동안에 계시와 통제의 새로운 질서가 있다는 사실을 알게 된다. 거의 완벽한 환경에서 1,000년이 지난 후 "죄, 즉 하나님께 대한 반역은 악한 사회나 나쁜 환경에 기인하지 않는다. 그것은 사람들의 마음이 사악하기 때문이다"라는 것이 명백해질 것이다(본서의 54쪽을 보라).

천년왕국의 전체 교리와 그것에 수반하는 진리를 훑어본 후 래드는 이 책의 저자들이 명시적으로든 묵시적으로든 하는 일을 한다. 즉 그는 천년왕국 교리에 심각한 신학적 문제들이 있음을 인정한다. 성경 연구자들은 계시된 내용만을 다루도록 제한되는데, 계시에서 모든 문제가 해결되지는 않는다. 따라서 그는 이용할 수 있는 자료를 갖고서 최선을 다한다. 이것이 래드로 하여금 "그러므로 나는 전천년주의자다"라고 단언하게 만든다.

# ▶ 후천년설의 응답
## ▶ 로레인 뵈트너

나는 구약성경의 예언이 신약성경에 의해 해석되고 적용되는 래드의 논의에 대해 감명을 받았다. 내게는 그의 논지가 본질적으로 옳은 것으로 보인다. 그는 세대주의는 교회가 구약성경의 예언자들을 통해 예견되지 않았으며 교회는 그리스도가 유대인들에게 제공하신 왕국이 거절된 후에야 세워진 일종의 이차적인 수단이라고 주장하는 반면, "신약성경이 구약성경의 예언들을 신약 교회에 적용하며 그 과정에서 교회를 영적 이스라엘과 동일시한다"는 결론을 피하기 어려움을 보여준다(본서의 33쪽을 보라). 그는 또한 세대주의 신학과 비세대주의 신학 사이의 "기본적인 분수령"은 "세대주의는 구약성경의 문자적 해석에 의해 종말론을 형성하고 신약성경을 그것에 맞추는" 반면 "비세대주의 종말론은 신약성경의 명시적인 가르침을 통해 종말론을 형성한다"는 것임을 보여준다(본서의 38쪽을 보라). 그러나 나는 요한계시록 20:1-6에서 도출한 그의 천년왕국 견해와 완전히 의견을 달리한다. 하지만 후크마가 요한계시록 20:1-6에 대해 논의했기 때문에 나는 독자들에게 본서의 194-209쪽을 읽어보라고 권한다. 나는 그것이 만족스러운 분석이라고 생각한다.

나는 주로 유대인들의 회심과 그들이 현재의 세상과 천년왕국에서 지니는 위치에 관해 존재하는 차이로 나의 논의를 제한하려고 한다. 래드는 로마서 11:26("그리하여 온 이스라엘이 구원을 받으리라")을 인용하고 그 구절이 문자적인 이스라엘을 의미한다고 결론짓는다. 그는 "우리는 이스라엘이 여전히 하나님의 백성이라는 것과 그들이 하나님의 방문을 경험하고 그것이 그들의 구원을 가져오리라는 것 외에 구약성경의 예언들이 어떻게 실현될지 알 수 없다"고 말한다(본서의 40쪽을 보라). 하지만 그는 "이스라엘의 구원은 이방인의 구원과 동일한 조건인, 예수를 십자가에 처형되신 그들의 메시아로 믿는 믿음을 통해 일어나야 한다"고 덧붙이는데(본서의 39쪽을 보라), 이는 확실히 옳은 말이다.

래드는 "천년왕국 교리는 구약성경의 예언들에 근거할 수 없고 신약성경에만 근거해야 한다"는 것과 "성경에서 실제로 천년왕국에 관해 말하는 곳은 요한계시록 20:1-6뿐이다"라는 것을 인정한다(본서의 44쪽을 보라). 그는 "그리스도는 현재 하나님의 섭정으로서 하늘에서 다스리고 계신다"라고 말한다(본서의 41쪽을 보라). 그는 "죄를 정결하게 하는 일을 하시고 높은 곳에 계신 지극히 크신 이의 우편에 앉으셨느니라"라고 말하는 히브리서 1:3을 인용하고 그리스도가 이제 힘과 탁월함의 자리인 하나님의 오른쪽에 앉으셨다고 말한다. 시편 110:1의 성취로서 그리스도는 그의 원수들이 그의 발판이 될 때까지 그 자리를 차지하실 것이다. 그에 따르면 이는 그리스도가 "**지금** 주님이시다. 그가 **지금** 하나님의 오른쪽에서 다스리고 계신다. 그러나 그의 현재의 통치는 믿음의 눈을 통해서만 보인다. 그것은 세상에게는 보이지 않고 인식되지 않는다.

그의 두 번째 도래는 이미 그분의 것인 주권을 드러내는 것, 즉 계시를 의미할 것이다"라는 것을 의미한다. 나는 그 주장이 옳다고 생각한다. 사실 무천년주의자나 후천년주의자가 이렇게 썼더라도 무방했을 것이다. 그러나 후천년주의자로서 나는 교회 시대 동안 세상이 의로워지는 방향으로 나아간다는 그 통치의 결과가 강조되지 않는 것을 아쉽게 생각한다.

래드는 이 땅에 대한 그리스도의 1,000년 통치의 본질에 관해 별로 말하지 않는다. 그는 "신약성경은 어느 곳에서도 천년왕국의 신학, 즉 하나님의 구속 계획에서 천년왕국의 목적을 설명하지 않는다. 천년왕국은 그리스도가 성경에 밝혀지지 않은 모종의 방식으로 그것을 통해 모든 원수를 자기의 발아래 두는(고전 15:25) 메시아적 통치의 일부다"라고 말한다(본서의 53쪽을 보라). 그는 이스라엘이 회심할 것이고 "천년왕국에서 인류 역사상 최초로 우리가 진정한 기독교 국가를 목격할지도 모른다"고 말한다. 이어서 그는 "신약성경은 천년왕국에서 이스라엘의 회심과 역할에 관해 어떤 세부사항도 언급하지 않는다. 따라서 비세대주의 종말론은 이스라엘이 미래에 구원받으리라고 단언하지만 세부사항에 관해서는 하나님의 미래에 열려 있다"라고 덧붙인다(본서의 39쪽을 보라).

래드는 어떤 설명도 시도하지 않지만, 그리스도와 함께 부활하여 하늘로 옮겨진 성도들이 땅으로 돌아와 여전히 육신에 있는 사람들과 관련된 천년왕국을 세운다는 이상한 상황이 발생한다. 그리스도가 예루살렘에서 완전히 다른 두 유형의 사람들을 다스리신다는, 반은 천상적이고 반은 지상적인 상태(영화되고 부활한 몸을 지닌 성도들과 여전히 육신에 있는 일반인들이 1,000년이라는 길고 거의 끝이 없는 기간 동안 세상에서 자유롭게 섞여 지내는 상태)가 내게는 매우 비실제적이고 불가능해 보여서 나는 누가 그것을 진지하게 받아들일지 궁금하다. 필멸의 존재와 불멸의 존재, 천상의 존재와 지상의 존재가 그렇게 혼합된 상태는 확실히 기형일 것이다. 그것은 거룩한 천사들이 이제 그들의 사역과 즐거움과 예배에서 현재 세상의 인구들과 섞임으로써 하늘의 광휘를 죄악된 환경에 밀어 넣는 것만큼이나 어울리지 않을 것이다. 당신이 그것을 원하거든 천년왕국을 마음껏 높이라. 하지만 그것은 여전히 하늘보다 훨씬 아래에 존재한다. 하늘의 영광을 맛본 사람이 다시 이생의 일부로 돌려 보내진다는 것은 아주 실망스러운 일이 아닐 수 없다. 그런 권위와 통치의 지위가 이 세상에서 그들에게 주어진다는 것은 그들이 하늘에서 누린 영광에 대해서는 빈약한 보상일 것이다.

천년왕국 동안 세상이 어떤 상태일지에 관한 아이디어를 전개할 때 전천년주의자들은 부활하여 영화롭게 되신 그리스도의 압도적인 위엄을 고려하지 않는다. 그들은 그리스도가 지상의 보좌에서 통치하실 때 개인적으로 그와 접촉하리라고 상상한다. 확실히 그들은 그리스도가 낮아지셨던 때의 모습 그대로이실 것이라고 가정한다. 그러나 승천하시고 영화롭게 되신 그리스도가 사울이 다메섹으로 가던 길에서 그에게 나타나셨을 때, 사울은 빛 때문에 눈이 멀어 땅에 고꾸라졌다. 사도 요한이 그를 보았을 때 "그 얼굴은 해가 힘 있게 비치는 것 같았다." 그리고 요한은 "내가 볼 때에 그의 발 앞에 엎드러져 죽은 자 같이 되었다"라고 말한다(계 1:16-17). 그 영광이 사랑받는 제자 요한이 그의 발 앞에 엎드러질 정도로 압도적이었다면, 하물며 죄인인 일반인들이 어떻게 그의 앞에 설 수 있을 것인가! 바울은 그를 "복되시고 유일하신 주권자이시며, 만왕의 왕이시며, 만주의 주시요, 오직 그에게만 죽지 아니함이 있고, 가까이 가지 못할 빛에 거하시고, 어떤 사람도 보지 못하였고 또 볼 수 없는 이"라고 묘사한다(딤전 6:15-16).

그리스도가 자신의 영광과 아버지의 영광 가운데 모든 거룩한 천사와 함께 돌아오실 때 그분에 비하면 먼지로 만들어진 벌레 같은 존재인 단순한 인간은 확실히 아무도 그의 앞에 서지 못할 것이다. 그가 낮아지신 기간은 끝났고 그의 신적 영광이 죄로 오염된 사람들의 접근을 금한다. 필멸의 존재인 인간으로서 그 현존 앞으로 나와 그것에 압도되지 않을 사람이 없다. 그렇게 볼 수 있는 것은 하늘에서만 가능하다. 이 세상과 세상에 있는 사람들은 그런 영광을 견디지 못한다.

영화롭게 된 성도들과 죽을 존재인 인간들이 뒤섞이는 잠정적인 왕국 개념은 성경의 어느 곳에서도 뒷받침되지 않는다. 주를 만나러 공중으로 끌어 올려지면 "그리하여 우리가 항상 주와 함께 있으리라"라고 기록되어 있다(살전 4:17). 영원한 상태의 새 하늘과 새 땅의 때 전에 땅으로 돌아온다는 암시가 전혀 없다. 우리의 자연적인 몸은 하늘나라에 들어갈 수 없으며, 성도들이 부활한 몸이 돌아와 다시 이 땅의 환경에서 살게 된다면 그것은 똑같이 부적합하리라고 확신할 수 있다. 성도들이 일단 죽음의 문을 지나 부활의 몸을 받고 나면 지상의 천년왕국에서 지내기에는 너무도 높아진 상태를 획득하게 된다. 천년왕국의 상태가 얼마나 매력적으로 묘사되더라도, 하늘의 생명의 첫 열매들을 맛본 사람들은 다시는 지상의 삶이 매력적이거나 중요하다고 생각할 수 없다. 성도들이 누리는 천상의 복은 상상될 수 있는 가장 빛나는 지상의 삶보다

비할 수 없을 정도로 뛰어나다.

"그리하여 온 이스라엘이 구원을 얻으리라"라는 로마서 11:26을 근거로 래드는 이스라엘이 아마도 천년왕국과 연결하여 회심할 것이라고 주장한다. 그러나 이 구절은 다양하게 해석되어왔다. 다른 곳에서의 바울의 가르침은 그 견해를 지지하지 않는다. 갈라디아서 3:7에서 그는 "믿음으로 말미암은 자들은 아브라함의 자손인 줄 알지어다"라고 말한다. 그리고 다시 "너희는 유대인이나 헬라인이나 종이나 자유인이나 남자나 여자나 다 그리스도 예수 안에서 하나이니라. 너희가 그리스도의 것이면 곧 아브라함의 자손이요 약속대로 유업을 이을 자니라"라고 말한다(갈 3:28-29). 그는 그리스도가 유대인들과 이방인들 사이의 "원수 된 것 곧 중간에 막힌 담"을 허셨고 "십자가로 이 둘을 한 몸으로 하나님과 화목하게 하려" 하셨다고 말한다(엡 2:14-16). 그는 신약성경 신자들을 "하나님의 이스라엘"이라고 부른다(갈 6:16). 그는 신앙의 문제에서는 영적인 관계가 육체의 관계보다 우선하며, 모든 참된 신자는 아브라함의 자손이라고 가르친다. 그리고 역으로 우리는 참된 신자가 아닌 사람은 어떤 의미에서든 아브라함의 자손으로 불릴 가치가 없다고 말할 수 있다. 그들의 물리적 조상이 누구이든 말이다. 바울은 강력한 단어들을 사용해서 이 주제에 관한 그의 가르침을 단언한다. 유대인과 이방인 사이의 구분이 사라졌다는 것을 어떻게 이보다 더 적극적으로 표현할 수 있는가? 교회에서는 어떤 집단이나 민족에게도 다른 모든 사람에게 똑같이 적용되지 않는 약속이나 특권이 부여되지 않는다.

이스라엘 민족 자체에 관해 말하자면, 예수가 오셔서 거절되셨을 때 그는 배교한 유대인의 지도자들인 바리새인들과 장로들을 폐하시고 새로운 직분인 사도들을 임명하셔서 그들을 통해 자기의 교회를 세우고자 하셨다. 유대인의 통치자들에게 그는 "하나님의 나라를 너희는 빼앗기고 그 나라의 열매 맺는 백성[교회]이 받으리라"라고 말씀하셨다(마 21:43). 그리고 그들이 메시아를 거절하고 십자가에 처형한 죄 때문에 바울은 "하나님의 분노가 결국 그들에게 임했다"라고 말한다(살전 2:16, 개역개정을 사용하지 아니함). 유대인의 모든 체계가 폐지되고, 끝장나고, 철폐되었는데 이는 위의 진술과 일치하는 결과다. 그리고 유대교 대신 새 언약이 하나님이 자기 백성인 교회를 다루시는 권위 있고 공식적인 도구가 되었다.

현대의 전천년설은 유대 민족 자체가 세상의 다른 모든 민족보다 신적 호의를 받는 백성이라는 잘못된 개념을 토대로 하나님이 아직도 민족으로서의 유대인들을 통해 수행될 목적을 가지고 계시며, 그들은 유대인들이라는 사실 자체 때문에 복을 받게 되어 있다고 가정한다. 지난 2,000년 동안 그들이 가장 냉혹한 교회의 대적이었음에도 말이다. 잃어버린 세상을 위한 하나님의 구원 계획은 그분이 구속자를 보내셔서 그 구속자의 삶과 죽음을 통해 구속이 실현되게 하는 것이었다. 하나님은 그 길을 준비하시고 메시아를 이 세상에 들여오시기 위해 특정한 집단의 사람들, 즉 민족을 따로 떼어두실 필요가 있었다. 원래 그 선택은 아브라함이라는 한 개인에게 한정되었고 그의 자손이 그 민족으로 발전하게 되어 있었다. 그 구속 사역이 완성될 때까지 그 민족은 이교 신앙에 완전히 넘겨진 다른 민족들로부터 분리되게 되어 있었다.

그 선택 때문에 유대 민족은 하나님이 그들을 통해 세상에 자신을 계시하시기로 한 배타적인 통로가 되었다. 그러나 이제 메시아가 오셨고, 인류에 대한 하나님의 계시가 완성되고 책에 기록되어 모든 나라 사람들이 그 계시에 접할 수 있게 되었으며 추가로 덧붙일 것이 없게 되었기 때문에 특정한 민족이나 나라를 따로 떼어둬 그 목적에 봉사하게 할 필요가 없다. 그러나 그 목적이 달성될 때까지는 분리된 민족으로서의 이스라엘의 선택, 그들에게 팔레스타인 땅에 나라를 세우도록 주어진 선물, 제사장 직분, 성전, 제의, 제사 제도, 안식일, 영감을 받은 일련의 예언자들, 그들을 세상의 다른 민족으로부터 사실상 갈라놓은 특별한 법들이 효력을 유지했다. 그 체계의 어떤 요소도 무시될 수 없었다.

메시아가 오셔서 그의 속죄 사역을 완전히 수행하셨기 때문에 유대인들에게 부여된 이 특별한 역할은 완성되었다. 따라서 옛 체계의 하나 이상의 요소를 재생시키거나 재수립할 이유가 없다. 이 모든 요소는 구속의 초보 단계에 속하며, 갈보리에서 그 속죄가 완성된 순간에 이 모든 것이 일괄적으로 과거의 유물이 되었다. 바울이 유대인과 이방인 사이에 "원수된 것, 곧 중간에 막힌 담"이라고 불렀던 것이 무너졌는데, 그것은 결코 다시 세워지지 말아야 한다. 그리스도는 모든 민족과 인종의 사람들을 위해 사역을 수행하셨다. 이제 혹자가 유대인이든 미국인이든 일본인이든 독일인이든 러시아인이든, 피부색이 검든 희든 붉든 노랗든 간에 그것이 아무런 차이도 만들지 않는다. 사람은 누구나 그리스도를 통해 접근할 똑같은 권리, 똑같은 죄 용서, 똑같은 하늘 소망을 지닌다.

그것이 성전의 성소와 지성소를 분리하는 휘장이 초자연적으로 찢어진 것의 의미였는데, 그것은 그리스도 자신이 마지막 제물로 드려졌으며 하나님이 자기의 성전을 떠나 결코 돌아오지 않으시리라는 것을 상징했다. 그 신적 행동을 통해 의식과 향품, 황소와 염소의 희생의 피, 성전과 인간 제사장, 분리된 백성으로서의 유대인과 분리된 땅으로서의 팔레스타인으로 구성된 옛 질서가 일괄해서 그 목적을 달성했고 영원히 폐지되었다.

예수가 그의 제자들에게 말씀하신 마지막 강화의 일부인 마태복음 24:30에서 그는 성전의 파괴와 그 백성이 당할 고난을 말씀하신 후 "그때에 인자의 징조가 하늘에서 보이리라"라는 이상한 진술을 하신다. 인자는 하늘에 있겠지만 그 징조는 땅에 있을 것이다. 즉 성전의 파괴는 성전을 중심으로 지탱되었던 모세의 체계가 완료되었고, 폐지되었고, 영원히 끝났다는 최종적인 표지일 것이다. 유대교의 옛 성전이 계속 존재하도록 허용되어 사람들을 다시 유대교로 끌어들였더라면 그것이 초기 교회에 얼마나 큰 걸림돌이 되었겠는가? 그것이 아직도 존재한다면 오늘날의 교회에도 얼마나 큰 걸림돌이 될 것인가!

우리는 교회가 세상 전체로 전진해 나갈 때 유대인들이 기독교로 회심할 특별한 사명이 있다고 생각하지 않는다. 그것은 다른 모든 민족에 대해서도 마찬가지다. 사람들은 모두 개인적으로 회심할 뿐이다.

# ▶ 무천년설의 응답
### ▶ 안토니 A. 후크마

나는 래드의 기고문의 많은 부분에 동의한다. 나는 구약성경이 신약성경에 비추어 해석되어야 하며, 구약성경의 예언을 완전히 그리고 오로지 문자적으로 해석하는 것은 정당화되지 않는다는 그의 의견에 동의한다. 나는 신약성경에서 교회가 종종 영적 이스라엘이라고 언급된다는 것과 이스라엘과 교회 사이를 절대적으로 구분하고 하나님의 구분되는 두 목적과 구분되는 두 백성이 존재한다고 보는 세대주의자들의 기본 원칙이 성경에서 정당화되지 않는다는 견해에 동의한다. 나는 그리스도의 현재의 영적 통치에 관한 내용 및 하나님 나라의 현재의 실재성에 관한 내용에 전적으로 동의한다.

우리의 기본적인 의견 불일치는 요한계시록 20:1-6의 해석과 관련된다. 나는 래드가 이 구절이 성경에서 천년왕국에 관해 말하는 유일한 곳이라고 인정하는 것을 보고 반가웠다(본서의 44쪽을 보라). 이 점에 관해서도 우리는 동의한다. 그러나 이 구절이 무엇을 의미하는가가 매우 중요한 질문이다.

먼저 그 문제를 넓은 관점에서 볼 때 래드와 나는 요한계시록

20:1-6과 19:11-16 사이의 관계에 대해 의견을 달리한다. 래드의 입장은 "요한계시록 20장의 사건들이 19:11-16에 묘사된 그리스도의 재림 환상에 이어진다"는 것이다(본서의 45쪽을 보라). 나는 요한계시록 19:11-16이 그리스도의 재림을 묘사한다는 데 동의한다. 나는 12장에 묘사된 내용(남자아이의 출산)이 반드시 시간상으로 11장의 마지막 절들에 묘사된 내용(죽은 자들의 심판과 성도들에게 보상이 주어짐)을 뒤따른다는 데 동의하지 않듯이, 20장에 묘사된 내용이 반드시 시간상으로 19장에 묘사된 내용에 이어 일어난다는 데 동의하지 않는다. 내가 요한계시록 20:1이 우리를 신약성경 시대의 시작으로 다시 데려간다고 믿는 이유는 나의 기고문 190-95에 제시되어 있다.

이제 요한계시록 20:1-6에 집중해보자. 나는 이 절들에 대한 래드의 해석은 상당히 일리가 있다는 것과 그가 채택한 19장과 20장 사이의 관계에 대한 해석과 일치한다는 것을 인정한다. 나는 그 단락에 대한 그의 주해를 복음주의자들에게 타당한 하나의 선택지로 인정하는 데 어려움이 없으며, 그가 주의 깊고 학자다우며 투명하게 자신의 견해를 표명한 데 감사를 표한다.

그러나 우리는 그 단락을 다르게 해석한다. 하지만 나는 래드 및 그의 견해를 공유하는 다른 사람들도 내 해석이 성경에 대한 자유로운 접근법이나 거만하게 텍스트를 무시한 데서 나온 것이 아니라 우리 앞에 놓인 단어들에 대한 이해를 달리하는 데서 나왔음을 기꺼이 인정하리라고 믿는다.

내가 동의하지 않는 부분은 다음과 같은 네 가지 점에 관련된다. 첫째, 래드는 1-3절에 묘사된 사탄의 결박에 관해 많이 말하지 않는다. 그는 자신이 이 결박이 정확히 무엇을 의미한다고 생각하는지를 말하지 않으며, 자신이 "다시는 만국을 미혹하지 못하는" 것이 정확히 무엇이라고 이해하는지도 말하지 않는다. 그는 이 대목에서 언급된 사탄의 결박을 그런 결박이 그리스도의 초림 때 이미 시작되었다고 말하는 복음서들의 구절과 관련하여 설명하지 않는다(본서에 실린 내 기고문의 196-99쪽을 보라). 나는 요한계시록 20:1-3에 기록된 사탄의 결박이 사탄이 현재의 시대에 복음이 전파되는 것을 막을 수 없다는 것과 그가 그리스도의 적들을 모아 교회를 공격할 수 없다는 것과 이 결박이 신약 교회 시대 전체에 걸쳐 일어난다는 것을 보여주려고 노력했다(본서의 196-98쪽을 보라).

둘째, 래드는 **에제산**(ezēsan)이라는 그리스어 단어를 이 단락에 등장하는 두 번 모두 "소생했다"(came to life)로 번역한다(본서의 50쪽을 보라). 이것은 확실히 가능한 번역이다. 그러나 똑같이 가능한 또 하나의 번역은 미국 표준 성경(American Standard Version)의 번역처럼 "살았다"(lived)로 번역하는 것이다.

셋째, 래드는 두 경우 모두 **에제산**을 몸의 부활을 가리키는 것으로 해석한다. 나는 그 단어가 사용된 두 경우 모두 같은 것을 의미해야 한다는 것과 그 단어가 처음 사용된 곳과 두 번째 사용된 것에 각각 다른 의미를 부여하는 것은 무책임한 주해라는 것에 대해 그에게 동의한다. 하지만 나는 이 단락에서 사용된 그 단어가 갱생을 의미하는 것이 아니라 죽음과 부활 사이의 때에 육체적 죽음에서 하늘에서 그리스도와 함께하는 삶으로 옮기는 것을 의미한다고 이해한다(본서의 207쪽을 보라). 죽은 신자들은 이 생명에 참여하는 반면 불신자들은 참여하지 못한다

(본서의 204-8을 보라).

래드는 4절과 5절에 등장하는 **에제산**을 두 경우 모두 몸의 부활을 의미하는 것으로 이해한다. 이 해석을 뒷받침하기 위해 그는 요한계시록에서 **에제산**이 이 의미를 지니는 다른 두 구절, 즉 2:8과 13:14을 지적한다. 나는 2:8에 대해서는 그에게 동의하지만 13:14에 대해서는 동의하지 않는다. 요한계시록 13:14은 그 짐승이 "칼에 상처를 입었음에도 살았다"라고 말한다(개역개정을 사용하지 아니함). 래드는 그 상처가 죽음에 이르는 "치명적인 상처"였으며 따라서 이 대목에서 "살았다"는 죽은 자들로부터 일으킴을 받았다는 것을 의미한다고 논평한다(본서의 50쪽을 보라). 그러나 13:3은 그 짐승이 죽었다고 말하는 것이 아니라 "그의 머리 하나가 상하여 죽게 된 것 **같더니** 그 죽게 되었던 상처가 나았다"라고 말한다. 여기서 사용된 그리스어 단어 **호스**(*hōs*)는 그 짐승이 죽임을 당한 것이 아니라 죽임을 당한 것처럼 보였다고 말한다. 그러므로 나는 14절의 "살았다"(**에제산**)가 몸의 부활을 의미할 수 없다고 믿는다.

그러나 요한계시록에서 사용된 동사 **자오**(*zao*)—**에제산**은 그 동사의 한 형태다—가 몸의 부활을 의미하지 않는 경우가 있다. 예를 들어 7:2과 15:7에서 하나님이 영원히 살아 계신다는 사실을 묘사하기 위해 그 단어가 사용된다. 이 사례들에서 그 단어는 몸의 부활에 대해서는 아무것도 말하지 않는다. 3:1에서 그 단어는 우리가 영적 생명이라고 부를 수도 있는 것을 묘사하는 데 사용된다. "네가 살았다 하는 이름은 가졌으나 죽은 자로다." 그러므로 요한계시록에서 동사 **자오**가 사용된 다른 구절들을 언급하는 것은 이 문제에서 결정적일 수 없다.

나는 요한계시록 6:9-11에서 발견되는, 요한계시록 20:4과 5절에 대한 병행 구절을 예로 제시하고자 한다. 여기서 요한은 "하나님의 말씀과 그들이 가진 증거로 말미암아 죽임을 당한 영혼들"을 보았다(20:4에서 "예수를 증언함과 하나님의 말씀 때문에 목 베임을 당한 자들의 영혼들"에 사용된 언어와의 유사성을 주목하라). 이 죽은 순교자들의 영혼들은 명백히 의식이 있으며, 대화의 상대방이 될 수 있다. 그들은 흰옷을 받고 쉬라는 말을 듣는다. 흰옷과 휴식은 그들이 최종적인 종말을 고대하는 잠정적인 복 상태를 누리고 있음을 암시한다. 이것이 바로 아직 일어나지 않은 몸의 부활을 기다리는 동안 그리스도와 함께 다스리라는 말을 듣는, 20장에 묘사된 영혼들의 상황이다(20:11-13을 보라). 비록 6:9-11에서 **살아났다**(ezēsan)라는 단어가 사용되지는 않지만, 이 절들에 묘사된 상황은 20:4에 묘사된 상황과 병행한다.

그러므로 **에제산**의 의미에 대한 내 해석은 요한계시록의 나머지와 불일치하지 않는다. 내 해석은 또한 1,000년 동안의 통치를 묘사한 후 20장의 끝에서 몸의 부활과 최후의 심판을 예언하는 20장의 나머지와 불일치하지도 않는다. 전천년주의자들은 20:11-15절에 묘사된 부활을 일반적으로 죽은 불신자들의 부활로 이해하지만, 이 절들에서 묘사된 부활이 죽은 불신자들에 국한된다는 어떤 암시도 없다. 확실히 15절은 "누구든지 생명책에 기록되지 못한 자는 불 못에 던져지더라"라고 말한다. 그러나 이 단락에서 죽은 자들 가운데서 살아난 사람 중 아무도 생명책에 기록되지 않았다는 암시가 있는가?

넷째, 나는 그리스도의 통치는 지금은 (비록 완전히 그런 것은 아니지만) 대체로 비가시적이라는 것과 우리가 그리스도의 재림 후 이 통치가 완전히 가시적으로 표현되기를 고대한다는 것에 동의한다. 그러나 이

가시적인 표현을 왜 1,000년 동안으로 제한하는가? 그리스도의 통치의 이 가시적인 표현이 왜 래드가 본서의 53쪽에서 말하듯이 "역사 안에서"(도래할 세상과 구분되는, "우리가 지금 알고 있는 대로의 세상에서"를 의미한다) 일어나야 하는가? 예를 들어 신자들이 죽은 자들 가운데서 살아나 왜 아직 영화되지 못했고 죄와 반역과 사망의 현존 때문에 여전히 신음하고 있는 땅에서 살아야 하는가?(롬 8:19-22을 보라) 그리스도의 사역의 이 단계는 그의 낮아지심 상태에서 완성되지 않았는가? 그리스도의 재림은 제한된 평화와 복의 중간 기간이 아니라 제한되지 않은 완벽함의 최종 상태를 들여오기 위해 그가 완전한 영광 가운데 오심을 의미하지 않는가?

# 2

세대주의적 전천년설

# 세대주의적 전천년설

허먼 A. 호이트

혼란 속에 있는 세상은 역사 안에서 성경에 묘사된 천년왕국의 유익, 즉 문명의 황금시대를 누릴 수 있는 시기를 갈망한다. 이 천년왕국은 그리스도의 재림 때 하늘로부터의 신적, 초자연적, 재앙적 현현을 통해 도래할 것이다. 그것은 삶의 상태들이 대환난의 절정에 도달할 때 지상에 수립될 것이다. 우리 시대의 사건들의 움직임은 그 왕국의 수립이 멀지 않았음을 암시한다.

그러나 모든 신학자가 이 점에 동의한다고 상상하지 말자. 사실 미래에 관한 예언에서 성경 연구자들이 의견을 달리하지 않는 영역은 없다. 기독교의 다양한 교파가 교회의 휴거, 대환난, 영원한 상태 문제에 관해 큰 의견 차이를 보이듯이 천년왕국이라는 주제에 대해서도 의견이 일치하지 않고 있다.

나의 접근법은 종종 세대주의의 각도에서 본 전천년주의적 접근법이라고 묘사된다. 나는 이 관점을 예언적인 성경책들에서 이 주제가 질서 있고 점진적으로 드러나는 것으로 여기기를 선호한다. 더 적절하게 말하자면, 천년왕국은 하나님 나라에 관한 성경의 좀 더 큰 주제의 한 가지 측면이다.


## 성경에 의해 선언된 왕국

신학자가 어떤 종말론을 신봉하든 간에 성경을 설명하기 위해 진지하게 노력한다면 그는 성경이 하나님 나라 교리를 제시한다는 것을 인정해야 한다. 나라(왕국)라는 단어 자체가 성경에서 450번도 넘게 나온다. 이 중 약 200번은 신적이고 종말론적인 왕국이다. 그러나 그 가르침은 결코 왕국이라는 단어로 제한되지 않는다. 그 아이디어는 특정한 용어를 훨씬 넘어가며 성경 전체에 걸쳐 등장한다. 이 점에 관해 존 브라이트(John Bright)는 다음과 같이 선언한다.

> 하나님 나라 개념은 진정한 의미에서 성경의 전체 메시지와 관련이 있기 때문이다. 그것은 예수의 가르침에서 크게 부각될 뿐만 아니라 이러저러한 형태로 성경의 여러 곳에서 발견된다.···따라서 구약성경과 신약성경은 하나의 드라마의 두 개의 막으로 존재한다. 1막은 2막에서 이제 자신이 끝났음을 알려주며, 2막이 없이는 그 연극이 불완전하고 불만족스러운 것이 된다. 그러나 2막은 1막에 비추어 읽혀야 한다. 그렇지 않으면 그것의 의미가 상실될 것이다. 그 연극은 유기적으로 하나다. 성경은 한 권의 책이다. 우리가 그 책에 제목을 붙여야 한다면 우리가 그 책을 "도래하는

하나님 나라의 책"이라고 불러도 무방할 것이다.[1]

지배의 문제가 성경의 첫 장에서 도입된다. 인간이 하나님의 형상으로 창조된 직후 그에게 주어진 첫 번째 명령은 창조세계에 대한 주권적 통치의 행사에 관한 것이었다(창 1:26, 28). 이 주제는 마침내 하나님의 보좌가 땅 위에 세워지고(계 22:1, 3) 구속받은 성도들이 그리스도와 함께 영원히 다스릴 때까지(계 22:5) 성경 전체를 통해 점진적인 경이 가운데 펼쳐진다.

아래에 제시되는 성경의 내용들이 성경 전체에 걸친 사상의 움직임을 보여준다. 그 내용들은 지상에 왕국을 수립하는 것이 하나님의 목적임을 보여준다. 시내산에서 야웨는 이스라엘을 제사장 나라로 삼으셨고(출 19:5-6), 모세를 야웨의 말씀을 백성에게 중개하는 자로 세우셨다(출 7:1; 행 7:35). 장차 모든 백성이 그에게 복종할, 모세 같은 예언자가 약속된다(신 18:15-18; 행 3:19-23). 다윗이 이스라엘의 왕으로 기름 부음을 받고 그의 나라가 영원히 지속할 것이라는 약속이 주어지는데(삼하 7:12-16), 이 약속은 솔로몬을 통해 영속화된다(대상 28:5, 7). 예언자 이사야는 한 왕과 끝이 없을 한 왕국의 도래를 선언했다(사 9:6-7). 다니엘은 훗날 하늘의 하나님이 이 나라를 세우실 터인데 이 나라는 결코 망하지 않으리라고 선언했다(단 2:44). 인자 같은 이가 이 나라의 보좌에 앉고 모든 백성과 나라들과 다른 언어를 말하는 사람들이 그를 섬길 것이다(단 7:13-14, 27). 마리아에게 파송된 천사는 그녀에게 하나님이 그녀

---

1_John Bright, *The Kingdom of God* (New York: Abingdon Press, 1953), 7, 197.

의 아들에게 그의 조상 다윗의 왕위를 주실 것이고 야곱의 집에 대한 그의 통치가 영원히 계속될 것이라고 알려준다(눅 1:32-33). 부활 후 사역 동안 그리스도는 제자들에게 이 나라에 관한 것들을 가르치셨고 그들의 마음속에 이스라엘의 회복이라는 문제를 제기하셨다(행 1:3, 6). 바울은 성도들에게 그 왕과 그의 왕국이 나타나기를 고대하면서 살라고 격려했다(딤후 4:1). 그리고 성경의 마지막 책에서는 일곱 번째 나팔 소리가 나자 오래 기다렸던 이 왕국이 드디어 "우리 주와 그의 그리스도의 나라가 되어 그가 세세토록 왕 노릇 하시리로다"라고 선언된다(계 11:15).

## 성경 해석 원칙

구약성경 시대와 신약성경 시대 모두에서 성경의 메시지가 하나님의 백성에게 전해졌다. 모세는 모압 평원에서 이스라엘 백성에게 한 그의 마지막 연설에서 이 사실을 명확하게 밝혔다. "감추어진 일은 우리 하나님 여호와께 속하였거니와 나타난 일은 영원히 우리와 우리 자손에게 속하였나니 이는 우리에게 이 율법의 모든 말씀을 행하게 하심이니라"(신 29:29). 하나님은 수백 년 동안 이스라엘 백성에게 예언자들을 보내셔서 자신의 뜻을 계시하셨다(마 23:37). 신약성경에서는 그것의 메시지가 교회의 성도들을 위한 것임이 반복적으로 명확히 제시된다(눅 1:3-4; 요 20:30-31; 행 1:1; 롬 1:71; 빌 1:1).

이 메시지는 특정한 사람들에게 특정한 도덕적·영적 유익이 실현될 수 있도록 돕기 위해 보내졌다. 성경은 그들에게 구원에 이르는 지혜를 얻게 하는 메시지와 방법의 구성 요소가 되었다(딤후 3:15). 성경은 하나님의 말씀과 뜻 안에서 그들을 가르쳤다(신 29:29; 딤후 3:16-17). 성경은 격려와 위로의 말씀을 제공했다(롬 15:4). 성경은 그 도중에 존재하는 위험들에 관해 경고했다(고전 10:11). 그리고 이 모든 것 외에 성경은 이 세상의 흑암과 공포 가운데서 그들에게 소망을 주었다(롬 15:4).

따라서 그 메시지가 사람들의 마음에 닿고 하나님이 의도하신 바를 달성하기 위해서는 단순하고, 솔직하고, 명확하게 주어져야 했다(고전 2:1-5). 하나님의 선한 섭리 안에서는 성경의 언어조차 그것이 원래 보내진 사람들의 보편적인 언어다. 구약성경은 이스라엘 백성에게 친숙했던 히브리어로 쓰였고, 신약성경의 언어는 로마 제국의 한쪽 끝에서 다른 쪽 끝까지의 일상 언어였다. 이 점이 성경의 메시지를 하나님께 속한 일반인들에게 이해될 수 있게 만들었다. 사람들과 이 메시지 사이에 예컨대 예언자, 교사, 신학자, 교회 학자 같은 특별한 계급이 끼어들지 않았다.

이 모든 점은 성경의 의미를 일반인인 하나님의 백성에게 이해될 수 있게 만드는 해석 원칙을 지지한다. 이 원칙은 성경의 메시지들을 문자적이고 일반적인 의미로 이해하고 이를 성경 전체에 적용할 것을 명백히 표명한다. 이는 성경의 역사적인 내용이 문자적으로 취해져야 하고, 교리 자료도 이런 식으로 해석되어야 하며, 도덕적·영적 정보도 마찬가지로 이 양상을 따라야 하고, 예언 자료도 이런 식으로 이해되어야 한다는 것을 의미한다. 그렇다고 해서 성경에서 비유적인 언어가 사용되지 않았다는 뜻은 아니다. 하지만 그런 언어가 채택된 경우 그것은 그 구절을 그런 식으로 해석하는 문자적인 방법의 적용임을 의미한다. 다른 해석 방법은 하나님의 백성에게서 그들을 위해 의도된 메시지를 완전히는 아닐지라도 부분적으로 박탈한다.

전천년적, 세대주의적 천년왕국 교리의 가르침에 대한 문자적 접근 방법은 절대적으로 기본적이다. 이 교리를 찬성하는 사람들과 반대하는 사람들 모두 이것이 그 교리에 근본적이라는 점을 기꺼이 인정한다. 전천년설의 명확한 옹호자인 월부드(Walvoord)는 다음과 같이 단언한다.

> 전천년설은 원칙적으로 구약성경의 해석에 기초한다. 문자적으로 해석되면 구약성경은 이스라엘의 예언적 기대에 관한 명확한 그림을 제공한다. 그들은 예언자, 제사장, 왕으로 기능할 구주이자 해방자, 곧 메시아의 도래를 확신하며 고대했다. 그들은 메시아가 자기들을 적들에게서 해방하고 구속받은 지상에 의와 평화와 번영의 왕국을 가져오리라고 기대했다.…전천년설의 해석만이 수백 개의 예언적인 구절들의 문자적 성취를 제공한다.[2]

이 해석 방법을 단호히 반대하는 사람들도 전천년설 교리를 확립하기 위해서는 성경에 대한 문자적 해석 방법이 중요하다는 점을 명확히 인정한다. 앨리스(Allis)는 "구약성경의 예언들이 문자적으로 해석된다면 성취되었거나 현시대에 성취될 수 있을 것으로 여겨질 수 없다"라고

---

2_ John F. Walvoord, *The Millennial Kingdom* (Findlay, Ohio: Dunham, 1959), 114.

솔직히 인정한다.[3] 전천년설을 똑같이 반대하는 플로이드 해밀턴(Floyd Hamilton)도 마지못해 다음과 같이 동의한다.

> 이제 우리는 구약성경의 예언들의 문자적 해석은 전천년주의자들이 그리는 메시아의 지상 통치의 그림을 제시한다는 점을 솔직히 인정해야 한다. 그것은 그리스도의 당대에 유대인들이 구약성경의 문자적 해석에 근거하여 고대하고 있던 종류의 메시아 왕국이었다.[4]

전천년설이 편만한 곳에서는 그것은 문자적 성경 해석에 토대를 둘 뿐만 아니라, 이를 토대로 한층 더 나아가 성경 전체를 통합하는 전체 신학 체계를 세운다는 점이 관찰될 것이다. 전천년설은 성경의 무오류성에서 시작하여 기독교 교리의 모든 측면을 다룬다. 전천년설에 대해 제기된 비난과 달리 그것은 몇 개의 따로 떼어낸 텍스트들에 근거하지도 않고 자의적으로 선택된 텍스트들에 근거하지도 않는다. 그것은 성경으로 구성되고, 성경의 문제들을 직면하며, 자신의 토대를 성경으로 제한시키고, 비참하게 실패하고 있고 두려움에 사로잡혀 있는 세상에서 소망을 주는 신학 체계다.

더욱이 전천년설은 모든 철학 중 최고이고 가장 영리한 역사 철학을 제공한다. 그것은 실재의 모든 측면을 고려한다. 그것은 이생과 내생

---

3_ Oswald Allis, *Prophecy and the Church* (Philadelphia: Presbyterian and Reformed Publishing Co., 1945), 238.

4_ Floyd Hamilton, *The Basis of Millennial Faith* (Grand Rapids, Michigan: William B. Eerdmans, 1942), 38.

을 고려한다(딤전 4:8). 그것은 자연적인 것과 영적인 것에 관심을 기울인다(고전 15:46). 그것은 지상의 장소와 천상의 장소를 모두 인식한다(고전 15:48). 그것은 천상의 측면의 삶을 가치 있다고 여길 뿐만 아니라 지상에서의 현재의 삶에도 가치를 부여하며(롬 15:4; 고전 10:11), 우리가 현재에 대한 적용과 미래의 기대 모두의 측면에서 믿을 만한 뭔가를 배울 수 있다고 주장한다.

전천년설은 하나님이 역사를 통해 점진적으로 움직이시며 모종의 선한 결말을 위해 사건의 경로들을 인도하신다는 사실을 지적한다. 인간이 죄를 통해 실패했다는 것은 사실이다. 그러나 그 사실에도 불구하고 역사의 움직임은 앞과 위를 향해 나아가고 있고 하나님의 능력 아래 마침내 장엄한 완성에 이르게 될 것이다. 우리는 하나님을 외면했기 때문에 실패했다. 그러나 우리는 질병의 정복, 몇몇 전쟁의 방지, 수명 연장, 몇몇 사회적·정치적 악폐 제거, 우주의 정복과 땅의 생산성 증가 측면에서 하나님의 능력을 통해 성공한다. 이것들은 모두 하나님의 능력과 은혜의 맥락에서, 그리고 지상의 차원에서 모든 문명의 황금기가 도래하리라는 것을 가리킨다.

이런 철학은 일리가 있다. 그것은 인간의 노력에 의미를 부여한다. 그것은 역사에 낙관주의의 분위기를 제공한다. 그것은 우리의 주님이시자 구주이신 예수 그리스도의 도래하는 왕국에서 참된 가치가 있는 인생의 모든 것이 보존되고 완전히 실현되리라는 것을 인식하고서 좀 더 나은 것을 위해 분투하도록 우리에게 모든 열망과 노력에 대한 유인

을 제공한다.[5]


## 천년왕국의 해석

신학자들이 천년왕국이라는 주제에 접근할 때 다른 해석 원칙을 채택하기 때문에 다양한 해석이 생겨났다. 아홉 가지 견해를 살펴보면 성경적 견해에 도달하는 데 도움이 될 것이다.[6]

1. 그리스도 전에는 이 왕국이 이스라엘로 제한된다고 믿는 유대인들이 있었다. 사도들조차 이렇게 생각했다. 그래서 그들은 이스라엘 왕국의 회복에 관해 물었다(행 1:6).

2. "하늘 나라"라는 어구는 몇몇 사람으로 하여금 그 왕국을 하늘과 동일시하고 그것이 하나님의 하늘에서의 통치와 관련이 있다고 주장하게 했다. 마태복음 19:23-24 같은 구절은 지금 천국에 가는 것을 의미하는 반면 마태복음 25:34은 미래를 가리키는 것이라고 설명된다.

3. 성경을 영적으로 해석함으로써 교회가 왕국의 전체라고 이해되었다. 골로새서 1:13 같은 구절들이 이 견해를 뒷받침하는 데 사용되어 왔다. 로마 가톨릭교회는 가시적인 계층 구조가 그 왕국이라고 해석한 반면 개신교 신학자들은 비가시적인 교회를 가리켰다.

---

5_Alva J. McClain, *The Greatness of the Kingdom* (Grand Rapids, Michigan: Zondervan Publishing House, 1959), 527-31.

6_Herman A. Hoyt, *The End Times* (Chicago: Moody Press, 1969), 168-70.

4. 일부 신학자들은 마음속에서의 하나님의 통치를 그 왕국이라고 해석하는 정도로까지 영적 해석에 지배되었다. 새로운 출생이 새 생명의 부여를 가져오는 한 누가복음 17:20-21이 이 견해의 증거로 인용되었다.

5. 그 왕국에 대한 완전히 물질주의적이고 세속적인 설명을 피하려고 몇몇 사람은 높은 도덕성과 영적 목적에 집중했고 로마서 14:17이 왕국에 대한 자기들의 견해를 지지하는 텍스트라고 생각했다.

6. 최근에 인류의 사회 조직과 전반적인 측면에서의 향상으로 현재의 왕국을 미래의 종말론적 왕국보다 중시하는 설명이 환영을 받았다. 전면적인 에큐메니컬 운동은 이런 추론 양상의 영향을 받았다.

7. 몇몇 사람은 커다란 망상으로 성경 저자들과 심지어 주 예수 그리스도에게 도전했다. 그들은 성경의 텍스트를 문자적으로 취했지만, 그것이 완전히 틀렸다고 단언하고 종말론 체계 전체를 폐기했다.

8. 바르트(Barth)와 브루너(Brunner)는 그리스도인 대중에게 왕국에 대한 가장 환상적인 관점에 주의를 기울이게 했다. 그들은 왕국을 시공간의 역사적 사건들의 사이클에서 꺼내 하나님께만 속한 영원의 영역에 두었다.

9. 성경책들을 액면 그대로 취하는 성경적 견해는 그리스도의 재림 때 지상에 세워지는 왕국이다. 이것이 초기 교회의 견해, 즉 처음 두 세기 반 동안 지속되었던 견해였다. 아우구스티누스의 시대까지는 충분히 중요한 위치를 지닌 인물로서 전천년설에 반대하는 견해를 옹호하는 사람이 없었다.

# 천년왕국에 대한 성경적 해석

위 단락에서 알 수 있듯이 천년왕국의 본질에 관해 신학자들 사이에 의견이 널리 갈리고 있다. 이런 불일치의 많은 부분은 의심할 나위 없이 협소하고 일방적인 의견들에서 비롯된다. 천년왕국 연구에서의 제한된 관점이 이런 상황을 낳았다. 몇몇 학자는 "그 왕국의 위대함"에 관한 예언에서 다니엘이 선언한 내용(단 7:27)을 완전히 이해하지 못했다. 그들은 왕국이라는 주제를 하나의 원칙으로 축소하려고 노력하다가 무한한 다양성을 무시하고 메마른 통일성을 택했다.

이런 사실들은 "하나님 나라"라는 성경의 어구에 대한 접근법이 하나님의 말씀에 부여된 것과 같은 권위 있는 의미를 지니려면 그것이 성경의 해석 패턴에 따라 추구되어야 한다는 점을 명확히 보여준다. 귀납적인 성경 자료 연구만이 긍정적인 결과를 낳을 것이다. 왕국의 진정한 개념은 감히 하나의 텍스트나 단락에 의존하지 않아야 한다. 모든 성경 자료가 조사되어야 하고 이 조사는 역사의 움직임과 성서 신학 방법에 따른 신적 계시의 진전과 관련하여 이뤄져야 한다.

그의 고전적인 저서 『왕국의 위대성』(*The Greatness of the Kingdom*)의 서두에서 맥클레인(McClain)은 **왕국**의 개념에 대한 잠정적인 정의를 제시한다.

일반적인 성경 자료 조사는 "왕국"은 적어도 본질적인 요소 세 가지─첫째는 적절한 권위와 힘을 지니는 통치자이고 둘째는 통치를 받을 신민들의 영토이며 셋째는 통치권의 기능을 실제로 행사하는 것이다─를 포함

하는 총체적인 상황을 예상한다는 것을 나타낸다.[7]

위의 설명은 세 가지 요소가 모두 서로 적절한 관계를 맺으며 존재하지 않고서는 왕국이 있을 수 없음을 명확히 한다. 권위를 지닌 통치자가 가장 중요한 요소라는 것은 사실이지만 영토나 통치권이 없이는 근본적인 의미에서의 왕국이 있을 수 없다. 그렇다면 하나님 나라와 관련하여 그것은 광의로 하나님의 창조물에 대한 하나님의 통치로 정의될 수 있을 것이다.

왕국에 관한 구절들을 잘 읽어보면 몇 가지 다소 중요한 구분이 드러난다. 많은 구절이 그 왕국을 **항상 존재해온** 것으로 제시하는 반면(시 10: 16), 다른 텍스트들은 그 왕국에 **명확한 시작**이 있다고 주장한다(단 2:44). 몇몇 구절은 그 왕국을 범위 면에서 **우주적인** 것으로 묘사하는 반면(시 103:19), 다른 구절들은 그 왕국을 지상에서의 **지역적인** 통치로 제시한다(사 24:23). 어떤 구절에서는 하나님이 **직접 다스리시는** 것으로 묘사되는 반면(시 59:13), 다른 구절에서는 하나님이 **조정자를 통해 다스리신다**(시 2:4-6). 많은 텍스트가 그 왕국을 완전히 **미래**에 존재할 대상으로 제시하는 반면(슥 14:9), 다른 텍스트에서는 그것을 **현재의 실재**로 묘사한다(시 29: 10). 많은 곳에서 그 왕국은 하나님의 창조세계에 대한 그분의 **무조건적인** 통치로 묘사되지만(단 4:34-35) 다른 곳에서는 이 통치가 하나님이 사람들과 맺으신 **언약**에 기초한다(시 89: 27-29).

많은 학자가 그 왕국에 관해 이렇게 상충하는 구분들을 조화시키

---

7_ McClain, 383.

려고 노력했는데 몇몇 학자는 다음과 같은 방식으로 결론지었다. 두 측면을 지닌 하나의 왕국이 있다, 힘의 왕국과 은혜의 왕국이라는 두 왕국이 있다, 하나님의 통치는 한편으로는 우주적인 주권이고 다른 한편으로는 신정 통치다, 하나님은 지금 왕이시지만 그의 왕권은 미래에 행사된다, 현재 승리하는 실재가 존재하지만 훨씬 더 승리하는 미래의 통치가 있다, 그리스도의 나라와 하나님의 나라가 있다, 하나님 나라와 하늘 나라가 있다, 지상(on earth)의 나라와 땅 위(over the earth)의 나라가 있다.

가장 합리적인 설명은 두 왕국의 존재를 인정하는 것이지만, 우리는 이 왕국들이 서로 완전히 구분된다는 그릇된 개념에 대해 경계하도록 주의를 기울여야 한다. 그 왕국들은 자신의 창조세계에 대한 하나님의 하나의 통치의 두 측면 또는 국면을 구성한다. 따라서 다음 두 용어가 전천년주의자들이 하나님의 통치의 이 측면들을 가장 잘 묘사한다는 것을 보여준다. 첫째는 하나님의 통치의 범위를 나타내는 "우주적인"이라는 말이고, 둘째는 하나님의 통치의 방법을 묘사하는 "중재적"이라는 말이다. 그 단어들은 각각 하나님의 통치의 질과 성격을 알려준다.

이 대목에서 적절한 논의의 영역인 중재적 왕국에 대해 논의하기 전에 우주적인 왕국과 중재적인 왕국을 구분하는 일련의 차이를 열거하는 것이 현명해 보인다. 우주적 왕국은 영원하다(시 145:13). 그것은 모든 창조세계를 포함한다(대상 29:12). 그 통치는 거의 완전히 섭리적이다. 즉 제2의 원인을 통한 것이다(출 14:21; 시 29:3; 사 10:5-15). 기적적인 사건들 같은 초자연적인 수단을 통해 통치가 행사될 때가 있다(출 11:9; 신 4:34-35; 단 6:27). 우주적인 왕국은 그 신민들의 태도 여하에 무관하게 운영된다(시 103:20; 단 4:35; 행 3:17-18; 요일 3:4, 8). 우주적인 왕국은 언제나 영원하신 아들을 통해 중재된다(골 1:17; 히 1:2). 우주적인 왕국은 특히 그리스도가 자기 제자들에게 임하기를 위해 기도하라고 촉구하신 왕국(마 6:10)과 다르다. 우주적인 왕국은 항상 존재하는 반면 중재적인 왕국은 미래에 실현될 약속이다. 중재적 왕국에서 하나님의 목적이 달성될 때 원수는 아들께 복종하게 될 것이고(고전 15:24-28), 그러면 중재적 왕국이 우주적 왕국과 통합되어 하나의 보좌가 있게 될 것이다(계 22:3).

지금까지의 논의를 통해 하나님 나라로 지칭되는 세 개의 영역이 있다는 것이 명확해졌을 것이다. 우선 우주적인 하나님 나라가 있다(시 103:19). 이 넓은 영역 안에 중재적 왕국으로 알려진 좀 더 제한적인 영역이 있다(단 2:44). 중재적 왕국의 영역 안에 좀 더 제한된 영역, 즉 우주적 왕국과 중재적 왕국의 특정한 성격에 참여하는 교회가 있다. 따라서 바울이 성도가 그리스도의 나라로 옮겨졌다고 말하는 것은 매우 적절하다(골 1:13). 그리스도의 신부이자 왕비로서의 교회가 이 왕국에서 그리스도와 함께 다스리고 통치할 것이라는 의미에서 중재적 왕국은 교회 구성원들에게 속한다(히 12:28; 계 3:21).

## 중재적 왕국의 역사

나는 이제 성경에 등장하는 중재적 왕국의 영역만 논의할 것이다. 우리는 하나님 나라라는 말을 통해 자신의 창조세계에 대한 하나님의 통치를 의미한다는 점을 명심하라. 중재적 왕국이 영원한 또는 우주적인 왕국의 실현에서 1단계라면 중재적 왕국에 관한 묘사의 많은 부분이 우주적 왕국에도 해당할 것이다.

중재적이라는 단어를 이 왕국을 가리키는 것으로 사용하기로 했기 때문에 우리는 이 점이 왕국이라는 단어를 특정한 개념으로 제한한다는 것을 인식해야 한다. 이는 하나님이 한편으로 백성들에게 하나님을 대신해서 말하고 행동하며 다른 한편으로 하나님께 백성을 대표하는, 신적으로 선택된 대표자를 통해 이 왕국에 대한 통치를 행사하신다는 것을 의미한다. 이 왕국이 지상의 인류와 특별한 관계를 지닌다는 것과 그 조정자는 항상 인류의 일원이라는 점이 명백하다. 구약성경에서 조정자라는 단어가 전혀 등장하지 않지만 아주 유사한 단어인 **중재인** 또는 **심판자**(욥 9:33, KJV, ASV. 개역개정에서는 "판결자"로 번역되었음)라는 단어가 있다. 그러나 신약성경은 조정자를 의미하는 단어(*mesites*)를 사용하는데, 그 단어가 여섯 번 등장한다(갈 3:19-20; 딤전 2:5; 히 8:6; 9:15; 12:24). 조정자는 예언자, 제사장, 왕이라는 삼중의 기능을 갖는다.

중재적 왕국에 관한 점진적인 계시에서 이 왕국의 기간은 성경의 마지막 책에서 비로소 계시된다. 요한계시록 20장의 첫 일곱 절에서 이 왕국의 기간이 1,000년이라고 여섯 번 선언된다. 라틴어 번역에서 1,000년이라는 단어는 1,000에 대한 그리스어 단어를 번역한 것으로서 그 용어가 이 왕국의 기간에 대해 사용된 것이라고 설명한다.

역사 안에서의 중재적 왕국의 시작을 위한 준비는 창세 때 개시되었다. 하나님은 인간을 자신의 형상대로 창조하셨는데, 그 형상은 지배의 가능성을 포함했고, 하나님은 실제로 인간에게 신적으로 파생된 이 기능을 행사하라고 명령하셨다(창 1:26-28). 이것은 인간을 포함하여

"온 땅"에 미쳐야 했다. 인간은 주저하지 않고 이 기능을 행사했지만, 그 기능이 파생된 것임을 인정하기를 거절했다는 점에서 실패했다(롬 5:12, 19; 딤전 2:14). 이로써 지상에 혼란과 무질서가 들어왔고(창 4: 19-24) 그 것은 궁극적으로 하나님으로부터 버림받음(창 6:3)과 우주적 재앙(창 6:1-13)을 가져왔다. 인간의 통치는 실패했고(창 9:5-6), 사악한 세상 통치를 중지시키기 위해 언어를 혼란스럽게 만드는 심판이 필요했다(창 11:1-9).

이 지점에서 하나님이 자기의 뜻을 이루시기 위해 다른 방향을 향하셨다. 그는 족장들의 중재를 통해 자기 백성을 다스리려고 하셨다. 그는 갈대아인의 우르에서 아브라함을 부르셨다(창 12:1-3). 이 사람을 통해 진정한 중재자들로 기능하며 절대적 권위를 행사하는(창 14:14; 21:9-21; 22:1-19) 왕들이 등장할 터였다(창 17:6). 아브라함부터 시작하여 그 계보를 따라 이삭, 야곱, 요셉, 모세, 여호수아, 사사들, 사무엘과 이어서 왕들이 중재적 통제 책임을 행사한다.

좀 더 공식적인 의미에서 중재적 왕국은 출애굽과 시내산에서 및 광야 체류 동안의 모세에게 기원을 두었다. 그 백성은 "이적과 기사와…두려운 일"을 통해(신 4:34) 초자연적인 하나님이 자신이 임명하신 통치자 모세를 통해 다스리신다는 것을 믿을 수밖에 없었다. 이런 사건들에서 "민족으로서의 이스라엘이 탄생"했다.[8] 모세가 왕이라고 언급되지는 않지만, 그는 제왕의 기능을 수행했다(행 7:35). 그는 중재자로서

---

8_ Conrad Von Orelli, "History of Israel," in *International Standard Bible Encyclopaedia*, 2nd ed., (Chicago: The Howard-Severance Co., 1929), III, 1515.

백성에게 하나님을 대변했고(출 4:16; 7:1), 하나님께 백성을 대변했다(신 9:24-29). 이런 식으로 모세는 앞으로 도래할 완벽한 중재자, 즉 그리스도의 모형이 되었다(신 18:15).

역사 안에서 이 중재적 왕국의 장엄함은 사울과 다윗과 솔로몬의 통치 때 절정에 도달했다. 이 군주제 형태는 예언에서 예견되었고(창 17:5-7; 35:9-11), 특정한 주의사항들이 제시되었다(신 17:14-17). 사사 시기의 영적 쇠퇴로 왕을 선택하게 되었다(삿 8:22-23; 삼상 8:1-9, 19-22). 그러나 하나님이 왕을 선택하셨다(삼상 10:17-24; 12:1-25). 모세부터 솔로몬까지의 전체 기간에 쉐키나(Shekinah) 영광의 현존은 하나님이 중재적 섭정 정치를 승인하신다는 것을 나타냈다(출 40:34; 대하 7:1; 느 9:19).

르호보암의 통치 때부터 중재적 기능이 점차 쇠약해져서 하나님의 통치가 좀 더 간접적으로 시행되었다. 이때부터 예언자들이 무대에 등장한다. 이것은 왕들의 실패에도 불구하고 자신의 메시지를 백성들에게 전달하시는 하나님의 방법이었다. 이 쇠퇴는 악화의 모든 단계에서 예견되었다(삼상 8:7-20). 예언자들은 이스라엘에서의 영적 상태를 진단했고(사 1:3-6), 다가오는 심판에 비추어(암 5:18-24) 율법으로 돌아올 것을 촉구했다(사 8:20). 그러나 왕국 언약은 깨뜨릴 수 있는 대상이 아니었기 때문에(렘 33:17-21) 예언자들은 미래와 이상적인 왕국을 약속했다(슥 14:7-9).

그러나 이스라엘에서의 배교와 악화는 불가피하게 야웨의 불승인과 그의 떠남을 초래했다. 쉐키나 영광은 시내산 때부터 줄곧 하나님이 자기 백성들 가운데 현존하신다는 상징이었다. 그러나 에스겔이 활약했던 즈음에는 무모한 반역과 죄에 빠지는 행태가 절정에 달했다. 그래서 하나님은 영광이 이스라엘로부터 마지못해 점진적으로 떠나는 환상을 에스겔에게 보여주셨다(겔 8:3-4; 9:3; 10:4, 18; 11:23; 8:7-17도 보라). 그 백성이 하나님을 버렸기 때문에 이제 하나님이 그 민족을 버리셨다. 솔로몬 성전이 느부갓네살에게 파괴된 후 훗날 성전 두 개가 더 세워졌지만, 영광은 없었다. 역사적 의미에서 중재적 왕국은 중단되었다. 그러나 하나님의 선한 섭리에서 이스라엘에게 미래에 대한 신적 약속이 주어졌다(겔 11:16; 39:21-29; 43:1-7; 슥 14:1-4).

역사에서 중재적 왕국이 실패한 원인은 다음과 같은 세 가지다. 영적으로는 백성 대다수가 야웨에 공감하지 않았고 그의 율법과 조화를 이루지도 않았다. 지적으로는 그 백성이 성공하기 위해서는 주변의 나라들에 순응해야 한다고 확신했다(삼상 8:5, 20). 더욱이 정치적으로는 통치자들이 여러 면에서 불완전했다.

미래의 약속은 이 약점들이 교정되리라고 말한다. 백성의 대다수가 새로운 출생을 경험할 것이고(겔 11:17-20) 따라서 왕 및 그의 율법들과 조화를 이룰 것이다(시 110:1-3). 불완전한 왕들은 완벽한 조정자로서의 왕이신 주 예수 그리스도로 대체될 것이다(사 42:1-4). 그는 하나님께 전적으로 순종하고, 세상의 공허한 선정주의로부터 분리되며, 그의 신민을 향한 구원 사역을 수행하고 그의 프로젝트를 완전한 성공으로 이끄실 수 있을 것이다.

기원전 600년 이후 고대 유대 국가를 부흥시키기 위해 많은 노력이 기울여졌으나 성공하지 못했다. 현재의 이스라엘 국가조차, 비록 그것이 앞으로 올 것의 상징일 수도 있겠지만, 그 중재적 왕국의 초기 단계라고 여겨지지 않아야 한다. 이스라엘의 최종적이고 영구적인 상태는 그 중재적 왕국과 분리할 수 없게 엮여 있으며 주 예수 그리스도의 도래를 기다린다. 중재적 왕국이 회복될 것이다(행 1:6). 그리고 예언은 그것이 미래의 특정한 사건이라고 선언한다(호 3:4-5).

## 예언에 묘사된 왕국

실제 역사적 상황들이 중재적 왕국에 관해 예언할 기회를 제공했다. 예언자는 가까운 미래의 사건이나 인물로 시작해서 이스라엘과 중재적 왕국의 좀 더 먼 미래의 몇몇 사건이나 인물로 이동했다. 가까운 사건이 도래하면 그것은 먼 그리고 최종적인 사건에 대한 진지하고 신적인 전조가 되었다(사 13:17-14:4; 14:5-6을 보라).

구약성경의 예언은 모세의 책들에 기록된 소수의 산발적이고 다소 모호한 언급들로 시작한다. 이것은 대부분 중재적 왕에 집중한다. 그는 여자의 후손일 것이고(창 3:15), 셈의 장막에 거할 것이다(창 9:27). 그는 아브라함을 통해 올 것이고(창 12:1-4), 유다로부터 나오는 입법자일 것이다(창 49:10). 그는 야곱에게서 나오는 별일 것이고(민 24:17) 모세 같은 예언자일 것이다(신 18:15). 역사적 왕국 기간에는 왕국 예언에서 현저한 언급이 두 번 사용된다(삼하 7:1-16; 대상 17:1-14). 다윗은 그의 가문, 왕국, 왕위가 영원히 확립될 것이라는 보장을 받는다(대상 17:1-4; 삼하 7:14). 이 약속은 다윗의 자손인 그리스도에게서 완전히 실현된다(눅 1:31-33). 솔로몬도 같은 보장을 받는다(대상 22:6-10). 이스라엘이 쇠약해짐에 따라 구약성경의 예언이 증가하는데, 예언을 기록한 내용이 모든 대예언서와 소예언서에서 발견된다. 이런 예언의 영역에서 도래하는 왕국에 대한 명확한 묘사가 발견된다.

그것은 그 단어의 모든 의미에서 **문자적**인 왕국일 것이다. 이 왕국은 인간이 달성하기 위해 분투하지만 결코 이룰 수 없는 추상적인 이상이 아니다. 그것은 지상의 여느 왕국과 마찬가지로 실제적이고, 역사적인 이스라엘 왕국만큼이나 실제적일 것이다. 그것의 중심지의 실제 장소는 예루살렘과 그 인근일 것이다(옵 12-21절). 실제 왕이 물리적인 왕좌에 앉을 것이다(사 33:17). 인간의 나라들이 그 왕국의 복지와 구원의 사역에 참여할 것이다(사 52: 10). 이 세상의 사악한 왕국들은 그리스도가 도래하실 때 갑작스럽고 재앙적인 종말을 맞이할 것이고 그리스도의 나라가 그 왕국들을 대신할 것이다(단 2:31-45). 이 왕국은 역사적 다윗 왕국의 부활이자 연속일 것이다(암 9:11; 행 15:16-18을 보라). 신실하고 거듭난 이스라엘의 남은 자들이 회복되고 이 왕국의 핵심이 될 것이며 그리하여 하나님이 다윗과 맺으신 언약이 실현될 것이다(미 4:7-8; 렘 33:15-22; 시 89:3-4, 34-37). 예루살렘은 위대한 왕의 수도가 되고 그는 그곳에서 세상을 통치할 것이다(사 2:3; 24:23).

중재적 왕국의 **현현** 역시 문자적이다. 그것은 사건들이 시간 순서상 점진적으로 펼쳐지는 것의 일부다. 몇몇 예언자는 그것이 가까이 왔다고 생각하고 "조금 있으면"(학 2:6-9)이나 "오래지 아니하여"(사 29:17-20) 같은 어구를 사용했다. 다른 경우에는 예언자들이 이 사건을 먼 미래를 가리키는 것으로 보고 "말일"(latter days)에 일어날 것으로 생각했다(사 2:2). 호세아는 이스라엘이 "많은 날을 지내다가" 이 사건이 일어날 것이라고 선언한다(호 3:4-5). 궁극적으로 이런 시간 측정은 하나님의 관점에서 평가되어야 한다(벧후 3:8-10). 그러나 그 왕국이 세워질 때 그 전에 자연의 모든 요소―모든 나라에 영향을 주는 태양, 달, 별들, 지진, 홍수, 화재, 기근, 전염병―에서 일련의 세계적인 심판이 느껴질 것이다(사 24장; 욜 2:30-31; 3:9-15). 이 모든 것은 하나님과 그분의 영광이 나타나는 것에 대한 서곡일 것이다(사 35:4; 40:5, 9-10). 이 모든 것은 그 왕국의 수립이 오랫동안 질질 끄는 과정이 아니라, 감각적 경험의 영역에서 갑작스럽고 재앙적이며 초자연적이어서 모든 사람이 하나님이 자연 질서에 뭔가 신적인 것을 도입하시기 위해 인간의 역사 과정에 개입하고 계신다는 것을 알 수 있는 과정임을 의미한다(사 40:5; 겔 20: 33-38; 단 2:34, 44; 욜 3:1-2; 암 9:9-10; 말 3:1-6; 마 25:31-46).

왕국의 도래 묘사에서 핵심은 문자적이고 신이자 인간인 인물로서의 **왕**이다. 그의 주위에 영광이 모일 터인데 우리가 아무리 많은 지면을 할애하더라도 그것을 충분히 표현하기 어려울 것이다. 그의 이름들과 칭호들은 그가 인간이자 신이라는 점을 명확히 한다. 그는 "사람"(사 32:1-2), "이새의 줄기에서 난 싹"(사 11:1), "인자"(단 7:13)로 제시된다. 다른 한편으로 그는 "여호와"(시 2:7), "너희의 하나님"(사 40:9-10), "전능하신 하나님"(사 9:6)으로 불린다. 그의 내면에는 성공적인 통치를 위해 필요한 모든 요건―일곱 가지 능력(사 11:2), 재판에서 완벽한 힘의 행사(사 11:3-4), 공의와 성실 같은 성품의 완벽성(사 11:5)―이 존재한다. 그러나 이 인물에 관해서는 신비가 존재한다. 그는 생애 중에 끊어진다(단 9:26). 그 예언자는 이 종의 신비에 관한 어떤 점들, 즉 그의 슬픔, 고난, 복종, 만족을 인식한다(사 52:13-53:12). 이 한 인물 안에 존재하는 고난과 영광은 예언자들을 혼란스럽게 하고, 사람들을 당황하게 하며, 사도들을 어리둥절하게 한다(벧전 1: 10-12).

중재적 왕국에서 **정부 형태**는 군주제다. 이 점 역시 문자적 의미다. 성경은 "그의 어깨에는 정사를 메었다"라고 말한다(사 9:6). 인간적 측면에서 그의 왕권은 그가 다윗의 자손이라는 사실로 거슬러 올라가지만, 그럼에도 성경은 그 왕이 신으로부터 권위를 받고 신적으로 그 권위를 유지한다는 점을 명확히 한다. "그에게 권세와 영광과 나라가 주어졌다"(단 7:14). 성부가 "내가 나의 왕을 내 거룩한 산 시온에 세웠다"라고 선언하신다(사 2:6). 그리스도는 승천 때 "왕위를 받아 가지고 오려고"(눅 19:12) 하늘로 돌아가셨다. 입법, 사법, 행정의 모든 정부 기능이 그에게 부여될 것이다(사 33:17-24). 그렇다고 해서 그가 모든 기능을 직접 수행하신다는 뜻은 아니다. 이는 최종 권위가 그에게 있으며, 그가 권한을 위임하시고 권한 행사를 인도하시리라는 것을 의미한다. 엄격함과 부드러움이 완벽하게 조화될 것이다. 그는 나라들을 "쇠 막대기"로 통치하실 것이고(시 2:7-9, 12), "그는 어린 양을 그 팔로 모아 품에 안으시며 젖먹이는 암컷들을 온순히 인도하실 것이다"(사 40:11). "그는 공의로 가난한 자를 심판하며 정직으로 세상의 겸손한 자를 판단할 것이며 그의 입의 막대기로 세상을 치며 그의 입술의 기운으로 악인을 죽일 것이다"(사 11:4). 이런 초자연적인 자질들이 완전히 작동한 결과 "그 정사와 평강의 더함이 무궁하며 또 다윗의 왕좌와 그의 나라에 군림하여 그 나라를 굳게 세우고 지금 이후로 영원히 정의와 공의로 그것을 보존하실 것이다"(사 9:7). 지상에서 이전에는 결코 없었던 문명의 황금기가 드디어 경험될 것이다.

중재적 왕국의 **외적 조직**은 놀라운 현상이다. 이런 정치 구조가 고안된 적이 없었다. 지상권(至上權)을 행사하는 대신 "한 왕이 공의로 통치할 것이다"(사 32:1). "여호와께서 천하의 왕이 되시리니 그날에는 여호와께서 홀로 한 분이실 것이요 그의 이름이 홀로 하나이실 것이다"(슥 14:9). 정부의 많은 책임이 영적 귀족에게 위임될 것이다. 이 집단은 세 부류의 부활한 성도들, 즉 교회(고전 6:2; 계 3:21; 20:6), 구약 시대의 성도들(겔 37:24-25; 단 7:18, 22, 27), 환난 때의 순교자들(계 20:4)로 구성될 것이다. 구속받은 살아 있는 이스라엘 나라, 거듭나고 그 땅에 다시 모인 사람들이 땅의 모든 나라를 이끌 것이다(신 28:1, 13; 사 41:8-16). 그 나라를 자신의 손바닥에 새기신 하나님은 그들을 잊으실 수 없다(사 49:15-16). 따라서 하나님이 그들을 이방 나라들 위로 높이신다(사 60:1-3, 12). 가장 낮은 차원에는 구원받고 살아 있는 이방 나라들이 있다. 그들은 왕들과 통치하는 군주들 및 좋은 정부 시스템에 속하는 다른 모든 보조적인 부서들을 보유하는 나라들로 조직된다. 이들은 마태복음 25:34에 등장하는 양이다. 특별히 아시리아와 이집트라는 두 나라가 언급된다(사 19:23-25). 그들이 같은 야웨를 경배할 것이고(미 4:2), 해마다 위대한 왕의 도시로 순례 여행을 할 것이다(슥 8:18-23; 14:16-19). 그리고 그들은 "내 이름으로 일컫는 만국"으로서 야웨의 소유가 될 것이다(암 9:12).

실제 왕국의 모든 측면이 그 중재적 왕국의 **본질적 성격**의 특징을 이룰 것이다. 이 왕국은 사회 구조와 운영을 대대적으로 변화시킬 것이다. 이 변화의 포괄적인 성격과 왕국의 풍요로움 및 위대함은 예언서들로부터 모은 여섯 가지 고려사항들로 제시될 수 있을 것이다.

기본적으로 그 왕국은 본질상 영적일 것이다. 그렇다고 해서 그것이 에테르화한다(etherealize)는 뜻은 아니다. 그것은 그 왕국이 하나님의 성령에 속하고 성령의 다스림을 받는다는 의미다. 그 왕국은 실제 왕국의 가시적이고 물질적인 모든 특질을 보유하는데 이것들이 성령의 통제와 인도를 받는다. 용서, 하나님을 직접 앎(렘 31:34), 의로움(렘 23:5-6), 영적 정화(겔 36:24-26), 거듭남(겔 36:26-28)이 모두 존재할 것이다.

성령의 통제의 열매는 **윤리적 행동**에서 나타날 것이다. 이 기간에 도덕적 가치 체계가 작동할 것이다(사 40:4). 객관적인 율법의 기준이 척도가 될 것이다(말 4:4). 이 율법은 예루살렘에서 나와 땅에 널리 퍼질 것이다(사 2:3). 그리고 옳고 그름의 모든 문제가 이 절대적인 기준의 맥락에서 해결될 것이다(사 8:20). 개인들의 도덕적 가치가 정확하고 참되게 평가될 것이다(사 32:5). 악행에 대해 신속한 징벌이 이뤄질 터인데, 그것은 틀림이 없고 불가피할 것이다(사 11:3-4; 말 3:1-5).

이 왕국에서 완벽한 사회적 관계들이 회복될 것이다. 국제 분쟁 해결 방법으로서의 전쟁은 완전히 제거될 것이다(사 2:4). 경제에서 전쟁에 이용되던 기술들과 산업들도 제거될 것이다. 이전에 전쟁에 사용되던 물자, 돈, 시간이 건설적인 사업에 쓰일 것이다. 긍정적인 모든 노력이 땅의 소출을 내는 데 사용될 것이고, 인간의 재능이 모든 사람에게 이용 가능해질 것이다(사 65:21-22).

저주가 대부분 해제되어 물리적 변화로 귀결될 것이다. 지질학적 변화(슥 14:3-4), 기후의 변화(사 32:15-16; 35:7), 땅의 생산력 증대(사 35:1-2; 암 9:13), 동물의 본성 변화(사 11:6-9; 65:25), 육체적 질병의 치유(사 33:24; 35:5-6), 장수의 회복(사 65:20, 22), 육체적 위험의 제거(사 65:23; 겔 34:23-31)가 있을 것이다.

**정치적 변화들**도 이 왕국의 특징을 이룰 것이다. 예루살렘이 국가간 분쟁을 중재하는 도시가 될 것이고, 중앙의 권위는 최고이며 불변할 것이다(미 4:3). 모든 국가가 안보의 혜택을 누릴 것이다(사 32:18; 미 4:4). 이스라엘이 그들의 땅으로 영원히 회복되고(암 9:14-15), 유대인들의 국가가 재수립되어 통일되고(겔 37장), 나라들 사이에서 탁월한 장소가 될 것이다(사 60:10-14).

**종교적 정화**는 이 왕국의 통치자가 왕과 제사장이라는 멜기세덱의 패턴을 따르는 데서 나타날 것이다(시 110편). 그는 모든 나라로부터 예배를 받는 유일한 대상이 될 것이고(사 66:23), 모든 나라가 이 특권을 누리려고 할 것이다(슥 14:16-19). 예루살렘에 모든 나라 사람이 이용할 수 있는 중앙 성소가 세워질 것이고(겔 37:27-28), 쉐키나 영광이 다시 그 성전의 올바른 장소를 차지할 것이다(겔 43: 1-7). 이스라엘 백성이 종교적 진리의 지도자들과 교사들이 됨으로써 그들을 향한 하나님의 원래 의도가 달성될 것이다(사 61:6).

그 왕국의 이러한 여섯 가지 측면이 그 왕국의 위대함에 모종의 대담한 위안을 가져온다. 그것은 완전하고 만족스러우며 적절한 모든 견해를 조화시키는 견해다. 그것의 측면들은 놀랍다. 땅의 영역은 세계적이다(슥 14:9). 모든 나라가 그것의 통제 안에 들어온다(시 72:8-11). 인간의 삶에 공헌하는 모든 필수 요소가 존재한다(슥 14:20-21). 그것의 증대(이것은 오늘날 나라들의 가장 큰 문제다)가 무궁할 것이다(사 9:7). 그것의 존속 기간은 영원하다. 첫 번째 국면은 1,000년이다(계 20:4-6). 그 후에 그것은 영원한 상태와 통합되어 영원히 존재할 것이다(시 45:6; 단 7:13-14; 미 4:7; 고전 15:24-28; 계 22:1-5).

# 복음서들에 제시된 하나님 나라

북음서들에 제시된 중재적 왕국에 관해서는 신비가 존재하는데 이로 인해 다양한 해석이 나왔다. 무천년주의자들은 영적 요소들에 주의를 집중하고, 사회적·정치적 요소들을 무시하며, 그것을 신약성경 왕국이라고 부른다. 자유주의자들은 그리스도가 기독교적인 사회 질서를 수립하여 인류의 사회적 개선을 의도하셨다고 주장한다. 비평학파는 그리스도가 자신을 구약성경의 예언자들의 이상주의에 적응시키셨다고 주장한다. 성경적 견해는 그리스도의 가르침을 액면 그대로 취하고 그리스도가 구약성경에서 가르친 것과 동일한 왕국을 제시하고 계셨다고 생각한다.

　　복음서들에서 이 왕국에 관한 공식적인 많은 선언이 발견된다. 그것은 천사를 통해 예고되었고(눅 1:30-33), 동방 박사들에게 기대되었으며(마 2:1-2), 세례 요한을 통해 선언되었다(마 3:1-2). 그것은 그리스도(마 4:17, 23), 열두 제자(마 10:5-7), 제자들 70명(눅 10:11)을 통해 설교되었다. 몇몇 표현은 이 나라가 가까이 왔다고 말한다. 그리스도가 그 나라의 힘의 근원으로 제시된다(눅 11:20). 이 점은 왕이 그들 가운데 서 계신다는 사실을 통해 설명된다(눅 17:2 1, ASV 난외주). 왕이 현존하기 때문에 그 나라가 가까이 왔다(막 1:15; 눅 10:9). 이 나라를 "하늘나라"(하늘은 하늘에 거주하는 자를 대표한다)와 "하나님 나라"(하나님은 통치자를 나타낸다)라고 부른 것은 올바른 처사였다(마 4:17과 막 1:15을 보라). 그러므로 이 두 표현은 교환될 수 있다(마 19:23-24).

　　우리가 주의 깊게 조사해보면 복음서들에 나타난 왕국은 구약성경이 예언한 중재적 왕국과 동일시된다는 사실이 드러난다. "하늘나라"라는 이름 자체가 다니엘의 예언들(단 2:44; 7:13-14)에서 파생되었고, 그 나라의 통치자인 "인자"도 같은 자료에서 나온다. 이 점이 그리스도가 그 나라에 관한 자신의 메시지를 뒷받침하기 위해 계속 구약성경의 예언자들에게 호소하신 이유를 설명한다(눅 4:18-19[사 61:1-2을 보라]; 눅 7:27[말 3:1을 보라]; 눅 20:41-44[시 110:1을 보라]).

복음서들은 항상 그리스도를 통해 선언된 왕국을 구약성경이 예언한 왕국과 관련시킨다. 그 나라의 왕위는 다윗에게 속한다(눅 1:30-33). 그 나라의 통치자는 이사야를 통해 선포된 존재다(마 3:3[사 40:3을 보라]). 그 나라의 빛은 이사야가 예고한 빛이신 그리스도시다(마 4:12-17[사 9:1-2을 보라]). 그리스도는 어느 곳에서도 그 나라에 대한 자신의 개념이 구약성경의 예언과 다르다고 암시하시지 않는다. 결국 그는 율법과 예언자를 성취하러 오셨다(마 5:17-18). 문자적 실현이 지상에서의 그의 출현 사건들에 수반되었다. 그는 베들레헴에서 태어나셨고(눅 2:1-6[미 5:2-5을 보라]), 나귀를 타고 예루살렘에 들어가셨다(마 21:1-5[슥 9:9-10을 보라]).

그리스도의 메시지와 사역은 여러모로 구약성경의 예언에서 제시된 그 나라의 다양한 측면을 보여준다. 성령에 의해 거듭나는 것이 그 나라에 들어갈 수 있는 조건이 된다(요 3:3-5). 최고의 윤리 기준이 강조된다(마 5:19-22, 28). 그 나라의 신민들을 통해 사회적 결과들이 나타날 것이다(마 13:41-43; 눅 6:20-21). 성전을 깨끗하게 하신 사건은 종교적 정화를 보여준다(막 11:15-17). 정치적 재조직화가 일어날 것이고(마 19:28; 25:31), 신체적 환경의 포괄적인 변화들이 일어날 것이다(마 9:35; 10:5-8).

그리스도의 명확한 가르침에도 불구하고 그 왕과 그의 왕국은 거부되었다. 그 왕국을 최초로 선언하셨을 때 그리스도는 우발성(contingency)이 있음을 이해하셨다. 왕국의 제시는 진정한 것이었지만 인간의 우발성도 마찬가지였다(마 10:5-7; 15:24). "만일 너희가 즐겨 받을진대 오리라 한 엘리야가 곧 이 사람이니라"(마 11:13-15; 17:10-13). 그리스도는 결과를 미리 아시고 도래하는 이 사건을 예언하셨다(요 2:19-22; 3:14-15). 그가 무슨 일이 일어날지 아셨음을 확인하기라도 하듯이 그는 공적 사역의 처음부터 반대에 직면하셨다. 그는 나사렛에서 거부되셨다(눅 4:28-29). 두 번째 오순절에 그들은 예수를 죽이려고 했다(요 5:18, 43). 보통 사람들 사이에서의 그의 인기도 수시로 변했다. 그들은 어느 날에는 예수를 왕으로 삼기를 원했지만 다른 날에는 그를 버렸다(요 6:15, 60-66). 반대가 점점 커져서 마침내 위기 상황에까지 이르렀다. 그는 신성을 모독하고 악한 자들과 한패가 되었다는 고소를 받았다(마 9:3-6, 10-12, 34). 그가 안식일에 사역하신 것이 상황을 악화시켰다(마 12:2, 14). 확실히 이스라엘 민족은 그들의 죄를 확인하게 되었다(마 12:24-45). 이 점은 그리스도의 죽음과 그 왕국의 거절, 그리고 현재로서는 그것이 보류된 데서 절정에 달했다(마 12:38-40). 이스라엘 민족은 왕을 거절함으로써 그리스도가 오셔서 세우려고 하신 왕국을 거부했다.

자신과 자신의 왕국에 대한 거절이 불가피함을 인식하신 그리스도는 자신의 제자들을 이 사건에 대해 준비시키려고 하셨다. 일련의 비유들에서 그는 이스라엘이 거절하는 동안 줄곧 그 왕국의 "신비한" 형태를 설명하신다. 왕국이 장래에 실현되기를 고대하여 씨를 뿌리는 일이 있을 것이다(마 13:3-9). 이는 신비로운 성장을 가져올 것이다(막 4:26-

29). 성장은 혼합될 것이고(마 13: 24-30), 그것은 이례적일 것이다(마 13:31-32). 교리상의 오류가 성경 전문가의 영역에 스며들고 모든 영역으로 퍼질 것이다(마 13:33). 이스라엘의 귀한 남은 자가 밭에 남겨져 구속을 기다릴 것이고(마 13:44), 매우 비싼 진주인 교회 역시 밭에 있다가 구속을 받을 것이다(마 13:45-46). 그 시대의 종말에 의인과 악인이 분리될 것이다(마 13:47-50).

이때 그리스도는 그 왕국이 거절당하는 동안 자신의 목적을 달성하시기 위해 다른 방향으로 향하겠다는 계획을 밝히신다. 그는 신자들의 새로운 사회인 교회를 세우실 것이다(마 16:13-20). 그는 또한 제자들에게 자신의 죽음과 부활의 필요성에 관해 좀 더 명확하게 가르치기 시작하신다(마 16:21; 17:22-23; 20:17-22, 28; 21:33-42). 그러나 그는 또한 제자들에게 자신이 영광 가운데 돌아와 그의 왕국을 세울 것을 확신시키신다. 산 위에서 모습이 변화되었을 때 그는 제자들에게 그것의 문자적 성격을 미리 보여주시고(마 16:27-17:8; 벧후 1:16-18) 그들에게 그들이 이 왕국에 참여할 것이라고 약속하신다(마 19: 27-28; 눅 22:28-30).

그리스도가 자신에게 속한 사람들을 다가올 사건들에 대해 대비시키셨을 때 어떤 중요한 요소도 빠지지 않았다. 그는 왕국의 수립이 지체되리라는 점을 명확히 밝히신다(눅 19: 11-27). 무슨 일이 일어날지 아심에도 왕으로서의 그는 예언에 따라 선의로 그 왕국을 제의하신다(눅 19:29-44; 슥 9:9-10). 그는 이어서 자신이 왕국을 세우러 돌아오시기 전에 일어날 사건들을 설명하는 예언적 강화를 주셨다(눅 21:5-31). 이어서 배신의 밤과 재판이 뒤따른다. 이 모든 과정에서 그는 결코 자신의 주장을 바꾸지 않으셨고 자신이 구약성경이 예언한 중재적 왕이라는 주장들을 계속하셨다(마 26:63-66; 27:11; 막 14:61-62; 요 18:33-39).

왕국이 왕과 완벽하게 동일시되다 보니 왕을 거절하는 것은 왕국을 거절하는 것을 의미했다. 복음서들은 거절에 대해 여섯 가지 설명을 제공한다.[9] 처음부터 그 왕국에 들어가기 위한 영적 요건이 받아들이기에는 너무 높았다(마 5:20; 6:2, 5, 16). 그리스도가 본질상 단지 사회적이고 정치적인 왕국을 세우기를 거절하신 것은 이 점에서 유래했다(눅 12:13-14). 단지 외적이고, 의식에 관련되고, 전통적인 종교에 대한 그리스도의 통렬한 비난이 유대인들을 자극했다(눅 11:37-41). 절대적인 진리의 판단 기준 아래 이스라엘의 일반 사회와 종교계의 지도자들을 비난한 것이 추가적인 거절 이유가 되었다(마 23장; 눅 11:42-12:1). 죄인들을 구원으로 이끌기 위해 그리스도가 놀랍게도 죄인들과 어울리신 것이 유대인들에게 용인될 수 없었다(눅 15:1-2). 그를 정죄한 가장 큰 이유는 그가 스스로를 높이신 주장과 안식일에 하신 그의 행동이었다(요 5:16-18).

그리스도와 그의 왕국은 이스라엘에게 완전히 거부되었다. 유월절 때 백성 전체가 대표되었다(눅 23:13-35). 세 계급이 그 백성을 구성했는데 그들은 "통치자들", 즉 관리(13절)와 "제사장들", 곧 종교 지도자(13절) 및 "백성", 즉 그 국가의 시민(35절)이었다. 백성은 거의 마지막까지 그에게 충성스러웠던 것처럼 보였지만(눅 19:48-20:8, 19-26; 21:37-22:2), 마침내 제사장들에게 선동되어 변화가 왔다(막 15:8-15). 이 점은 그 백성이 기본적으로 자기들의 지도자들에게 헌신했음을 보여주었다. 그들

---

9_ McClain, 383.

은 종교 문제에 관해 권위 있게 말하는 것은 제사장들의 권리라고 생각했다. 그들의 영웅은 그들이 얻기를 바랐던 사회적·물질적 혜택을 통해 오지 않았기 때문에 그들을 실망시켰다(요 6:14-16, 66). 그래서 한 국가의 통치자들과 제사장들과 백성이 모두 결탁하여 그 왕과 그의 왕국을 완전히 거절했다.


## 현재 시대 동안의 왕국

현재 시대는 중재적 왕국의 과도기다. 그 왕국의 수립에 대한 기대가 계속되었지만(행 1:6), 제자들은 이 소망을 십자가 및 무덤과 조화시킬 수 없었다(눅24:13-27, 44-45). 그들을 어리둥절하게 만든 것은 시간 요소였다(벧전 1:10-12). 그러나 어느 시점에서도 그리스도의 이전의 가르침이 주를 통해 주어진 새로운 지침에 의해 무효가 되지 않았다(행 1:8; 마 28:16-20; 눅 24:47-49).

그리스도의 승천 후 그의 가르침을 추가로 확인하는 새로운 보장이 주어졌다. 초기 교회 기간에 구약성경의 예언에서 약속된 표지와 기사들이 계속되었다. 오순절 날에 성령이 부어졌고(행 2:1-4, 16-18), 환자들이 치유되었으며(행 3:1-10; 19:11-12[사 35:1-10을 보라]), 물리적인 기사들이 나타났고(행 4:31; 8:39; 16:26[욜 2:28-32을 보라]), 죄인들이 심판을 받았으며(행5:1-11; 12:23; 13:11[겔 11:13을 보라]), 기적적인 환상이 보여졌고(행 7:55; 9:3, 10; 11:5[욜 2: 28-32을 보라]), 천사들이 직접 사역했다(요 1:51; 행 5:19; 10:3; 12:7; 히 1:6-7, 14).

이 과도기 동안 그 왕국에 대한 다른 제시들도 이루어졌다. 오순절 날에 베드로는 그 백성에게 연설했고(행 2:14-41), 성령의 오심은 예언의 성취로서(행 2:16-21) 그것은 예수가 주님과 그리스도가 되셨음을 확인했다(행 2: 23-36)는 사실을 지적했다. 이것이 그 백성에게 큰 확신을 가져왔고, 그들은 회개하고 그리스도께 돌아오라는 촉구를 받았다. 삼천 명이 응답했다(행 2: 37-41). 그 뒤에는 치유가 발판을 제공했다. 베드로가 사람들에게 그리스도와 그의 나라를 제시했고 그들에게 회개하고 돌이켜 "죄 없이 함을 받으라. 이같이 하면 새롭게 되는 날이 주 앞으로부터 이를 것이요…예정하신 그리스도 곧 예수를 보내시리니"라고 촉구했다(행 3:19-20).

복음서들의 양상을 따라 그 왕과 그의 왕국에 관한 가르침에 대한 유대인들의 반대가 점증했다. 사두개인들은 그리스도와 초자연에 확고하게 반대했다(행 4:1-4). 바리새인들은 새 분파에 대한 태도에서 의견이 갈렸다(행 5:33- 39). 유대인 폭도들은 그리스도의 가르침에 반대하도록 선동되었다(행 22:22-23; 23:10-12). 결국 사도들은 그리스도와 그의 나라에 관한 메시지를 유대인들보다는 이방인들에게 전할 수밖에 없었다(행 13:43-48; 18:5-6; 19:8-9; 28:17-31). 반대의 물결이 커짐에 따라 왕국에 관한 메시지가 점차 시야에서 물러가고 교회에 관한 메시지가 뚜렷해졌다. 왕국의 영광과 그것의 전망은 희미해지고 교회와 교회 자체의 모든 영광이 현저해졌다. 그러나 왕국에 관한 메시지가 완전히 사라지지는 않았다. 이 시대에 하나님의 목적은 그 왕국의 귀족을 형성하는 것이었기 때문이었다. 교회는 그 나라를 다스리고 통치함에 있어서 그리스도와 관련을 맺을 터였다(고전 4:8; 6:2; 히 12:28).

특수한 의미에서 그 중재적 왕국은 오순절 날부터 그리스도의 재림까지 정지 또는 중지 상태에 있다. 이는 그것이 구약성경의 예언에 묘사된 대로의 완전한 의미에서 경험되고 있지 않음을 의미한다. 그 왕국이 이 의미해서 존재한다면 교회의 구성원들이 지상에서 다스리고 있을 것이다(고전 4:8). 사실 그들은 주님이 그들에게 기도하라고 촉구하신 "나라가 임하시오며"라는 기도(마 6:10)를 할 필요가 없을 것이다.

이 왕국은 아직 바울이 전한 것처럼 선포되어야 한다(행 20:24-27). 그것은 하나님의 전체 계획의 일부다. 오늘날 교회 구성원들은 제한적인 의미에서 이 왕국에의 참여를 경험하고 있다. 사람들은 개종하고 거듭날 때 그 나라로 옮겨진다(골 1: 13). 즉 그들은 그리스도의 재림 때 지상에 완전히 수립될, 그 왕국의 귀족 정치와 통치하는 귀족으로 기능하는 국면의 일부가 된다. 따라서 신자들은 실제로 그 왕국이 지상에 가시적이고 물리적으로 수립되기 전에 그곳에 들어간다(요 3:3, 5).

따라서 그리스도는 그 왕국의 현재의 형태를 신비 또는 비밀이라고 묘사하신다(마 13:11). (나는 위에서 "복음서들에 제시된 하나님 나라"에 관해 논의할 때 이 점에 관해 자세히 설명했다[본서의 106쪽을 보라].) 이와 병행하여 이 시대에 그 왕국을 준비하는 동안 마태복음 13장에 묘사된 일들이 일어난다. 성도들의 몇몇 무리로 구성된 영적 핵심이 존재한다. 그들은 "천국의 아들들"이라고 알려진다(마 13:38). 오순절 날부터 휴거 때까지의 기간에 준비되고 있는 교회와 환난 기간에 구원받는 순교자들(계 3:21; 20:4)이 있다. 이 외에 환난 기간 동안 자연적인 상태에서 구원받는 무리가 있을 터인데 그들은 유대인들(계 7:1-8)과 이방인들(마 25:34)로서 이들은 원래의 인구로서 그 왕국에 들어갈 것이다. 현재의 시기 동안

악도 자체의 노선을 따라 발달한다. "악한 자의 아들들"(마 13:38-39)이 인류의 커다란 집단으로 늘어나 적그리스도의 인도 아래 거짓된 왕국 안으로 조직될 것이다(계 13:5, 7). 산에서 손대지 않고 잘린 돌이 압도적 인 힘으로 이 최종적인 세계 제국 위로 떨어져 그것을 가루로 만들 것이 다(단 2:34-35, 44-45). 이것이 그 시대의 끝에 있을 추수(계 14:14-20), 즉 주 예수 그리스도, 그 돌, 천사적인 종들에 의해 수행될 추수다(마 13:36-43, 47-50). 이것이 우리의 주님이시자 구주이신 예수 그리스도의 중재 적 왕국을 안내할 사건들의 집합이다(단 2:34-35, 44-45).

## 그 왕국의 실현

그 중재적 왕국은 그리스도가 이 땅에 돌아오실 때 그분을 통해 시작될 것이다. 이 일이 일어나기 직전의 7년 또는 약간 더 긴 기간에 섭리적이 고 즉각적인 심판들이 행해져 찬탈자들을 땅에서 쫓아낼 것이다. 이 심 판들은 하늘에서 땅에 대한 봉인된 권리증서 일곱 개를 수중에 지니고 계신 그리스도를 통해 시행될 것이다. 그는 인, 나팔, 대접 아래의 심판 들이 그것들의 경로를 취할 때까지 인들을 하나씩 제거하신다(계 6-19 장). 그 후 그리스도는 이 두려운 시기가 시작하기 전에 자신이 데려가 셨던(살전 4:13-17) 교회와 함께 이 땅으로 돌아오신다(계 19:7-8, 14).

　이 시점에 그리스도는 그의 왕국을 세움에 있어서 자신에게 위임 된 권한(마 28:18)을 행사하기 시작하실 것이다(계 11:15-17). 그리스도의 개인적 현존이 이 왕국을 구분하는 주요 특질이다. 그 돌이신 그리스도가 커져서 땅 전체를 채우신다(단 2:34-35, 44-45). 그리스도가 초자연적인 힘을 지니고 영광 가운데 오실 것이다(마 24:30; 25:31). 그는 천사들의 수행을 받으실 것이고 자신의 보좌를 세우시며 그 위에 앉으실 것이다(계 19:11-21). 죽은 성도들의 마지막 무리가 죽은 자들 가운데서 일으킴을 받을 것이다(고전 15:23-24). 교회의 성도들은 환난 전의 휴거 때 일으킴을 받을 것이다. 환난의 중간에 순교한 두 증인이 일으킴을 받을 것이다(계 11:11). 환난이 끝나면 환난 때 순교한 많은 무리가 구약 성도들과 거의 같은 때에(사 26:19-21; 단 12:1-2) 살아날 것이다(계 20:4).

그러면 그 중재적 왕국이 그것의 모든 측면에서 실현될 것이다. 신약성경에서는 이 영역에서 일어날 커다란 변화들에 대해 별로 언급하지 않는다. 이런 언급들은 구약성경의 예언에서 발견되어야 한다. 그러나 그리스도는 신자들에게 이 변화들이 구약성경의 예언에 제시된 대로 일어나리라고 보장하셨다(마 5:17-18; 행 3:19-26). 이사야가 그 변화를 새 하늘과 새 땅이라고 묘사하듯이(사 65:17) 저주가 부분적으로 제거될 것이다. 죄를 통제하고 이 왕국의 미덕들을 영속시키기 위해 엄격하고 확고한 의의 통치가 필요할 것이다(계 12:5; 19:15). 중재적 왕국의 전체 기간에 걸쳐 그리스도의 사역은 모든 적을 그의 공식적이고 개인적인 통치에 점진적으로 복종시키는 것을 지향할 것이다(고전 15:25-26; 계 20:7-10; 22:2-3). 이 사명이 완수되면 그는 자발적으로 그 나라를 아버지의 손에 넘기실 것이고, 중재적 왕국은 우주적 왕국과 통합될 것이다(고전 15:24, 28). 이로써 영원한 상태가 시작될 것이다(계 21:1-2). 그때에는 세세토록 하나의 보좌만 존재할 것이다(계 22:1, 3).

## ▶ 역사적 전천년설의 응답
### ◣ 조지 엘던 래드

호이트의 논문은 천년왕국에 대한 논의에서의 주요 문제를 반영한다. 그는 여러 번 비세대주의적 견해들과 자신의 견해를 대조하는데, 자신의 견해를 "성경적 견해"라고 부른다(본서의 88, 104쪽을 보라). 만일 그가 옳다면 내 견해를 포함하여 다른 견해들은 "비성경적"이거나 심지어 이단적이다. 이것이 바로 오랫동안 세대주의자들과 다른 예언적 해석학파들 사이에 창의적인 대화가 별로 없었던 이유다.

왕국에 대한 호이트의 정의는 맥클레인의 글에서 인용됨에도 독특하게 세대주의적인 내용이 없다. 더욱이 그가 하나님 나라와 그의 중재적 왕국 사이를 구분하는 것은 일반적인 세대주의적 구분이 아니다. 내가 보기에는 하나님은 우주의 보편적인 왕이시지만 그의 나라가 인간에게 올 때 그 나라는 언제나 현재 및 미래 모두에서 그리스도를 통해 중재된다. 호이트가 하나님 나라와 하늘나라(천국) 사이를 구분하지 않는 것도 흥미롭다. 미국의 주요 세대주의 신학자인 월부드는 둘 사이를 구분한다. 그에 따르면 하늘나라는 **고백**의 영역이고 하나님 나라는 참

된 신자들의 영역이다.[1]

중재적 왕국이 이스라엘에게 거절되었는데 호이트가 어떻게 그것이 "정지되었다"고 주장할 수 있는지 알기 어렵다("연기되었다"가 세대주의에서 사용하는 일반적인 단어다). 하지만 사실은 예수의 제의가 보편적으로 거절된 것이 아니었다. 백성 중 많은 사람이 그것을 받아들였고 예수의 제자가 되었다. 바울은 부활하신 예수가 오백여 형제에게 나타나신 것에 관해 말한다(고전 15:6). 이들은 "적은 무리"(눅 12:32)─구약성경에서 흔히 등장하는 개념이다(이스라엘을 하나님의 목장에 있는 양 떼로 본다)─를 구성한다. 적은 무리는 예수가 제공하신 왕국을 받았고 따라서 그 나라의 백성, 즉 진정한 영적 이스라엘이 되었다.

호이트는 천년왕국이 유대인의 왕국이라는, 세대주의에서 두드러진 중요한 점 한 가지를 경시한다. 그가 "이 왕국은 역사적 다윗 왕국의 부활이자 연속일 것이다"라고 말하는 것은 사실이지만(본서의 98쪽을 보라), 그는 이것이 성전의 재건과 구약성경의 전체 제의 및 끝없는 피 제사의 사이클을 의미한다는 점을 강조하지 않는다. 하지만 구약 시대의 제의로 돌아가는 것은 히브리서 8:13에 의해 불가능해졌다.

마지막으로 한마디 더하자면 호이트는 "그리스도는 어느 곳에서도 그 나라에 대한 자신의 개념이 구약성경의 예언과 다르다고 암시하시지 않는다"라고 쓴다(본서의 105쪽을 보라). 내가 보기에 이 말은 복음서들의 주요 메시지를 놓친다. 예수는 "그러나 내가 하나님의 성령을 힘입어 귀신을 쫓아내는 것이면 하나님의 나라가 이미 너희에게 임하였

---

1_ John F. Walvoord, *Matthew: Thy Kingdom Come* (Chicago: Moody Press, 1955), 30.

느니라"라고 말씀하셨다(마 12:28). 예수는 자신의 인격―사람들 가운데 한 사람―안에 성령의 능력이 거하며, 성령의 활동은 다름 아닌 하나님의 통치의 능력이라고 주장하셨다. 이 대목에 편만한 구약성경의 소망과는 판이한 뭔가가 존재한다. 그 왕국이 종말론적 능력과 영광으로 오기 전에 그것은 예상치 않았던 형태로, 즉 나사렛 교사의 인격과 메시지 안에서 사람들에게 왔다. 이것이 내게는 "신비", 즉 계시된 하나님 나라의 비밀이다.

# ▶ 후천년설의 응답
## ▶ 로레인 뵈트너

호이트의 천년왕국 해석에 응답하면서 나는 개별적인 예언들을 다루지 않고 내가 보기에 세대주의 시스템을 논박하고 성경이 실제로 무엇을 가르치는지를 보여주는 기본 원칙 몇 가지를 제시할 것이다. 이 의견 불일치는 주로 해석 방법의 차이로 말미암아 발생한다. 예언들이 문자적으로 취해진다면 그 예언들이 팔레스타인 땅에 이스라엘 국가가 회복되고 유대인들이 그 나라에서 두드러진 지위를 차지하며 다른 나라들을 다스릴 것이라고 해석된다는 데 일반적으로 의견이 일치한다.

1901년 미국 표준 번역(American Standard Version) 같은 우리의 많은 성경에서 구약성경과 신약성경 사이의 여백 페이지에 다음과 같은 어구가 기록되어 있다.

흔히 신약성경으로 불리는 새 언약

옛 언약은 이스라엘이 이집트에서 구원된 직후에 시내산에서 이스라엘 민족과 맺어졌다. 그 언약이 주어지기 전에 하나님은 모세를 통해 그 백성에게 다음과 같이 말씀하셨다. "세계가 다 내게 속하였나니 너희가 내 말을 잘 듣고 내 언약을 지키면 너희는 모든 민족 중에서 내 소유가 되겠고 너희가 내게 대하여 제사장 나라가 되며 거룩한 백성이 되리라"(출 19:5-6). 백성이 이틀 동안 자신을 성결케 하고 옷을 빨면서 준비한 후 하나님이 시내산에 내려오셔서 매우 인상적인 방식으로 그 언약을 주셨다. 천둥과 번개, 빽빽한 구름, 큰 나팔 소리가 있었고 산에 연기가 나고 산이 흔들렸으며, 그 광경을 보고 들은 백성이 떨었고, 하나님이 들을 수 있는 음성으로 말씀하셨다고 한다.

우리가 옛 언약이라고 부르는 것은 그때 주어졌는데, 이는 주로 출애굽기 20:1-17에 기록된 십계명과 이후 출애굽기 24장까지에 기록된 다양한 부대 법률들로 구성된다(우리는 그것을 이스라엘 백성이 그것을 통해 한 민족으로서 그들의 이후의 실존을 규율하게 될 "헌법과 규칙"이라고 부를 수 있을 것이다).

이후 그 언약은 하나님이 교회와 맺으실 새로운 언약이라고 불리게 될 것으로 대체될 터였다. 그것은 예언자 예레미야의 다음과 같은 글을 통해 매우 완전하고 명확하게 예언되었다.

여호와의 말씀이니라. "보라, 날이 이르리니 내가 이스라엘 집과 유다 집에 새 언약을 맺으리라. 이 언약은 내가 그들의 조상들의 손을 잡고 애굽 땅에서 인도하여 내던 날에 맺은 것과 같지 아니할 것은 내가 그들의 남편이 되었어도 그들이 내 언약을 깨뜨렸음이라." 여호와의 말씀이니라. "그러나 그날 후에 내가 이스라엘 집과 맺을 언약은 이러하니 곧 내가 나의 법을 그들의 속에 두며 그들의 마음에 기록하여 나는 그들의 하나님이 되고 그들은 내 백성이 될 것이라." 여호와의 말씀이니라. "그들이 다시는 각기 이웃과 형제를 가리켜 이르기를 '너는 여호와를 알라' 하지 아니하리니 이는 작은 자로부터 큰 자까지 다 나를 알기 때문이라. 내가 그들의 악행을 사하고 다시는 그 죄를 기억하지 아니하리라." 여호와의 말씀이니라(렘 31:31-34).

복음주의 그리스도인이라고 자처하는 사람 중 우리의 구약성경의 첫 부분에 나오는 옛 언약은 오로지 이스라엘 백성과만 맺어졌으며, 그것은 이제 우리가 신약성경이라고 부르는 새 언약으로 대체되었는데 새 언약은 오로지 교회와만 맺어졌다는 사실을 주목하는 사람이 소수라는 사실은 성경 연구에서 매우 주목할 만한 현상 중 하나다. 이스라엘 백성과 옛 언약이 맺어졌을 때 야웨 하나님이 "나는 너를 애굽 땅, 종 되었던 집에서 인도하여 낸 네 하나님 여호와니라"라고 말씀하셨다(출 20:2). 그들은 이스라엘을 의미한다. 그들만 이집트에서 나왔다. 따라서 그 언약은 명백히 이집트인이나 팔레스타인인 또는 페르시아인이나 그리스인과 맺어지지 **않았다**. 그 언약은 특별히 한 집단과 맺어졌고 그들과만 맺어졌다. 그러나 우리가 훗날 발견하는 바와 같이 이방인 개종자들이 이스라엘 백성 및 하나님과의 언약 관계 안으로 들어올 수 있었지만, 정해진 특정한 제의들을 통해서만 들어올 수 있었다.

　기독교 교회에게 권위가 있는 유일한 문서인 신약성경(New Testament)은 새 언약이라고 불려야 한다. Testament는 "유언장"(last will and testament)에서 쓰이는 것처럼 임종 때의 의견 또는 최종적인 재산 처분을 의미한다. 그러나 신약성경은 예수의 임종 때의 의견이 아니다. 오히려 그것은 예레미야를 통해 예언된 약속의 성취로 주어진 새 언약이다. 그것이 그리스도가 성찬을 제정하실 때 선언하신 바였다. "이 잔은 내 피로 세우는 새 언약이니 곧 너희를 위하여 붓는 것이라"(눅 22:20).

히브리서의 저자는 예레미야를 통해 전해진 약속을 인용하고 새 언약이 옛 언약을 낡아지게 했다고 선언한다. 그렇다면 그것은 또한 없어져 가는 것이다(히 8:7-13). 기원후 70년에 성전과 성전에서 드리는 제의 예배, 제사장, 계보, 예루살렘 성이 파괴되고 그 땅이 황폐해지며 유대인들이 민족들 가운데 흩어지게 되면 그것은 완전히 사라질 터였다. 따라서 그는 옛 언약이 그것의 목적을 이루었고 새 언약으로 대체되었음을 보여주었다.

바울은 강력한 언어로 우리가 우리의 죄로 죽었을 때 그리스도가 우리를 "그와 함께 살리시고 우리의 모든 죄를 사하시고 우리를 거스르고 불리하게 하는 법조문으로 쓴 증서를 지우시고 제하여 버리사 십자가에 못박으셨다"고 말한다(골 2:13-14). "십자가에 못박으셨다"라는 마지막 말을 주목하라. 새 언약에서 반복되는 도덕 원칙들 외에는 옛 언약의 어떤 요구사항도 그리스도인을 구속하지 않는다. 구약성경은 우리의 **역사**책이지 법률책이 아니다.

구약성경에서 장차 그 백성이 다시 모이고 그 땅이 회복될 것에 관한 특정한 약속들이 주어졌다는 것은 물론 사실이다. 그러나 이 약속들은 **언제나** 명시적으로 표현되었든 명확히 암시되었든 간에 순종을 조건으로 했다. 그 백성은 **배교는 장래의 복을 취소할 것이고 약속된 복이 상실될 수 있다는 점에 대해 거듭 경고를 받았다.**

예를 들어 팔레스타인 땅은 아브라함과 그의 후손에게 "영원한 기업"으로 주어졌다(창 17:8). 아론의 제사장직(출 40:15), 유월절(출 12:14), 안식일(출 31:17), 다윗의 왕위(삼하 7:13, 16, 24)가 영원히 지속될 것에 관해 같은 취지의 말씀이 주어졌다. 그러나 신약성경에 비추어 볼 때 이 모든 것이 사라졌다. 우리는 권리증서가 매입자에게 한 필지의 땅이나 재산의 사용권을 부여할 때 "영원히" 또는 "영구적으로"라는 동일한 용어를 사용한다. 우리는 매입자가 그것을 실제로 영원히 보유하리라는 것을 의미하지 않고, 그가 그것을 보유하기로 하는 한 또는 상황이 변할 때까지 그의 소유가 된다는 것을 의미한다. 더욱이 그들은 바빌로니아 포로기 70년 동안 그 땅에서 쫓겨났으며, 로마에 의해 예루살렘이 멸망한 때부터 현재의 이스라엘 국가가 세워질 때까지 거의 2,000년 동안 그 땅에서 쫓겨났다. 이 기간은 그들이 그 땅을 소유했던 기간의 거의 두 배에 해당한다. 그런데 그 땅이 1,000년 동안 지속될 천년왕국 때에만 이스라엘 백성에게 소유물로 주어진다면 그것이 어떻게 아브라함에게 주어진 약속의 성취라고 여겨질 수 있겠는가? 육신의 이스라엘에 관한 한 확실히 그 약속은 오래전에 무효가 되었다.

하나님이 이스라엘 자손을 이집트에서 구원하셨을 때 그분은 자기가 그들을 "아름답고 광대한 땅, 젖과 꿀이 흐르는 땅"으로 인도하겠다고 약속하셨다(출 3:8). 그러나 그들이 열두 정탐꾼의 보고를 듣고 반역했을 때 그분은 다음과 같이 말씀하셨다.

여분네의 아들 갈렙과 눈의 아들 여호수아 외에는 내가 맹세하여 너희에게 살게 하리라 한 땅에 결단코 들어가지 못하리라. 너희가 사로잡히겠다고 말하던 너희의 유아들은 내가 인도하여 들이리니 그들은 너희가 싫어

하던 땅을 보려니와 너희의 시체는 이 광야에 엎드러질 것이요.…너희는 그제서야 내가 싫어하면 어떻게 되는지를 알리라(민 14:30-34).

이스라엘 자손이 이집트에서 나온 직후에 모세는 하나님의 예언자로서 말하면서 그들에게 "너희가 오늘 본 애굽 사람을 영원히 다시 보지 아니하리라"라는, 외관상 조건이 달리지 않은 이 약속을 주었다(출 14:13). 그러나 약 40년 뒤 고별 연설에서 그는 그들에게 특히 불순종의 결과들에 대해 경고했다. "여호와께서 너를 배에 싣고 전에 네게 말씀하여 이르시기를 '네가 다시는 그 길을 보지 아니하리라' 하시던 그 길로 너를 애굽으로 끌어 가실 것이라. 거기서 너희가 너희 몸을 적군에게 남녀 종으로 팔려 하나 너희를 살 자가 없으리라"(신 28:68). 그 백성이 순종하면 그들에게 복이 약속되었지만, 그들이 불순종하면 그 백성이 멸망할 정도까지 처벌이 경고되었다(신 28:13-25, 45-46).

예레미야는 이스라엘에게 하신 하나님의 약속의 조건적인 성격을 명백히 밝혔다. "내가 어느 민족이나 국가를 건설하거나 심으려 할 때에 만일 그들이 나 보기에 악한 것을 행하여 내 목소리를 청종하지 아니하면 내가 그에게 유익하게 하리라고 한 복에 대하여 뜻을 돌이키리라"(렘 18:9-10). 사무엘은 불순종하는 엘리에게 다음과 같이 경고했다. "그러므로 이스라엘의 하나님 나 여호와가 말하노라. 내가 전에 '네 집과 네 조상의 집이 내 앞에 영원히 행하리라' 하였으나 이제 나 여호와가 말하노니 결단코 그렇게 하지 아니하리라. 나를 존중히 여기는 자를 내가 존중히 여기고 나를 멸시하는 자를 내가 경멸하리라"(삼상 2:30). 그래서 복의 약속이 몰수되었고 엘리의 가문이 끊겼으며 결코 회복되지 못했다.

외관상 무조건적인 약속의 또 다른 고전적인 예가 예언자 요나를 통해 주어졌다. "사십 일이 지나면 니느웨가 무너지리라"(욘 3:4). 그러나 니느웨 사람들이 회개했을 때 그 성이 용서받았다. 요나는 그 성이 멸망하는 꼴을 보기를 원했는데 그 성이 멸망하지 않자 실망했지만, 그는 우리가 다음 구절에서 볼 수 있듯이 하나님이 자신의 약속을 어기셨다고 생각하지 않았다.

> 요나가 매우 싫어하고 성내며 여호와께 기도하여 이르되 "여호와여, 내가 고국에 있을 때에 이러하겠다고 말씀하지 아니하였나이까? 그러므로 내가 빨리 다시스로 도망하였사오니 주께서는 은혜로우시며 자비로우시며 노하기를 더디하시며 인애가 크시사 뜻을 돌이켜 재앙을 내리지 아니하시는 하나님이신 줄을 내가 알았음이니이다"(욘 4:1-2).

그런 내용의 다른 경고들이 많이 인용될 수 있다. 그러나 위에 인용된 구절들만으로도 불순종하며 **반역하는 백성에게는 어떤 약속도 이행되지 않는다**는 점을 보여주기에 충분하다. 성서의 저자가 약속이 주어질 때마다 처벌이나 상속권 박탈의 위협을 반복할 필요가 없었다. 그렇게 했더라면 그것은 좋은 문학 양식이 아니었을 것이다. 그러나 그 위협은, 주의 깊게 읽는 독자라면 하나님이 불순종하는 이스라엘에게 어떤 약속도 이행하실 의무가 없다는 것을 알 수 있을 정도로 충분히 자주 반복된다. 이를 바탕으로 우리는 **구약성경에서 이스라엘에게 주어진 약속들은 성취되었거나 불순종을 통해 몰수되었다**고 말할 수 있다.

그런데 일반적으로 하나님이 이스라엘에게 주신 약속 중 가장 중요하다고 여겨지는, 그들이 팔레스타인의 모든 땅을 소유하리라는 약속에 관해 말하자면, 그 약속은 한때 실현되었다. 그 땅은 여호수아의 정복을 통해 이스라엘에게 주어졌다. 그들은 불순종으로 그 땅을 상실했다. 그러므로 그 땅이 그들에게 두 번째로 주어져야 할 이유가 없다. 여호수아 21:43, 45은 다음과 같이 기록한다. "여호와께서 이스라엘의 조상들에게 맹세하사 주리라 하신 온 땅을 이와 같이 이스라엘에게 다 주셨으므로 그들이 그것을 차지하여 거기에 거주하였으니…여호와께서 이스라엘 족속에게 말씀하신 선한 말씀이 하나도 남음이 없이 다 응하였더라." 그리고 다음과 같은 구절도 있다. "솔로몬이 그 강에서부터 블레셋 사람의 땅에 이르기까지와 애굽 지경에 미치기까지의 모든 나라를 다스리므로 솔로몬이 사는 동안에 그 나라들이 조공을 바쳐 섬겼더라"(왕상 4:21). 사실 그들이 바빌로니아에서 돌아왔을 때 하나님이 그들에게 자비롭게 두 번째 기회를 주셨다. 그러나 그들은 다시 불순종을 통해 그 땅을 잃었다.

사실은 그리스도가 오셔서 거절당하셨을 때 그분은 배교한 유대교 지도자들인 바리새인들과 장로들을 폐하시고 일련의 새로운 관리들인 사도들을 임명하셨으며, 그들을 통해 자신의 교회를 세우셨다. 한번은 그가 유대인 통치자들에게 "하나님의 나라를 너희는 빼앗기고 그 나라의 열매 맺는 백성이 받으리라"라고 말씀하셨다(마 21:43). 그리고 그들이 메시아를 거절하고 십자가에 못박았으며, 교회가 세워진 후에도 계속 교회를 반대했기 때문에 그들은 바울이 "노하심이 끝까지 그들에게 임하였다"(살전 2:16)라고 엄숙하게 말하는 상태에 들어갔다. 그것은 미래의 민족적인 개종의 여지를 남기지 않는다. 이제 새 언약이 하나님이 자신의 백성을 다루시는 권위 있는 도구다. 나는 언약들에 관한 성경의 이 교리가 역사적 전천년설과 세대주의적 전천년설 모두를 불가능하게 만든다고 생각한다. 그것은 무천년설이나 후천년설과 양립할 수 있다.

우리는 그리스도의 초림에 관한 정보를 구약성경에서 발견한다. 그는 정확히 예언된 대로 오셨고, 구약성경의 모든 예언은 성취되었거나 불순종을 통해 몰수되었다. 그러나 그리스도의 재림과 미래에 어떤 일이 일어날지에 관한 정보는 신약성경에서만 발견된다.

신약성경에서 우리는 그가 다시 오실 때 왕국을 세우러 오시는 것이 아님을 배운다. 그는 초림 때 그 일을 하셨고 이제는 다스리고 계신다. 마가복음 9:1에서 예수는 "내가 진실로 너희에게 이르노니 여기 서 있는 사람 중에는 죽기 전에 하나님의 나라가 권능으로 임하는 것을 볼 자들도 있느니라"라고 말씀하셨다. 그러므로 우리는 그 나라가 왔다는 것을 안다. 그렇지 않다면 그날 그곳에 있던 사람 중 아직 살아 있는 사람이 있어야 하는데, 그것은 확실히 불가능하다.

사도행전 2장에서 우리는 오순절 날 그 나라가 실제로 능력으로 임했다는 것과 사도들에게 능력―약하고 놀란 제자들을 그날과 그 이후 구원의 메시지를 만국 백성들에게 전해 놀라운 결과를 낳은 강하고 두려움이 없는 사도들로 변화시킨 능력―이 주어졌다는 것을 배운다. 그 왕국이 외적으로 나타난 것이 교회다. 그리고 그리스도는 지금 다윗의 왕조에 앉아 계시기 때문에, 그가 다시 오실 때에는 그 왕좌에 앉으러 오시는 것이 아닐 것이다. 오순절 날 한 설교에서 베드로는 "조상 다윗이…죽어 장사되었다"라고 말하고 "그는 선지자라. 하나님이 이미 맹세하사 '그 자손 중에서 한 사람을 그 위에 앉게 하리라' 하심을 알고 미리 본 고로 그리스도의 부활을 말하되 '그가 음부에 버림이 되지 않고 그의 육신이 썩음을 당하지 아니하시리라' 하더니"라고 덧붙인다(행 2:29- 32). 그곳에서 우리는 그리스도의 부활은 그가 다윗의 왕좌에 앉으시기 위함이었다는 것을 발견한다. 그리고 베드로는 같은 장 34절과 35절에서 시편 110:1을 인용하여 그가 자신의 모든 적이 그의 발판이 될 때까지 그 왕좌에 앉아 다스리실 것이라고 말한다.

바울은 하나님 아버지가 "우리를 흑암의 권세에서 건져내사 그의 사랑의 아들의 나라로 옮기셨다"라고 말한다(골 1:13). (두 경우 모두 과거 시제가 사용되었음을 주목하라.) 요한도 우리가 이제 그 왕국에 있다고 말한다. "우리를 사랑하사 그의 피로 우리 죄에서 우리를 해방하시고…우리를 나라와 제사장으로 삼으신 그에게…"(계 1:5-6).

그러므로 그리스도가 다시 오실 때 그것은 천년왕국에서 다스리시기 위함이 아니다. 그는 지금 자신의 중재적 왕국에서 다스리고 계신다. 그리고 그의 재림 전에 그의 적들이 패배하고 정복될 것이기 때문에 그는 적들과 싸우러 오시지도 않을 것이다.

대신 우리는 다음과 같이 읽는다.

**그 후에는 마지막이니** 그가 모든 통치와 모든 권세와 능력을 멸하시고 나라를 아버지 하나님께 바칠 때라. 그가 모든 원수를 그 발 아래에 둘 때까지 반드시 왕 노릇 하시리니 맨 나중에 멸망 받을 원수는 사망이니라. "만물을 그의 발 아래에 두셨다" 하셨으니 "만물을 아래에 둔다" 말씀하실 때에 만물을 그의 아래에 두신 이가 그중에 들지 아니한 것이 분명하도다.

만물을 그에게 복종하게 하실 때에는 아들 자신도 그때에 만물을 자기에게 복종하게 하신 이에게 복종하게 되리니 이는 하나님이 만유의 주로서 만유 안에 계시려 하심이라(고전 15:24-28).

그러므로 그리스도가 다시 오실 때 그것은 그의 현재의 중재적 왕국과 성부와 성자와 성령 하나님이 영원토록 한 하나님으로서 다스리시는 영원한 왕국을 통합하시기 위함일 것이다.

# ▶ 무천년설의 응답
### ▶ 안토니 A. 후크마

호이트의 논문에 내가 동의하는 많은 문장이 있을지도 모르지만 나는 기본적으로 그가 제시한 입장에 동의하지 않는다. 내가 동의하지 않는 부분은 주로 그의 성경 해석 방법과 관련이 있다.

본서의 83-84쪽에서 호이트는 자신의 주요 성경 해석 원칙을 제시한다.

> 이 원칙은 성경의 메시지들을 문자적이고 일반적인 의미로 이해하고 이를 성경 전체에 적용할 것을 명백히 표명한다. 이는 성경의 역사적인 내용이 문자적으로 취해져야 하고, 교리 자료도 이런 식으로 해석되어야 하며, 도덕적·영적 정보도 마찬가지로 이 양상을 따라야 하고, 예언 자료도 이런 식으로 이해되어야 한다는 것을 의미한다.…다른 해석 방법은 하나님의 백성에게서 그들을 위해 의도된 메시지를 완전히는 아닐지라도 부분적으로 박탈한다.

호이트는 어느 곳에서도 성경 구절에 대한 구체적인 주해를 제공하지 않기 때문에 우리가 그의 기고문을 평가하기 어렵다. 대체로 그는 단순히 괄호 안에 성경 참조 구절을 제시하기만 한다. 그는 때때로 성경 구절을 인용하지만, 결코 어느 구절에 대해 상세하게 논증하는 해석을 제시하지 않는다. 확실히 우리는 모두 어느 정도 이런 식의 일을 한다. 그러나 확실히 우리는 "세대주의적 전천년설"에 관한 기고문에서 적어도 요한계시록 20:1-6에 대한 세심한 주해를 기대할 것이다. 호이트는 단순히 요한계시록 20장이 그리스도가 지상에서 1,000년간 통치하실 것을 가르친다고 가정하고, 이 지상에서의 통치가 구약성경에서 예언되었다고 주장한다. 그러나 "우리가 어떻게 요한계시록 20장이 그러한 지상 통치를 가르친다고 확신할 수 있는가?"가 중대한 질문이다. 그는 이 질문에 대답하지 않는다.

호이트가 자신이 언급하는 다양한 성경 구절을 어떻게 해석하는지를 우리가 알 수 있는 유일한 방법은 그가 이 구절들과 관련하여 뭐라고 말하는지를 주목하는 것이다. 그가 자신이 선언한 해석 원칙에 충실한지를 보기 위해 이런 몇몇 진술을 살펴보자. 나는 호이트가 다음과 같은 여섯 가지 경우에 문자적 해석 방법을 따르지 않았다는 것을 발견했다.

1. 99쪽에서 저자는 마태복음 25:31-46에서 중재적 왕국(그에게 그것은 천년왕국을 의미한다)의 초자연적 수립의 증거를 발견한다. 그러나 이 방법은 문자적 해석 방법에 기초한 것이 아니다. 그 심판 장면에서 양들은 "영생에" 들어가라는 말을 듣지만(46절), 천년왕국에 들어가는 것이 결코 영생을 받는 것과 동일시되지 않기 때문이다. 전천년설의 가르침에 따르면 천년왕국에서 여전히 거듭나지 않은 사람들이 있고 그들 중 일부는 1,000년의 끝에 그리스도께 반역하여 멸망으로 보내지게 되어

있지 않은가?

2. 104쪽에서 호이트는 "몇몇 표현은 이 나라가 가까이 왔다고 말한다. 그리스도가 그 나라의 힘의 근원으로 제시된다(눅 11:20). 이 점은 왕이 그들 가운데 서 계신다는 사실을 통해 설명된다"(눅 17:21, ASV 난외주)라고 말한다. 그러나 이 구절들은 단지 **왕**이 그들 가운에 서 계신다는 것이 아니라 그 **나라**가 그들에게 임했다는 것(눅 11:20)과 **하나님 나라**가 그들 안에 또는 그들의 한 가운데 있다(눅 17:21)는 것을 말한다.

3. 107쪽에서 저자는 예수가 마태복음 13:44에서 언급하신 밭에 숨긴 보화가 이스라엘이며 마태복음 13:45-46에 언급된 매우 비싼 진주가 교회라고 단언한다. 하지만 이 동일시가 성경의 어디에 언급되는가? 이것이 "문자적 해석"인가?

4. 107-108쪽에서 호이트는 예수가 자신의 심리 과정에서 자신이 구약성경이 예언한 중재적 왕이라는 그 주장들을 계속하셨다고 말하는데, 그 왕은 지상의 왕위에 앉아 이스라엘을 다스리는 것과 관련이 있는 지상의 왕을 의미한다(나는 그 논문의 앞부분에서 그렇게 추론한다). 이 진술을 뒷받침하기 위해 인용된 구절 중 하나는 요한복음 18:33-39이다. 그러나 빌라도와의 대화 도중에 예수는 "내 나라는 이 세상에 속한 것이 아니니라. 만일 내 나라가 이 세상에 속한 것이었더라면 내 종들이 싸[웠으리라]…이제 내 나라는 여기에 속한 것이 아니니라"(요 18:36)라고 말씀하신다. 빌라도가 예수께 "그러면 네가 왕이냐?"라고 묻자 예수는 "네 말과 같이 내가 왕이니라. 내가 이를 위하여 태어났으며 이를 위하여 세상에 왔나니 곧 진리에 대하여 증언하려 함이로라"라고 대답하신다(요 18:37).

확실히 빌라도에 대한 예수의 답변은 그가 지상 나라의 왕이 아니라 진리의 영역의 왕, 즉 주로 현세적이 아니라 영적인 나라의 왕이심을 암시한다.

110쪽에서 호이트는 "결국 사도들은 그리스도와 그의 나라에 관한 메시지를 유대인들보다는 이방인들에게 전할 수밖에 없었다"라고 말한다. 이 점을 증명하기 위해 그는 특히 사도행전 19:8-9과 28:17-31을 제시한다. 그러나 이 두 구절 모두 바울이 "그리스도와 그의 나라의 메시지"를 유대인들에게 전했음을 보여준다.

113쪽에서 호이트는 그리스도가 "자신의 보좌를 세우시고 그 위에 앉으실 것이다"(계 19:11-21)라고 말한다. 그러나 그 구절은 보좌를 언급하지 않는다. 그것은 그리스도가 말을 타신 것으로 묘사한다.

이 여섯 가지 사례에서 호이트는 "성경을 문자적이고 일반적인 의미로 취한다"는 자신의 해석 원칙을 따르지 않았다. 다른 예들도 언급될 수 있지만, 세대주의자와 비세대주의자 사이의 주요 문제는 성경의 문자적 해석 대 비문자적 해석이라고 주장하는 것은 문제를 지나치게 단순화하는 처사임을 입증하기에는 위의 사례들로 충분하다. 세대주의자들도 때로는 비문자적으로 해석하고, 비세대주의자들도 때로는 문자적으로 해석한다.

중요한 문제는 "세대주의적 전천년설이 건전한 성경 해석 방법에 토대를 두고 있는가?"인데, 그 질문에 대한 나의 대답은 "아니오"다.

실제로 호이트의 논문을 떠받치는 기본적인 해석 원칙은 "구약성경이 신약성경을 해석하기 위한 열쇠를 제공한다"는 것으로 보인다. 호이트는 장차 국가로서의 이스라엘이 회복될 것이라는 자기 주장의 근거를 주로 구약성경 예언들에 두고, 나아가 이러한 구약성경 예언들의 문자적 해석에 비추어 신약성경을 해석한다. 그러나 그는 믿는 이스라엘의 미래가 믿는 비이스라엘의 미래로부터 분리되지 않을 것임을 보여주는 신약성경의 가르침을 무시한다.

그러나 신약성경 자체가 그리스도와 사도들이 권위 있는 구약성경 해석자들임을 보여준다. 히브리서가 우리에게 이 계시 원칙에 대한 열쇠를 제공한다. "옛적에 선지자들을 통하여 여러 부분과 여러 모양으로 우리 조상들에게 말씀하신 하나님이 이 모든 날 마지막에는 아들을 통하여 우리에게 말씀하셨으니"(히 1:1-2). 그리스도는 자신의 제자들을 떠나시기 전에 그들에게 "내가 너희를 고아와 같이 버려두지 아니하고 너희에게로 오리라"라고 말씀하셨다(요 14:18). 위의 두 구절로부터 우리는 그분이 아버지가 그들에게 주실 성령을 통해 그들에게 오셔서 그들과 함께 머무르시리라는 것을 배운다. 같은 대화의 뒤에 예수는 자기의 제자들에게 "무릇 아버지께 있는 것은 다 내 것이라. 그러므로 내가 말하기를 '그가 내 것을 가지고 너희에게 알리시리라' 하였노라"라고 말씀하신다(요 16:15). 이 구절이 이제 성령이 바울과 더불어 신약성경의 주요 저자들인 제자들을 그리스도의 사명과 사역에 관한 진리에 대한 좀 더 깊고 좀 더 정확한 이해로 이끌 것이라는 점 외에 다른 어떤 내용을 의미할 수 있는가? 이 점에 관해 동의하는 누가는 사도행전 1:1에서 "데오빌로여, 내가 먼저 쓴 글에는 무릇 예수께서 행하시며 가르치시기를 시작하심부터"라고 기록하는데, 이는 확실히 그가 지금 쓰고 있는 책은 예수가 계속 행하시고 가르치신 내용에 관해 말하리라는 점을 암시한다. 바울은 갈라디아 교회 교인들에게 자신이 그들에게 전한 복음은 자기가

"예수 그리스도의 계시로 말미암아" 받았기 때문에 사람의 뜻을 따라 된 것이 아니라고 말하면서 이 점을 확증한다(갈 1:11-12). 이 모든 구절로 볼 때 사도들이 구약성경의 예언들이 어떻게 이해되어야 하는지에 관해 우리에게 가르친 내용은 그들이 그리스도에 의해 보내진 성령을 통해 그리스도에게 배웠기 때문에 권위가 있다는 점이 명백하다.

호이트의 논문에서 발견되는 세대주의적 전천년설의 다음과 같은 다섯 가지 주요 가르침은 성경과 조화되지 않기 때문에 거부되어야 한다.

1. **구약성경이 그리스도의 1,000년 통치를 예언한다.** 그가 1,000년 통치를 묘사하기 위해 제시하는 구절들의 대다수는 아니라 할지라도 많은 구절이 구약성경에서 취한 것이기 때문에 이 점은 확실히 호이트의 입장이다. 그러나 사실 구약성경은 그런 1,000년 통치에 관해 아무 말도 하지 않는다. 호이트가 1,000년 통치를 묘사한다고 인용했거나 언급한 구절들은 실제로는 새 땅이나 최종적인 복의 상태를 묘사한다.

예를 들어 113쪽에서 저자는 이사야 65:17이 새 하늘과 새 땅에 관해 말하는 내용이 천년왕국을 가리키는 것이라고 인용한다. 그러나 이 표현은 명백히 천년왕국이 아니라 최종 상태를 가리킨다. 요한계시록 21:1이 이 단어들을 사용하는 데서 명백히 알 수 있듯이 말이다. 사실 저주가 **부분적으로**만 제거될 텐데(113쪽을 보라) 그것이 어떻게 **새** 땅일 수 있는가? 102쪽에서는 이사야 2:4을 언급하면서 천년왕국에서 전쟁이 완전히 제거될 것이라고 말한다. 그러나 세대주의의 가르침에 따르면 요한계시록 20장에 묘사된 곡과 마곡의 큰 전쟁이 일어나야 하므로 천년왕국에서 전쟁이 완전히 제거되지 않을 것이다! 새 땅에서만 전쟁의 종식에 관한 이사야의 예언이 성취될 것이다. 천년왕국의 또 다른 특징은 "이스라엘이 그들의 땅으로 영원히 회복되리라"는 것이다(103쪽을 보라). 이를 뒷받침하기 위해 인용된 구절은 아모스 9:14-15이다. 그러나 그 구절은 이스라엘이 "그들의 땅에서 다시 뽑히지 아니하리라"라고 말한다. 이 대목에서 그려진 그림은 그 땅에서 1,000년 동안 사는 것이 아니라 영원히 사는 것이다. 이 단어들은 단지 천년왕국에 대한 묘사가 아니라 새 땅에 대한 묘사다.

2. **하나님의 구속 프로그램에서 이스라엘과 교회는 철저하게 분리되며 따라서 이스라엘의 미래는 교회의 미래와 판이하다.** 그러나 신약성경은 믿는 이방인들과 믿는 유대인들 사이를 갈라놓은 중간의 담이 무너졌다는 것(엡 2:14)과 하나님이 유대인과 이방인 모두를 "한 몸으로" 자신과 화해시키셨다는 것(엡 2:16)과 따라서 믿는 이방인들은 이제 믿는 유대인들이 속하는 것과 동일한 하나님의 가계에 속한다(엡 2:19)는 것을 명확히 보여준다. 이와 유사하게, 바울이 접붙임의 관점에서 하나님의 백성의 친교 안으로 통합되는 것을 묘사하는 로마서 11장에서 그 친교는 두 그루(유대인에 대해 한 그루와 이방인에 대해 한 그루) 관점에서 묘사되는 것이 아니라 **감람나무 한 그루**의 관점에서 묘사된다(롬 11:17-24). 그리고 베드로는 명백히 출애굽기 19:5-6을 반향하는 구절에서 원래 이스라엘에게 제시된 단어들을 (유대인과 이방인 모두로 구성된) 신약 교회에 적용한다. "너희는 택하신 족속이요 왕 같은 제사장들이요 거룩한 나라요 그의 소유가 된 백성이다"(벧전 2:9). 이 구절은 신약 교회가 이제 참으로 영적 이스라엘, 곧 하나님의 소유인 백성임을 가리킨다. 교회가 이제 참으로 **하나님의 거룩한 나라**라면, 교회와 구분되는 또 다른

거룩한 나라가 출현할 어떤 여지가 남았는가?

3. **이스라엘에 관한 구약성경의 예언들은 언제나 문자적으로 해석된다.** 신약성경 자체가 이 원칙을 거부한다. 예를 들어 사도행전 15장에서 아모스 9:11이 어떻게 해석되는지 살펴보자. 아모스 9:11은 "그날에 내가 다윗의 무너진 장막을 일으키리라"라고 말한다. 이 단어들은 장차 어느 시점에 지상의 통치 관점에서 현재 폐허가 되어 있는 다윗의 왕국이 회복되리라는 의미로 해석될 수도 있다. 사실 이것이 호이트가 그 구절을 해석하는 방식이다(98쪽을 보라. 행 15:16-18을 언급한다). 그러나 사도행전에 기록된 구절을 좀 더 면밀하게 살펴보자. 그 장면은 소위 "예루살렘 공의회"다. 먼저 베드로가 말하고 이어서 바울과 바나바가 자신들의 사역을 통해 하나님이 어떻게 이방인들을 믿음으로 이끄셨는지를 말한다. 그러고 나서 야고보가 일어나 다음과 같이 말한다.

> 하나님이 처음으로 이방인 중에서 자기 이름을 위할 백성을 취하시려고 그들을 돌보신 것을 시므온이 말하였으니 선지자들의 말씀이 이와 일치하도다. 기록된 바 "이후에 내가 돌아와서 다윗의 무너진 장막을 다시 지으며 또 그 허물어진 것을 다시 지어 일으키리니 이는 그 남은 사람들과 내 이름으로 일컬음을 받는 모든 이방인들로 주를 찾게 하려 함이라" 하셨으니 즉 "예로부터 이것을 알게 하시는 주의 말씀이라" 함과 같으니라 (행 15:14-17).

야고보는 지금 일어나고 있는 놀라운 일, 즉 이방인들이 이제 하나님의 백성과의 교제 안으로 들어오고 있는 것이 무너진 다윗의 장막을 다시

짓는 것에 관한 예언자 아모스의 말의 성취라고 말하고 있다. 즉 다윗의 무너진 장막은 (회복된 지상 왕국을 통해) 물리적으로 지어지고 있는 것이 아니라 (이방인들이 하나님 나라 안으로 들어옴에 따라) 영적으로 지어지고 있다. "이후에"라는 말은 앞으로 일어날 사건에 대한 언급이 아니라, 단순히 아모스가 말한 "그날에"의 번역이다. 그날은 지금이다! 이 대목에 신약성경이 다윗의 장막 또는 왕국에 관한 구약성경의 예언을 "영적으로 해석하는" 또는 비유적으로 해석하는 명확한 사례가 있다.

다른 예들도 제시될 수 있다. 마틴 윈가든(Martin Wyngaarden)은 그의 책 『왕국의 미래』(The Future of the Kingdom, Baker, 1955)에서 신약성경은 시온, 예루살렘, 거룩한 땅, 왕국, 아브라함의 씨, 이스라엘, 제사와 성전 같은 개념들을 자주 비유적으로 해석한다는 점을 지적했다.

**4. 장래에 국가로서의 이스라엘이 중심이 될 것이다.** 97쪽에서 호이트는 중재적 왕국의 회복(민족 국가 이스라엘의 회복을 의미한다)에 대한 증거로 사도행전 1:6을 인용한다. 그러나 사도행전 1:6에 기록된 문장은 질문이다. "주께서 이스라엘 나라를 회복하심이 이때니이까?" 예수는 제자들에게 "때와 시기는 아버지께서 자기의 권한에 두셨으니 너희가 알 바 아니요 오직 성령이 너희에게 임하시면 너희가…내 증인이 되리라"라고 대답하신다(행 1:7-8). 혹자는 "나는 그 질문에 대한 예수의 대답은 제자들이 이 일이 일어나리라고 기대했다는 의미에서 그 왕국이 참으로 이스라엘에게 회복될 가능성의 여지를 남긴다고 생각한다"라고 말할 수 있을 것이다. 혹자는 예수의 답변은 제자들의 생각을 다른 방향으로 돌려 이스라엘 왕국이 회복되기를 기다리지 말고 모든 사람에게 증언하라고 촉구한다고 말할 수도 있을 것이다. 아무튼 제자들이

이 질문을 한다는 단순한 사실은 그들이 무슨 일이 일어날지를 질문한다는 것을 증명하지 않는다.

그런데 호이트는 왜 마태복음 21:43에 기록된 "그러므로 내가 너희에게 이르노니 하나님의 나라를 너희[예수가 말씀하고 있는, 이스라엘 민족을 대표하는 대제사장들, 장로들, 바리새인들]는 빼앗기고 그 나라의 열매 맺는 백성이 받으리라"라는 예수의 말씀을 인용하지 않는가? 신약성경의 어느 곳에서도 이 말씀이 취소되지 않았다. 예수의 말씀은 유대인들에게 구원의 가능성이 없다는 의미는 아니지만, 장래에 유대인의 국가가 중심적인 지위를 차지할 가능성을 배제한다. 혹자가 로마서 11:26에 기록된 바울의 말("그리하여 온 이스라엘이 구원을 받으리라")이 장차 이스라엘의 회심을 가르치는 것으로 이해한다고 할지라도 (나는 그렇게 생각하지 않는다), 그 구절은 정치 단위로서의 이스라엘 국가니 팔레스타인 또는 예루살렘에 관해 아무 말도 하지 않는다. 바울이 로마서 9장에서 11장까지에서 말하고 있는 내용은 이스라엘 사람들도 이스라엘 사람이 아닌 사람들과 같은 방법으로, 즉 그리스도를 믿는 믿음을 통해 구원받을 수 있다는 것이다(롬 11:23을 보라).

신약성경은 장차 이스라엘 국가의 회복을 예언하는 것이 아니라, 이스라엘에게 주어진 약속들이 예수 그리스도의 부활과 우리가 그리스도를 통해 얻을 수 있는 죄 용서에서 성취된 것을 발견한다. 이 점은 바울이 비시디아 안디옥의 회당에 모인 유대인들에게 행한 설교에서 나타난다.

우리도 조상들에게 주신 약속을 너희에게 전파하노니 곧 "하나님이 예수를 일으키사 우리 자녀들에게 이 약속을 이루게 하셨다" 함이라. 시편 둘째 편에 기록한 바와 같이 "너는 내 아들이라. 오늘 너를 낳았다" 하셨고 또 하나님께서 죽은 자 가운데서 그를 일으키사 다시 썩음을 당하지 않게 하실 것을 가르쳐 이르시되 "내가 다윗의 거룩하고 미쁜 은사를 너희에게 주리라" 하셨으며…그러므로 형제들아, 너희가 알 것은 이 사람을 힘입어 죄 사함을 너희에게 전하는 이것이며(행 13:32-34, 38).

5. **하나님의 중재적 왕국은 미래에만 속한다.** 112쪽에서 호이트는 그리스도의 재림에 선행할 많은 사건을 요약한 뒤 "이것이 우리의 주님이시자 구주이신 예수 그리스도의 중재적 왕국을 안내할 사건들의 집합이다"라고 말한다. 달리 말하자면 그리스도의 중재적 왕국은 그가 다시 오시기까지는 시작되지 않을 것이다. 확실히 나는 성경에 묘사된 하나님 나라는 미래의 측면을 지닌다고 답변할 것이다. 그러나 그것이 **미래에만** 속한다고 말하고 중재적 왕국이 그리스도의 초림 때 시작되었음을 부인하는 것은 성경의 가르침을 심각하게 왜곡하는 잘못을 범하는 처사다.

이 문제에 관한 예수의 말씀 몇 가지를 살펴보자. 마태복음 12:28에 따르면 예수는 바리새인들에게 "그러나 내가 하나님의 성령을 힘입어 귀신을 쫓아내는 것이면 하나님의 나라가 이미 너희에게 임하였느니라"라고 말씀하셨다. 누가복음 17:20-21에서 예수는 역시 바리새인들에게 "하나님의 나라는 볼 수 있게 임하는 것이 아니요 또 '여기 있다, 저기 있다'고도 못하리니 하나님의 나라는 너희 안에 있느니라"라고 말씀하셨다(영어 성경의 다른 번역본들에서는 "너희 안에" 대신 "너희 중에" 또는

"너희 가운데"로 번역되었다). 산상수훈에서 팔복은 "천국이 그들의 것인" 사람들을 묘사한다(마 5:3). 제자들이 예수께 천국에서 누가 가장 큰지를 질문하자 예수는 한 어린아이를 불러 그들 가운데 세우시고 "그러므로 누구든지 이 어린아이와 같이 자기를 낮추는 사람이 천국에서 큰 자니라"라고 말씀하신다(마 18:4). 그리고 제자들이 어린아이를 예수께 데려오는 사람들을 꾸짖고 있을 때 예수는 "어린아이들을 용납하고 내게 오는 것을 금하지 말라. 천국이 이런 사람의 것이니라"라고 말씀하셨다(마 19:14). 이 구절들 모두 하나님 나라 또는 천국이 예수가 이 땅에 계셨을 때 이미 현존했음을 보여준다.

하나님 나라가 미래의 실재이자 현재의 실재라는 점은 바울의 말로부터도 명백하다. 고린도전서 4:19-20에서 바울은 "주께서 허락하시면 내가 너희에게 속히 나아가서 교만한 자들의 말이 아니라 오직 그 능력을 알아보겠으니 하나님의 나라는 말에 있지 아니하고 오직 능력에 있음이라"라고 말한다. 로마서 14:17에서 바울은 "하나님의 나라는 먹는 것과 마시는 것이 아니요 오직 성령 안에 있는 의와 평강과 희락이라"라고 쓴다. 그리고 골로새서 1:13에서 바울은 하나님 아버지가 "우리를 흑암의 권세에서 건져내사 그의 사랑의 아들의 나라로 옮기셨다"라고 말함으로써 신자들의 특권적 지위를 요약한다.

예수와 바울 모두 그 나라의 미래 측면에 대해 말한다. 그러나 위에서 인용된 구절들에서 그들이 자신의 시대에 그 나라가 현존하는 것을 명확하게 가르쳤다는 점도 분명하다. 그러므로 그 나라가 미래에만 속했다고 주장하는 것은 신약성경의 명확한 가르침을 정당하게 취급하지 않는 처사다.

# 3

후천년설

# 후천년설
로레인 뵈트너

후천년설은 하나님 나라가 지금 복음 전도와 개인들의 마음속에서의 성령의 구원 사역을 통해 세상에서 확장되고 있다는 것과 세상이 궁극적으로 기독교화되리라는 것과 그리스도의 재림은 흔히 천년왕국이라 불리는 의(righteousness)와 평화의 긴 기간 끝에 일어나리라는 것을 주장하는, 마지막 일들에 관한 관점이다.[1] 후천년설의 원칙에 그리스도의 재림 직후 일반적 부활, 일반적 심판, 천국과 지옥이 완전히 도래하는 일이 후속되리라는 점이 덧붙여져야 한다.

후천년주의자들이 고대하는 천년왕국은 따라서 현재 시대(dispensation), 즉 교회 시대 동안의 영적 번영의 황금시대다. 이것은 현재 세상에서 활동 중인 세력들을 통해 일어날 것이다. 그것은 매우 긴 기간, 아마도 문자적인 1,000년보다 훨씬 긴 기간 동안 계속될 것이다. 개인들의 특성이 변하여 인류의 사회적, 경제적, 정치적, 문화적 삶이

---

1_출처: Loraine Boettner, *The Millennium* (Philadelphia: Presbyterian and Reformed Publishing Co., 1957), 14-16, 18-22, 30, 35, 38-41, 43-44, 47-48, 50-51, 52-53, 58-59, 82-86, 98-101. 저자는 이 논문을 수정하고 그 논문에 좀 더 최근의 수치를 제공했다.

향상될 것이다. 그때 세상은 대체로 지금까지는 예를 들어 몇몇 가족과 몇몇 교회 및 유사 조직 같은 소수의 격리된 집단에서만 발견된 의의 상태를 누릴 것이다.

그렇다고 해서 이 땅에 모든 사람이 그리스도인이 되거나 모든 죄가 없어질 때가 있으리라는 것을 의미하지는 않는다. 그러나 그것은 많은 형태의 모든 악이 무시해도 좋을 정도로 축소되리라는 것과 기독교의 원칙들이 예외가 아니라 규칙이 되리라는 것과 그리스도가 참으로 기독교화된 세상으로 돌아오시리라는 것을 의미한다.

후천년설은 나아가 현시대 동안의 보편적인 복음 선포와 인류 대다수의 궁극적인 회심은 그리스도 자신이 다음과 같이 말씀하셨을 때 주신 대위임령의 명시적인 명령이자 의미이며 약속이라고 주장한다.

> 하늘과 땅의 모든 권세를 내게 주셨으니 그러므로 너희는 가서 모든 민족을 제자로 삼아 아버지와 아들과 성령의 이름으로 세례를 베풀고 내가 너희에게 분부한 모든 것을 가르쳐 지키게 하라. 볼지어다, 내가 세상 끝날까지 너희와 항상 함께 있으리라(마 28:18-20).

우리는 대위임령이 전천년주의자들과 무천년주의자들이 주장하듯이 나라들에 대한 "증언"으로서 선포된 공식적이고 외적인 선언만 포함하는 것이 아니라, 모든 민족의 참되고 효과적인 복음화도 포함하여 사람들의 마음과 삶이 그것을 통해 변혁될 것으로 믿는다. 그것은 하늘과 땅의 모든 권세와 끝없는 일소와 정복이 그리스도께 주어졌고, 그를 통해 특별히 그 목적을 위해 제자들에게 주어졌다는 사실로부터 아주 명백해 보인다. 그들은 단지 복음을 전하라는 명령을 받은 것이 아니라 모든 민족을 제자로 삼으라는 명령을 받았다. 그들은 결과가 의심스러운 실험을 하라고 부름을 받은 것이 아니라 확실한 승리를 하라고 부름을 받았다. 그러므로 이 시대 동안 성령의 인도 아래 복음을 전하는 것은 그 목적을 이루기 위한 충분한 수단이다.

우리는 교회가 지난 1,900년 동안 자신의 의무에 매우 태만했다는 것과 우리 시대에 교회가 자신에게 부여된 과제를 진지하게 여길 절실한 필요가 있다는 것을 인정해야 한다. 설교단에서 사회적·경제적·정치적 문제들에 대한 논의나 서평이나 오락적인 상투어 대신, 삶을 변화시키고 영혼을 구원하기 위해 고안된 진정한 복음의 내용이 설교될 필요가 있다. 물론 의무를 게을리 한 잘못은 사역자들뿐만 아니라 평신도에게도 똑같이 적용된다. 모든 그리스도인은 인쇄된 말씀의 배부를 통해서나 자신의 시간과 돈을 기독교적 목적에 관대하고 효과적으로 사용함으로써 개인적인 증언을 통해 증언하고 자신의 믿음을 보여주도록 요구된다. 그리스도가 세상의 복음화를 명령하셨다. 그것이 우리의 임무다. 확실히 그 임무가 완수될 때까지는 그리스도가 돌아오셔서 그의 교회에게 "잘 하였도다, 착하고 충성된 종아"라고 말씀하시지 않을 것이다. 사실 그렇게 하실 수도 없다. J. 마셀러스 키크 목사(Rev. J. Marcellus Kik)는 다음과 같이 말했다.

아직도 세상에 이교도와 가톨릭교도의 남은 자가 존재하는 것은 주로 교회의 잘못이다. 하나님의 말씀은 우리 세대에도 교회의 초기 역사 동안만큼이나 강력하다. 오늘날과 우리 시대의 그리스도인들이 교회 역사의 첫 수백 년 동안 및 종교개혁 시대만큼 활력이 있고, 대담하고, 진지하고, 기도가 넘치고, 신실하다면 이 적들이 완전히 사라질 수 있을 것이다.[2]

그러나 후천년주의자, 무천년주의자, 전천년주의자가 그리스도의 재림의 방식과 시기에 관해, 즉 그의 재림에 선행하거나 후행할 사건들에 관해 의견을 달리하지만 그들은 그리스도가 개인적이고 가시적으로 그리고 큰 영광 가운데 돌아오시리라는 데 동의한다는 점이 기억되어야 한다. 그들은 모두 "복스러운 소망과 우리의 크신 하나님 구주 예수 그리스도의 영광이 나타나심"을 고대한다(딛 2:13). 그들 모두 "주께서 호령과 천사장의 소리와 하나님의 나팔 소리로 친히 하늘로부터 강림하시리라"라는 바울의 진술을 인정한다(살전 4:16). 그리스도의 재림은 성경에서 매우 명확하게 거듭 가르쳐졌기 때문에 성경을 하나님의 말씀으로 인정하는 사람들에게는 이 점에 관해 어떤 의문도 있을 수 없다. 그들은 또한 그리스도가 오시면 그가 죽은 자들을 살리시고 심판을 집행하시며 궁극적으로 영원한 상태를 가져오시리라는 점에 대해 동의한다. 이런 견해 중 어느 것에도 본질적으로 자유주의적인 경향은 없다. 그러므로 그들이 동의하는 문제들이 그들이 의견을 달리하는 문제들보다 훨씬 중요하다. 이 점은 그들로 하여금 복음주의자들로서 협력하고 성경 진리의 모든 영역에 걸쳐 일관성 있게 초자연을 부인하는 현대주의자들과 자유주의자들에 맞서 연합 전선을 펼 수 있게 해 줄 것이다.

---

2_J. Marcellus Kik, *An Eschatology of Victory* (Philadelphia: Presbyterian and Reformed Publishing Co., 1971), 250.

## 부적절한 용어

이 논의에서 우리는 계속 부적절한 용어라는 문제에 직면한다. 1,000년 이라는 단어 앞에 붙는 접두사 **전**과 **후**는 어느 정도 유감스럽고 오도한 다. 그 구분은 단순한 "전" 또는 "후"보다 훨씬 많은 것과 관련되기 때문 이다. 전천년주의자들이 기대하는 천년왕국은 후천년주의자들이 기대 하는 천년왕국과 판이하다. 그것은 천년왕국이 세워질 시기와 방식 면 에서 다를 뿐만 아니라 주로 그 왕국의 성격과 그리스도가 그분의 통제 를 행사하시는 방식 면에서 다르다.

후천년주의자들은 삶의 기본적인 사실에 관한 한 본질적으로 우리 의 시대와 크게 다르지 않을 황금시대를 고대한다. 세계 인구 중 기독교 로 개종하는 사람들의 비율이 점점 높아짐에 따라 이 시대는 점진적으 로 천년왕국 시대로 통합될 것이다. 결혼과 가족이 계속 존재할 것이고, 현재 그러고 있는 것처럼 자연적인 출생 과정을 통해 새로운 구성원들 이 인류에 합류할 것이다. 지구의 도덕적·영적 환경이 현저하게 기독교 화함에 따라, 죄가 제거되지는 않겠지만 최소 수준으로 줄어들 것이다. 사회적·경제적·교육적 문제들이 존속하겠지만 그것들의 불쾌한 특성 들이 대폭 제거되고 그것들의 바람직한 특성들이 증대될 것이다. 기독 교의 믿음과 행동의 원칙들이 표준으로 받아들여질 것이다. 천년왕국 동안의 삶은 기독교 공동체에서의 삶이 이교도나 종교가 없는 사람들 의 공동체 안에서의 삶과 비교되는 것과 동일한 방식으로 오늘날의 세 상에서의 삶과 비교될 것이다. 진리를 훨씬 더 열심히 증언하며 사람들 의 삶에 훨씬 더 큰 영향을 끼치는 교회는 지금처럼 계속 지상에서 하나님 나라의 외적이고 가시적인 현시로 존재할 것이다. 그리고 천년왕국은 그리스도의 재림, 부활과 최후의 심판으로 끝날 것이다. 요컨대 후천년주의자들은 사람들의 마음속에 있는 영적 왕국을 제시한다.

반면에 전천년주의자들이 기대하는 천년왕국은 왕이신 그리스도가 예루살렘에서 개인적이고 가시적으로 통치하시는 것과 관련된다. 그 왕국은 오랜 기간에 걸쳐 개인들의 영혼이 회심함으로써 수립되는 것이 아니라 갑자기 그리고 압도적인 힘으로 세워진다. 유대인들은 다른 집단의 사람들처럼 개인으로서 회심하는 것이 아니라 그리스도를 보기만 하는 것으로 대규모로 회심할 것이다. 그들은 새 왕국의 주요 통치자들이 될 것이다. 자연은 천년왕국의 복을 공유하고 생산성이 매우 높아질 것이다. 야생 동물들의 사나운 본성마저 유순해질 것이다. 하지만 악은 존재를 멈추지도 않고 양적인 면에서 반드시 감소하지도 않을 것이다. 그러나 악은 그리스도의 쇠 막대기 통치를 통해 억제될 것이다. 천년왕국의 끝에 악이 끔찍한 반역을 일으켜 성도들과 거룩한 도시를 압도할 것이다. 천년왕국 기간 동안 영화로운 몸을 입은 성도들이 아직도 육에 있는 사람들과 자유롭게 섞일 것이다.

뒤섞인 왕국이라는 이 요소는 특히 불일치를 제공하는 것처럼 보인다. 새 땅과 영화로워진 죄 없는 인간이 옛 땅과 죄악된 인간과 섞이고, 불멸하는 부활의 몸을 입은 그리스도와 성도들이 여전히 많은 죄와 사망과 부패의 장면을 포함하고 있는 세상에서 산다. 그리스도와 성도들을 다시 이 세상의 죄악된 환경 안에서 살게 하는 것은 하늘에 죄를 들여놓는 것과 동등하다고 보일 것이다. 무천년주의자인 윌리엄 J. 그리어(William J. Grier)의 말마따나 그런 조합은 참으로 "잡동사니 혼합물"일

것이다.

무천년주의자들은 물론 후천년설과 전천년설의 개념을 거부한다. 그들은 대개 그 단어의 어떤 의미에서든 천년왕국은 존재하지 않으리라고 말하는 것으로 만족한다.

그러므로 그 용어들은 어느 정도 부정확하고 오도한다. 그래서 몇몇 신학자는 자신을 후천년주의자나 무천년주의자 또는 전천년주의자라고 분류하기를 주저한다. 하지만 좀 더 적절한 용어들이 없다. 그 용어들은 적어도 다르게 생각하는 학파들을 구분하는 데 도움이 되며, 일반적으로 그것들의 의미가 이해된다.

그러나 세 학파가 **천년왕국**의 의미와 관련해서는 의견을 달리하지만, 그렇다고 해서 그 단어 자체가 무의미하거나 세 가지 체계 사이의 구분이 공상적이거나 중요하지 않은 것은 아니다. 그와 반대다. 실제로 이 체계들은 광범위한 영향을 끼치는 이 중요한 주제에 관한 다양한 견해를 대표한다.

좀 더 광범위하고 아마도 좀 더 정확한 용어가 몇몇 학자에 의해 제안되었는데, 그것은 바로 천년설 신봉자들(Chiliasts)과 천년설 반대자들(Anti-Chiliasts)이다. 그 경우 천년설 신봉자에는 역사적 전천년주의자들과 세대주의적 전천년주의자들이 포함되는 반면 천년설 반대자들에는 후천년주의자들과 무천년주의자들이 포함되는데, 후천년주의자들과 무천년주의자들 사이에서 선택할 필요가 없을 것이다.

더욱이 무천년주의자로 자처하는 사람 중 일부가 현재의 교회 시대가 천년왕국을 구성하며 교회 시대의 끝에 그리스도가 오실 것이라고 주장한다는 사실은 그들을 후천년주의자들로 보이게 할 수도 있을 것이다. 그러나 일반적으로 이해된 후천년설의 주요 교의는 그리스도의 오심이 의와 평화의 황금시대를 뒤따른다는 것이기 때문에 전체 교회 시대를 천년왕국으로 보는 사람들은 대개 후천년주의자들로 분류되지 않는다.


## 구속된 세상

후천년설은 그리스도의 구속 사역의 보편성을 매우 강조한다. 그 견해에서는 인류의 믿을 수 없을 정도로 많은 수가 구원될 것을 소망한다. 아담 안에서 타락한 주체는 세상, 즉 인류이기 때문에 그리스도의 구속의 대상 역시 세상, 즉 인류였다. 그렇다고 해서 모든 개인이 구원받으리라는 것은 아니고 한 종족으로서의 인류가 구원받을 것이다. 야웨는 단지 부족 신이 아니라 "온 땅의 큰 왕"과 "온 땅의 주"라고 묘사된다(시 47:2; 97:5). 그가 생각하고 계시는 구원은 소수의 선택된 집단이나 혜택을 받은 소수에 한정되지 않는다. 구속의 좋은 소식은 팔레스타인에 있는 몇몇 마을에 대한 지역적인 뉴스가 아니라 세계적인 메시지였다. 그리고 성경은 하나님 나라가 "바다에서 바다까지 이르고 유브라데 강에서 땅 끝까지" 땅을 채울 것(슥 9:10)이라고 계속 증언한다.

요한계시록의 저자는 다음과 같이 말한다.

내가 보니 각 나라와 족속과 백성과 방언에서 아무도 능히 셀 수 없는 큰 무리가 나와 흰옷을 입고 손에 종려 가지를 들고 보좌 앞과 어린 양 앞에

서서 큰소리로 외쳐 이르되 "구원하심이 보좌에 앉으신 우리 하나님과 어린 양에게 있도다" 하니(계 7:9-10).

하나님이 인류의 많은 사람을 구속하기로 작정하셨다. 그의 자비의 목적에 포함된 사람의 비율이 얼마인지가 우리에게 알려지지 않았지만, 교회에게 약속된 미래의 번영의 날에 비추어 볼 때 궁극적으로 대다수가 구속되리라고 추론될 수 있을 것이다. 대다수 교회가 가르쳤고 대다수 신학자가 믿은 대로 유아 때 죽는 사람들이 구원받는다고 가정할 때 이미 인류 중 구원받은 사람의 비율이 더 높다.

구원받은 사람들이 잃어버린 사람들보다 훨씬 많으리라는 아이디어는 성경에 나타난 대조에서도 도출된다. 천국은 획일적으로 다음 세상, 큰 왕국, 나라, 도시로 그려지는 반면 지옥은 획일적으로 비교적 작은 장소인 감옥, (불과 유황의) 연못, 구덩이(깊을 테지만 좁다)로 묘사된다(다음 구절들을 보라. 눅 20:35; 계 21:1; 마 5:3; 히 11:16; 벧전 3:19; 계 19:20; 21:8-16). 성경에서 천사들과 성도들이 언급될 때 그들은 군대, 만군, 수백만, 수억이라고 일컬어진다(눅 2:13; 사 6:3; 계 5:11). 그러나 잃어버린 자들과 관련해서는 그런 언어가 사용되지 않는다. 그들의 수는 비교적 사소한 것처럼 보인다. 요한계시록 20:11-15에서 발견되는 크고 흰 보좌 심판의 묘사는 "누구든지 생명책에 기록되지 못한 자는 불 못에 던져지더라"라는 말로 끝난다. 이 언어는 심판 때 혹자의 이름이 생명책에 쓰이는 것이 표준임을 암시한다. 그런 언어는 생명책에 이름이 쓰이지 않은 사람들은 예외적─우리는 드문 경우라고 말할 수도 있을 것이다─임을 시사한다.

윌리엄 G. T. 셰드(William G. T. Shedd) 박사는 그의 『교의학』(*Dogmatic Theology*) 2권에서 "하나님의 선택을 받은 진영(원)은 하늘들의 커다란 진영이고 트레드밀(러닝 머신)의 원이 아니다. 사탄의 왕국은 그리스도의 왕국에 비하면 사소하다. 하나님이 통치하시는 막대한 영역에서 선이 규칙이고 악은 예외다. 죄는 영원의 창공에 있는 얼룩 하나이고 태양 위의 반점 하나다. 지옥은 우주의 한 모퉁이일 뿐이다"라고 말한다.

이런 고려사항들로 판단할 때 우리가 추측해 본다면 구원받은 사람들과 잃어버린 사람들 사이의 비율은 궁극적으로 오늘날 우리 사회에서 자유로운 시민들과 교도소 재소자들 사이의 비율과 비슷해질지도 모른다. 또는 구원받은 사람의 무리는 나무에 비유하자면 성장하고 번성하는 주된 가지인 반면 잃어버린 사람들은 잘려서 땔감으로 쓰이는 잔가지에 지나지 않을 수도 있을 것이다. 이것이 후천년설이 제공할 수 있는 전망이다. 다른 입장을 유지하는 사람 중에서도 누가 그것이 사실이기를 바라지 않겠는가?

## 세상에서의 영적 진보

세상의 구속은 수백 년에 걸쳐 일어나는 길고 느린 과정이지만 확실히 정해진 목표에 접근하고 있다. 명백한 여러 차질이 있기는 하지만 우리는 전진하는 승리의 시대에 살고 있다. 인간의 관점에서는 종종 악의 세력들이 이기려고 하는 것처럼 보인다. 영적 진보와 번영의 기간들이 영적 쇠퇴와 침체의 기간들과 교대한다. 그러나 한 시대가 다른 시대를 계승할 때는 진보가 있다.

　그리스도가 오시고 나서 2,000년의 기간을 뒤돌아볼 때 우리는 실로 놀라운 진보가 있었음을 알 수 있다. 이 과정이 궁극적으로 완성될 것이고 그리스도가 다시 오시기 전에 우리는 기독교화된 세상을 보게 될 것이다. 그렇다고 해서 모든 죄가 근절되지는 않을 것이다. 추수 때까지는 밀 사이에 가라지가 어느 정도 있을 것이다. 그리고 주님은 추수 때는 이 세상의 끝이라고 우리에게 말씀하신다. 슬프게도 의인조차 때로는 유혹과 죄에 빠진다. 그러나 그것은 기독교의 삶과 행동의 원칙들이 공적 생활과 사생활에서 받아들여진 표준이 됨을 의미한다.

　커다란 영적 진보가 이루어져 왔음을 모든 사람이 명백히 알아야 한다. 예를 들어 그리스도가 오시기 전에 지상에 존재했던 끔찍한 도덕적·영적 상태를 고려해보라. 세상은 대체로 노예제, 일부다처제, 여성과 아동에 대한 학대, 정치적 자유의 일반적 부재, 무지, 가난, 지배 계급을 제외한 거의 모든 사람의 운명이었던 원시적인 의료라는 이교도의 어둠 속에서 어쩔 도리 없이 더듬거리고 있었다.

　오늘날 세상은 대체로 훨씬 높은 수준에 도달해 있다. 기독교의 원칙들이 여러 나라에서 받아들여진 표준이다. 그것들이 일관성 있게 실천되지는 않을지라도 말이다. 노예제와 일부다처제는 사실상 사라졌다. 여성과 아동의 지위는 측정할 수 없을 정도로 향상되었다. 거의 모든 나라에서 사회적·경제적 상태가 새로운 수준에 도달했다. 국가들 사이의 협력 정신이 과거 어느 때보다 명백하다. 몇 년 전에는 전쟁으로 귀결되었을 국제적 사건들이 이제 대개 중재를 통해 해결된다.

　국제적 선의에 대한 증거의 하나로서, 미국이 최근 회계연도에 해외 원조와 상호 안보 프로그램에 30억 달러가 넘는 금액을 책정한 사실을 고려해보라. 제2차 세계대전 후 미국은 다른 나라들에 그런 목적으로 160억 달러가 넘는 금액을 지원했다. 미국의 인구는 약 2억 1천만 명이기 때문에 이는 미국 국민 1인당 평균 800달러를 기부했음을 의미한다. 그리고 이 금액은 개인, 교회, 기타 단체들을 통해 주어진 상당한 금액을 포함하지 않은 액수다. 이 큰 금액의 재화와 서비스들이 상환되리라는 기대가 없이 이 계몽되고 압도적으로 개신교를 믿는 국가에서 다른 인종들로 구성되고 다른 종교를 지닌 국가들로 무료로 이전되었는데, 이는 이기적이지 않음과 국제적 선의의 효과적인 표현이다. 세계사에서 미국이나 다른 어떤 나라도 전에는 그 기록에 근접하지 못했다.

영국의 선도적인 신문 중 하나인 「런던 타임즈」는 미국이 지혜롭고 관대하게 행동한 것을 칭찬한 뒤 다음과 같이 말했다.

> 우리에게 매우 명백해서 우리가 당연하게 생각하는 다른 것들이 있다. 그러나 침묵은 오해될 수 있기 때문에 어떤 나라도 세상 사람들 사이에 선이나 악, 자유나 독재, 우정이나 적대감 어느 쪽으로든 그런 힘을 지녔던 적이 없었다는 것과 역사상 어떤 나라도 그런 힘들을 대체로 좀 더 큰 비전을 가지고, 억제하며, 책임감과 용기를 가지고 사용하지 않았다는 것을 다시 한번 말할 가치가 있다.

오늘날 과거 어느 때보다 더 많은 부가 교회에 바쳐지고 있으며, 몇몇 곳에서 근대주의로의 변절이 있기는 하지만 과거 어느 때보다 참으로 훨씬 더 진지한 복음주의적이고 선교적인 활동이 있는 것처럼 보인다.

이는 여러 상황을 통해 암시되는데 나는 특히 다음 사항을 열거한다.

종교개혁 때까지 성경은 사제들만을 위한 책이었다. 성경은 라틴어로 쓰였고 로마 가톨릭은 성경이 보통 사람들의 언어로 번역되도록 허용하기를 거부했다. 그러나 종교개혁자들이 등장하자 모든 것이 변했다. 성경은 머지않아 유럽 여러 국가의 자국어로 번역되었고 종교개혁의 빛이 비추는 곳마다 성경은 보통 사람들의 책이 되었다. 교황과 교회 공의회의 칙령들은 생명의 말씀에 길을 내주었다. 루터는 자신의 조국 사람들을 위해 성경 전체를 독일어로 번역했고 그 책이 나온 지 25년 안에 독일어 성경 100판이 나왔다. 프랑스, 네덜란드, 영국, 스코틀랜드에서도 마찬가지였다. 개신교 성경협회들은 현재 해마다 종교개혁이 일어나기 전 15세기 동안 발행되었던 것보다 더 많은 성경을 펴내고 있다.

오늘날 세계 인구 98퍼센트의 원어로 성경의 전체 또는 일부를 읽을 수 있다. 확실히 그것은 큰 진보이자 미래의 기독교의 구조를 육성할 매우 넓고 중요한 기초로 여겨져야 한다. 소위 "베스트셀러"라는 어떤 책도 성경의 판매 부수에 비하면 새 발의 피만큼도 팔리지 않았다.

더욱이 기독교 메시지가 전 세계의 주요 언어로 라디오를 통해 방송되고 있다. 최근에 전국적 또는 전 세계적으로 청취되는 몇몇 복음주의 라디오 프로그램들이 방송되고 있다. 예를 들어 몇 개만 거명하자면 루터란 아워(Lutheran Hour, 미주리 시노드)는 매주 50개가 넘는 언어로 전 세계에서 2,200만 명이 청취하고 있는 것으로 추정되며, 이 외에도 더 백 투 갓 아워(The Back to God Hour, 크리스천 개혁 교회), 디 아워 오브 디 시전(독립 방송) 등이 있다. 청취 가능 지역이 좀 더 제한적인 다른 기독교 라디오 프로그램들이 문자적으로 수백 개가 있는데, 그중 몇 개는 날

마다 방송된다. 복음은 이처럼 많은 가정, 병실, 오지의 농장이나 외로운 광산 또는 벌목 캠프, 고속도로에 있는 사람, 바다를 항해하는 배에 있는 사람 등 라디오 프로그램이 아니라면 도달될 수 없는 사람들에게 전해지고 있다. 그것은 수 세기 동안 편만했던 매우 제한적인 선포에 비하면 얼마나 놀라운가! 그 결과 사상 최초로 전 세계 사람들이 전반적으로 기독교 복음을 들을 수 있게 되었다.

성경이 체계적으로 연구되고 있는 신학교, 성경 연구소, 기독교 대학의 수는 인구 증가 속도보다 빠르게 증가하고 있으며 등록자 수도 꾸준히 늘어나고 있다. 최근에 널리 읽히는 많은 기독교 잡지들이 창간되었다. 출간되는 새 책들의 상당한 비율이 기독교를 직접 다루거나 몇몇 종교적 측면을 다루는 출판사들에서 나오고 있다.

통계 수치는 세계적으로 기독교가 이전의 1,800년 동안 성장한 것보다 지난 100년 동안 더 많이 성장했음을 보여준다. 기독교는 현재 세계적인 다른 두 종교 신자를 합한 수에 거의 육박하는 명목상의 신자 수를 보유하고 있다. 이 수치들은 그리스도인은 대략 9억 6천 8백만 명인 반면 유교(도교 포함) 인구는 2억 7천 6백만 명이고 무슬림은 5억 1천 3백만 명임을 보여준다. 힌두교 신자는 5억 1천 6백만 명이고 불교 신자는 2억 2천 4백만 명이며 일본의 신도교 신자는 6천 3백만 명이고 유대인은 1천 4백만 명이다. 그리스도인으로 계산된 사람 중 많은 이들이 "명목상으로"만 그리스도인이지만 참된 그리스도인의 비율은 아마도 진정한 이교 종교 신봉자 비율만큼 높거나 그보다 높을 것이다. 이슬람교를 제외하고 다른 모든 종교는 기독교보다 오래되었다. 모든 거짓 종교는 죽어가고 있다. 기독교만 현대 문명하에서 성장하고 번영할 수 있는 반면 다른 모든 종교는 기독교의 찬란한 빛 아래 들어가면 머지않아 해체될 것이다.

나는 우리 시대의 반기독교적인 모든 종교와 반기독교적인 모든 철학이 틀렸다고 자신 있게 단언한다. 그것들의 역사는 그것들이 그 신봉자들의 도덕적, 영적, 지적 표준을 전혀 높이지 못했음을 보여준다. 그것들은 각성되고 원기 왕성한 기독교가 최후의 일격을 가해 그것들을 망각 속으로 집어넣기를 기다리고 있다. 알버투스 피터스 박사(Dr. Albertus Pieters)가 이 점에 관해 잘 말했다.

> 초기 교회 때 에비온파, 영지주의, 몬타누스파, 아리우스파, 펠라기우스파가 교회의 생명을 위험에 빠뜨렸다. 그들은 현재 교회사 연구자들에게만 기억된다. 그 뒤에는 로마 가톨릭과 소치니주의가 교회를 위협했다. 현대에는 유니테리언주의, 모더니즘, 러셀주의, 크리스천사이언스, 강신술 등이 교회를 위협했다. 사탄에게서 유래한 많은 운동이 홍수처럼 밀려왔고 한동안 소심한 신자들로 하여금 교회가 압도당하고 복음이 영구적으로 세상에 패할 것을 두려워하게 했다. 그러나 그 일은 결코 일어나지 않았다. 과거의 이단들이 사라졌듯이 현재의 이단들도 사라질 것이다.[3]

해외 선교 기관들이 실제로 자체의 사업을 실행한 지는 겨우 100년밖에 되지 않았다. 많은 교회 조직이 뒷받침하고 방대한 기관들이 기독교

---

3_Albertus Pieters, *Studies in the Revelation of St. John* (Grand Rapids, Michigan: Zondervan Publishing House, 1937), 165.

문헌을 여러 언어로 번역하여 출판한 데 힘입어 그 기관들은 전에는 세상에 알려지지 않았던 외국에서 복음 사역을 수행할 수 있게 되었다. 인도, 중국, 일본, 대한민국, 인도차이나반도에서 사는 현재 세대가 종교, 사회, 정부 차원에서 지난 2,000년 동안에 일어났던 것보다 더 큰 변화를 목격했다고 말해도 무방하다. 이 나라들의 대다수에서 추가적인 복음의 진보를 위한 토대가 놓였을 뿐만 아니라 교회의 자애로운 영향 아래 많은 지역교회와 학교 및 병원이 세워졌고, 교회가 최초로 세워졌을 때보다 윤리 문화와 사회 서비스가 크게 향상되었으며, 도덕 표준이 훨씬 높아졌다.

몇몇 후천년설주의 저자들과 다른 학자들이 너무 신속한 진보를 가정하는 잘못에 빠졌다. 예를 들어 스노든 박사(Dr. Snowden)는 전천년주의자들이 날짜를 정하는 것과 그리스도의 재림이 가까이 다가왔다고 가정하는 것의 잘못을 명확히 보여준 후 천년왕국이 동트기 직전이라고 지적함으로써 같은 종류의 잘못을 저질렀다. 그는 자신의 저서 『주님의 도래』(The Coming of the Lord)에서 제1차 세계대전이 가까운 장래에 성공적인 결말에 도달하고 군국주의를 영원히 종식할 것이고 천년기를 향한 급속한 발전이 그 뒤를 따를 것이라고 가정했다. 제1차 세계대전으로부터 배운 교훈들이 효과를 발휘했어야 했다는 점에 대해 우리가 쉽게 동의할 수 있다. 그러나 그 시간이 길지 짧을지에 대해 우리가 알 길은 없다. 우리는 후천년설은 복음이 세상을 회심시킬 수 있는 능력에 관해 절망하지 않으며, 복음은 패배할 수 없고, 수 세기 동안 득세할 것이고, 궁극적으로 그 목표가 이뤄질 것이라는 입장을 유지한다고 말할 수 있다.

성경이 천년기에 동반한다고 말하는 대단한 물질적 번영은 많은 부분이 그 시기의 높은 도덕적 및 영적 생활의 자연적인 결과일 것이다. 이 복들 역시 하나님에게서 온다. 많은 예언에서 새 언약의 일련의 복들에 현세의 복들이 포함될 것이라고 명시적으로 언급된다. 확실히 천년기의 다른 특징들이 실현될 때 물질적 번영도 자리 잡고 있으리라는 것을 우리가 의심할 필요가 없다. 참된 의미에서 경건과 건실한 삶은 자체의 보상을 가져온다. 예수는 "너희는 먼저 그의 나라와 그의 의를 구하라. 그리하면 이 모든 것을 너희에게 더하시리라"라고 말씀하셨다(마 6:33). "경건은 범사에 유익하니 금생과 내생에 약속이 있느니라"(딤전 4:8). "광야와 메마른 땅이 기뻐하며 사막이 백합화 같이 피어 즐거워하리라"(사 35:1).

타락 전에 인간에게 부여된 과제인 땅을 적절하게 관리하는 일은 동식물의 생산성을 회복하는 방향으로 크게 진전할 것이다. 죄에 빠진 인간의 상태가 교정되면 자연에 놀라운 변화가 일어날 것이다. 루서 버뱅크(Luther Burbank) 등은 야생 상태에서 홀대받고 사실상 무가치할 정도로 퇴화한 여러 품종의 식물과 과일을 [생산성이 높던] 원래 상태로 되돌렸다.

우리 자신의 생애 중에 운송, 통신, 가정용 가구 등의 영역에서 혁명이 일어났다. 지난 150년 동안 일어난 여행과 운송 방법의 변화는 그 전의 2,000년 동안 일어난 변화보다 컸다. 조지 워싱턴(George Washington)은 당시 최고의 운송 수단이었던 마차를 타고 고대 페르시아인들 및 이집트인들이 여행했던 것과 똑같은 방식으로 여행했다. 자동차, 포장된 고속도로, 전력, 항공 여행, 라디오, 텔레비전 등은 모두 비교적 새로운 현상이다. 그리고 이제 원자력과 태양 에너지의 새로운 과학 덕분에 전기 요금이 매우 싸질 것으로 전망되고 있고, 아직 우리가 변죽만 울리고 있는 완전히 새로운 전자공학 분야가 아주 멋진 미래를 약속하고 있다. 선도적인 어느 기업인이 최근에 "미국은 원자력 설비와 전자 시대의 도래에 의존할 번영의 새로운 황금시대에 들어서기 직전이다"라고 말했다. 새로운 발견이 이어지고 있고 수 세기 동안 대체로 이용되지 않았던 막대한 잠재력이 선한 방향으로 점점 더 많이 이용되고 있다.

지식이 매우 넓게 퍼졌다. 모든 계층의 사람들이 고등 교육 기관을 포함한 학교들에 입학할 수 있게 되었다. 책, 잡지, 신문, 도서관, 과학 연구소 등에 힘입어 두세 세대 전만 해도 거의 전적으로 소수의 특권 계층에게 한정되었던 방대한 지식을 일반 대중이 접할 수 있게 되었다.

기독교의 원칙들이 좀 더 널리 받아들여짐에 따라 사법 행정 면에서 큰 진전이 이뤄졌다. 오늘날 영국과 미국의 사법 체계는 피고와 죄수들의 권리에 대한 세심한 고려로 유명하다.

그러나 이러한 물질적 번영이 아무리 놀랍게 진전하더라도 그것은 이미 부분적으로 기독교화된 나라들을 어느 정도 특징짓는 도덕적·영적 번영의 부산물일 것이다. 이 복들은 확실히 이교도의 종교들 아래서 유래하지 않는다. 이 종교들의 희생자인 많은 국가는 수 세기 또는 심지어 수천 년 동안 사실상 어떤 발전도 없이 가난과 무지와 도덕적 타락 상태에 놓여 있었다. 대체로 유럽의 개신교 국가들과 미국에서 시작되어 이미 일어난 발전은 천년왕국을 향해서 가는 진보의 제한된 부분만 이뤄졌을 뿐이다. 천년왕국이 실재가 되어 모든 나라가 기독교 국가가 된다면 얼마나 놀라운 미래가 놓여 있을 것인가!

물론 우리는 의로운 황금시대가 갑자기 시작되거나 특정한 날에 시작되리라고 생각하지 않아야 한다. 그것은 느리고 긴 과정의 결과로 올 것이기 때문에 달력에 표시될 수 없다. "하나님의 나라는 볼 수 있게 임하는 것이 아니다"(눅 17:20). 그것은 "처음에는 싹이요, 다음에는 이삭이요, 그다음에는 이삭에 충실한 곡식이다"(막 4:28). 또는 그것은 "경계에 경계를 더하고 경계에 경계를 더하며, 교훈에 교훈을 더하고 교훈에 교훈을 더하되 여기서도 조금, 저기서도 조금 한다"(사 28:10).

천년왕국의 도래는 여름이 오는 것과 비슷하다. 천년왕국이 훨씬 더 느리고 훨씬 더 큰 규모로 오겠지만 말이다. 계절들의 투쟁에서는 많은 진척과 외관상의 역행이 있다. 봄의 전조들이 나타났다가 겨울바람에 정복되기를 반복한다. 종종 봄이 투쟁에서 졌고 겨울의 추위가 전혀 누그러지지 않을 것처럼 보인다. 그러나 차츰 온화한 봄바람이 자리를 넘겨받고, 조금 더 지나면 영광스러운 여름철이 시작된다.

천년왕국이 시작하는 날을 특정하려고 노력하는 것은 중세가 끝나고 근대가 시작한 날이나 연도를 특정하려고 노력하는 것과 비슷하다. 대개 콜럼버스(Columbus)가 아메리카 대륙을 발견한 것이 중세와 근대를 나누는 경계로 여겨진다. 적어도 미국인들에게는 그 사건이 중세 정신이 끝나고 미국의 이야기가 시작하는 시점이다. 그러나 그 발견은 세상 사람들의 삶에 아무런 즉각적인 결과도 가져오지 않았다. 사실 콜럼버스는 죽을 때까지 자기가 신대륙을 발견했다는 사실을 몰랐다. 우리는 뒤를 돌아보면서 그리고 편의상 자의적으로 특정일을 선택하여 두 시대 사이의 구분 시점으로 삼는다. 그러나 실제로는 한 시대가 다른 시대와 매우 서서히 그리고 인식할 수 없게 섞여서 당시에는 변화가 느껴지지 않는다. 우리는 역사적 관점에서 돌이켜 보며 아마도 한두 세기 범위 이내에서 언제 한 시대가 끝나고 다른 시대가 시작했는지 정할 수 있을 뿐이다. 의심할 나위 없이 그것은 교회사의 다른 위대한 시기들처럼 점진적이고 불확실하게 다가온다는 원칙을 따를 것이다.

## 해석 원칙

확실히 혹자가 천년왕국에 관해 어떤 견해를 취하든 복음주의적인 신앙에 대한 그들의 진정성과 충성이 의심될 수는 없다. 하지만 같은 성경을 사용하며 성경이 권위 있는 책임을 인정하는 여러 시기의 그리스도인들이 상당히 다른 결론에 도달하는 것은 주로 해석 방법의 차이에 기인하는 것으로 보인다. 전천년주의자들은 문자적 해석을 매우 강조하며 성경을 쓰인 그대로 받아들인다는 점에 대해 자부심을 느낀다. 반면에 후천년주의자들과 무천년주의자들은 구약성경과 신약성경의 많은 부분이 의심할 나위 없이 비유적 또는 상징적인 언어로 주어졌다는 점에 주의하며, 원칙적으로 비유적인 해석에 반대하지 않고 비유적 해석이 더 바람직하다는 증거가 있다면 그것을 기꺼이 받아들인다. 그러다 보니 전천년주의자들은 후천년주의자들과 무천년주의자들이 성경의 일부를 둘러대거나 거부한다고 비난한다. 전천년설을 신봉하는 어떤 저자는 다음과 같이 쓴다.

전천년주의자들은…하나의 일반적인 해석 원칙이 신학의 모든 분야에 적용되어야 한다는 것과 진리의 다른 영역에서와 마찬가지로 예언이 영적 해석을 요구하지 않는다는 것을 주장한다.…역사는 역사이지 알레고리가 아니다. 사실은 사실이다. 예언된 미래의 사건들은 그저 예언된 바다.[4]

이 일반 해석 원칙은 "가급적 문자적인"(H. 보너[H. Bonar]) 또는 "불합리하지 않은 한 문자적인"(고베트[Govett])이라고 표현된다. 하지만 우리는 성경을 [처음부터] 뒷부분까지 읽지 않아도 모든 부분이 문자적으로 해석될 수는 없음을 발견한다. 제시 F. 실버(Jesse F. Silver)는 몇몇 "다른 의미"가 지정된 "특정한 지점들"을 언급한다.[5] 그러나 그는 그런 특정한 지점들을 인식할 규칙을 제시하지 않는다. 우리는 성경 자체에서 "이것을 문자적으로 해석하라" 또는 "저것을 비유적으로 해석하라"라는 표시를 발견하지 못한다. 각각의 독자가 자신이 동원할 수 있는 경험과 상식을 최대로 사용하여 판단해야 한다. 물론 그것은 사람마다 크게 다를 것이다.

자신이 말하는 문자적 해석이 무엇을 의미하는지에 관한 하나의 예로 실버는 "그리스도의 초림을 가리키는 모든 예언이 모든 세부사항에서 문자적으로 실현되었다"라고 말한다. 사실상 다른 여러 전천년주의자들이 그렇게 말했다. 하지만 그것은 사실이 아니다. 성경에 등장하는 최초의 메시아 예언은 창세기 3:15에서 발견된다. 하나님이 뱀에 대

---

4_ John F. Walvoord, "The Theological Context of Premillennialism," *Bibliotheca Sacra*, 108, No. 431.(1951), 272 이하.

5_ Jesse F. Silver, *The Lord's Return* (New York: Fleming H. Revell Co., 1914), 209.

한 저주를 선언하시면서 "여자의 후손은 네 머리를 상하게 할 것이요 너는 그의 발꿈치를 상하게 할 것이니라"라고 말씀하셨다. 그 예언은 확실히 한 남성이 한 뱀의 머리를 짓밟아 뭉갬으로써 또는 한 뱀이 한 남성의 발꿈치를 묾으로써 문자적으로 성취된 것이 아니다. 오히려 그 예언은 그리스도가 십자가에서 마귀와 그의 모든 세력에 대해 완전히 승리하셨을 때 고도로 비유적인 의미에서 성취되었다. 구약성경에서 마지막 예언은 말라기 4:5에 등장하는데, 그 내용은 다음과 같다. "보라, 여호와의 크고 두려운 날이 이르기 전에 내가 선지자 엘리야를 너희에게 보내리라." 그 예언 역시 문자적으로 실현되지 않았다. 그리스도 자신이 엘리야의 심령과 능력으로 온 세례 요한의 인격 안에서 그 예언이 실현되었다고 말씀하셨다(마 11:14).

이사야의 예언도 있다.

외치는 자의 소리여, 이르되
"너희는 광야에서 여호와의 길을 예비하라.
사막에서 우리 하나님의 대로를 평탄하게 하라.
골짜기마다 돋우어지며
산마다 언덕마다 낮아지며
고르지 않은 곳이 평탄하게 되며
험한 곳이 평지가 될 것이요
여호와의 영광이 나타나고
모든 육체가 그것을 함께 보리라."
이는 여호와의 입이 말씀하셨느니라(사 40:3-5).

이 예언은 확실히 대로를 건설하는 프로그램을 통해 성취된 것이 아니라 예수의 공적 사역을 위한 길을 준비한 세례 요한의 사역에서 성취되었다. 요한 자신이 "그는 선지자 이사야를 통해 말씀하신 자라.…"라고 말하고 이어서 이 구절들을 인용했다(마 3:1-3; 눅 3:3-6도 보라).

스불론과 납달리 사람들에 관한 이사야 9:1-2의 말씀("흑암에 행하던 백성이 큰 빛을 보고 사망의 그늘진 땅에서 거주하던 자에게 빛이 비치도다")은 예수의 사역에서 비유적으로 성취되었다. 이 점에 관해 마태는 다음과 같이 말한다.

> 예수께서 요한이 잡혔음을 들으시고 갈릴리로 물러가셨다가 나사렛을 떠나 스불론과 납달리 지경 해변에 있는 가버나움에 가서 사시니 이는 선지자 이사야를 통하여 하신 말씀을 이루려 하심이라. 일렀으되
> "스불론 땅과 납달리 땅과 요단 강 저편 해변 길과 이방의 갈릴리여,
>  흑암에 앉은 백성이 큰 빛을 보았고
> 사망의 땅과 그늘에 앉은 자들에게 빛이 비치었도다" 하였느니라(마 4:12-16).

이 구절에서 이사야는 명백히 죄가 지배하는 곳마다 존재하는 영적 어두움과 메시아가 올 때 그 땅들에 비칠 영적 빛에 관해 말하고 있었다.

비유로 쓰인 다른 많은 구약성경의 예언들이 인용될 수 있지만, 위에서 언급된 구절들만으로도 "그리스도의 초림을 가리키는 모든 예언이 모든 세부사항에서 문자적으로 실현되었다"라는 말이 사실이 아님을 보여주기에 충분하다.

성경의 많은 내용이 비유적 또는 상징적인 언어로 주어져서 아무리 상상력을 발휘하더라도 문자적으로 취해질 수 없다는 점이 모든 사람에게 명백할 것이다. 우리는 영적 해석이 이런 구절들의 참된 의미를 파악할 수 있는 유일한 방법이라고 여기기 때문에 이런 진술들을 영적으로 해석한다. 몇 가지 예를 들자면 이스라엘의 자녀들을 이집트에서 구원한 사건에 대한 산문체의 역사적 설명에서 섭리적으로 보호하시는 하나님의 능력이 "내가 애굽 사람에게 어떻게 행하였음과 내가 어떻게 독수리 날개로 너희를 업어 내게로 인도하였음을 너희가 보았느니라"라는 말로 제시된다(출 19:4). 팔레스타인은 "젖과 꿀이 흐르는 땅"으로 묘사된다(출 3:8). 시편 23편이나 91편을 읽고 비유적인 언어가 계속 사용된다는 것을 주목하라.

특정한 예언들이나 다른 진술들을 영적으로 해석한다고 해서 우리가 그 구절들을 둘러대는 것은 아니다. 때로는 그 구절들의 참된 의미가 비가시적인 영적 세계에서만 발견된다. 전천년주의자들은 종종 예언들을 너무 물질적이고 문자적으로 해석한 나머지 그것들을 지상의 차원에 한정시키고 그것들의 참되고 좀 더 깊은 의미를 놓친다. 그것은 바로 유대인들이 메시아 예언의 해석에서 한 일이다. 그들은 지상의 왕국과 정치적 통치자를 통해 예언이 문자적으로 성취되기를 고대했다. 그 결과 그들은 구속의 요소를 완전히 놓쳤다. 메시아가 오셨을 때 그들은 그분을 알아보지 못하고 오히려 그를 거절하고 십자가에 못박았다. 메시아의 초림과 관련한 문자적 해석의 무서운 결과는 우리로 하여금 재림과 관련하여 같은 실수를 저지르지 않도록 경계하게 한다.

물론 많은 경우에 성경에 기록된 진술들이 문자적으로 취해져야 할지 비유적으로 취해져야 할지를 결정하기가 어렵다. 예언에 관해서는 종종 예언이 실제로 실현될 때까지는 그것을 결정할 수 없다. 하지만 성경의 대부분, 특히 역사적인 부분과 교훈적인 부분은 확실히 문자적으로 이해되어야 한다. 이런 부분에서 몇몇 비유적인 표현이 발견되지만 말이다. 그러나 다른 많은 부분이 비유적으로 이해되어야 한다는 점도 명백하다. 전천년주의자들조차 많은 표현을 비유적으로 취해야 한다. 그렇게 하지 않으면 그 표현들이 터무니없게 된다. 무엇이 문자적이고 무엇이 비유적인지를 결정할 명확한 규칙을 성경이 제시하지 않기 때문에 우리는 그 자료의 특성, 역사적 배경, 저자의 스타일과 목적을 연구하고 소위 "성화된 상식"—이보다 더 좋은 표현이 없다—에 의지해야 한다. 우리가 모두 같은 방식으로 생각하거나 보지는 않기 때문에 자연히 개인에 따라 결론이 어느 정도 달라질 것이다.

진정한 후천년설은 철두철미 초자연적이라는 점을 지적할 필요는 없을 것이다. 전천년주의자들과 후천년주의자들은 때때로 후천년설이 단순히 인간적이고 진화적인 과정을 통해 세상이 회심하리라고 가르치는 것처럼 설명한다. 오늘날 모더니즘은 초자연적인 수단이 아닌 자연적인 수단을 통해 세상이 향상될 것이라고 주장하는데, 후천년설의 반대자들은 때때로 그것을 후천년설이라고 제시한다. 그러나 아무리 상상력을 펼치더라도 그런 체계는 후천년설이라고 불릴 권리가 없다. 그것은 후천년설이라는 용어가 역사적으로 사용된 의미가 아니다. 하지만 그런 종류의 논평들이 부당한 많은 비판을 야기했다. 아우구스티누스, 브라운(Brown), 하지(Hodge), 대브니(Dabney), 워필드(Warfield) 같은 대표적인 후천년설 신학자들은 한결같이 초자연주의자들이었으며, 성경은 완전히 영감을 받았고 권위가 있다고 믿었으며, 거듭나게 하시는 성령의 사역이 개인이 구원받을 수 있는 유일한 수단이라고 믿었다.

다른 한편으로 오늘날 모더니즘의 뚜렷한 특징은 그것이 다소 일관성 있게 초자연을 부정한다는 점이다. 즉 오늘날 모더니즘은 성경의 절대적 영감, 삼위일체, 그리스도의 신성, 피의 속죄, 기적, 최후 심판, 천국과 지옥을 부인한다. 모더니즘은 주로 이생의 삶에 관심을 기울이며 교육, 사회경제적 진보, 의료 프로그램 개선, 노사 간의 관계 개선 등을 통해 세상을 개혁하려고 한다. 이런 것들 자체는 선하며 가급적 장려되어야 한다. 그러나 그것들은 진정한 기독교의 부산물일 뿐이다.

그리스도의 재림과 천년왕국에 관해 다른 견해들이 주장되어왔고 지금도 주장된다는 사실로 말미암아 혹자가 진지하게 진리를 탐구하는 일을 단념하지는 말아야 한다. 신학 분야에서의 이 상황은 저명한 의사들이 특정한 질병들을 어떻게 다뤄야 하는지 또는 인간의 몸을 어떻게 보살펴야 하는지에 대해 의견을 달리하는 의료 분야에서의 상황과 다르지 않다. 예를 들어 내과 의사, 지압사, 접골사, 식이요법 전문가, 외과 의사, 헬스 트레이너 등이 존재한다. 그렇다고 해서 우리가 건강의 유익을 믿지 않는 것도 아니고 건강을 유지하기 위한 최상의 방법을 추구하지 않는 것도 아니다. 여러 전문가가 존재한다고 해서 우리가 잘못 선택할 경우 고통을 당하는 것을 면제해 주지도 않는다.

정치 분야에서도 상황은 다르지 않다. 공화당, 민주당, 사회당, 공산당 등 많은 정당이 있는데 그들은 각각 국가가 어떻게 다스려져야 하는지에 대해 다른 원칙들을 옹호한다. 우리는 특히 선거철에 매우 상충하는 의견들을 듣는다. 교육과 교회 정치에 관한 다양한 이론이 있다.

이 각각의 영역에서 부지런히 진리를 탐구하고 가급적 진리와 오류를 분리하는 것이 우리의 의무다. 그리스도가 두 번째 오시는 방식과 시기에 관한 우리의 믿음이 그 사건을 털끝만큼도 변화시키지는 않겠지만, 이런 문제들에 관해 우리가 믿는 내용이 우리가 그 사건을 기다리는 동안 우리의 삶에 확실히 영향을 끼칠 것이다.

유감스럽게도 성경을 영감을 받고 권위가 있는 하나님의 말씀으로 받아들이는 사람들 사이에서도 이런 의견 차이가 언쟁이나 정통성 검증의 토대가 되지 않고 오히려 항상 편견 없는 주해와 우호적인 토론을 통해 다뤄질 수는 없다. 일반적으로 좀 더 문자주의적인 성경 해석에 토대를 두는 전천년주의자들은 그들의 체계를 받아들이지 않는 사람들이 성경을 좀 더 낮게 본다고 생각하며, 또한 그들이 일관성 있는 그리스도인이 아니라고 생각하는 경향이 있다. 우리는 전천년설 문헌을 읽을 때 그들만 주님의 재림을 완전히 믿는다는 인상을 받기 쉽다. 몇몇 세대주의 진영에서는 혹자가 지상 왕국에서의 그리스도의 개인적인 통치에 의문을 제기할 경우 "그렇다면 당신은 그리스도가 돌아오시리라는 것을 믿지 않는가요?"라는 질문을 받는 지경까지 이르렀다. 성경대학의 요람에 대한 어떤 조사는 조사 대상이었던 대다수 성경대학이 교수진을 전천년설 견해 옹호자로 제한한다는 것을 보여준다. 몇몇 대학은 그 견해를 받아들이지 않는 학생은 졸업시키기를 꺼리거나 최소한 학점을 나쁘게 부여한다. 예언 컨퍼런스 문헌은 일방적인 미래주의를 제시하고 그것에 반대하는 견해들은 복음주의적이지 않다는 추론을 장려한다. 몇몇은 전천년설적인 해석이라는 습관에 빠져 창세기부터 요한계시록까지에 등장하는 거의 모든 예언과 환상 및 약속에서 전천년설을 발견하는 뛰어난 창의력을 발휘하며 그들의 설교에서 부당하게 전천년설을 두드러지게 만든다. 그레이(Gray)는 신약성경에서 그리스도의 오심에 관한 언급이 적어도 300회라고 말하며, 모건(Morgan)은 신약성경에서 평균적으로 스물다섯 절 중 한 절이 그것을 언급한다고 말한다.

비교적 본질적인 내용이 아니라고 여겨져야 하는 후천년주의자, 무천년주의자, 전천년설주위자 사이의 차이들이 실제로는 교회들을 분열시키고 그리스도인의 교제에 심각한 방해가 된다. 의심할 나위 없이 세대주의적 극단주의자들(여호와의 증인, 천년기 새벽주의자, 몇몇 오순절파와 성결파 같은 교파에서뿐만 아니라 전통적인 복음주의 교회에서도 발견된다)이 그리스도인들을 상반되는 그룹들로 분열시켰고 기독교의 대의에 큰 피해를 주었다.

따라서 이 문제들을 논의할 때 우리는 다음과 같은 두 가지 중요한 사실을 명심해야 한다. (1) 복음주의적인 후천년주의자, 무천년주의자, 전천년주의자는 성경이 완전히 영감을 받고 권위가 있는 하나님의 말씀이라는 데 동의한다. 그들은 성경의 권위의 본질에 관해 의견을 달리하는 것이 아니라 그들이 성경이 무엇을 가르친다고 이해하는가에 관해 의견을 달리한다. (2) 세 가지 체계는 초림이 있었다는 것과 재림이 있을 터인데, 재림은 감람산에서의 승천처럼 개인적이고, 가시적이고 영광스럽고, 객관적일 것이라는 데 동의한다.

교회는 논쟁하고 결론들에 도달했으며 이 결론들을 신앙의 위대한 교리들로서 교회의 신조들에 구현했다는 점이 덧붙여져야 한다. 그러나 종말론의 주제에 관해서는 아직 논쟁 중이다. 그리스도의 재림의 방식과 그가 이 세상에서 세우고 계시거나 세우실 왕국의 종류는 합의에 이르지 못했다. 따라서 사실상 교회의 모든 분파는 천년왕국에 대한 어느 특정한 해석을 신조의 조항으로 삼기를 거절했고 그리스도가 오실 것이라는 사실을 믿는 모든 사람을 그리스도인 형제로 받아들이기를 선호했다. 그러므로 우리가 개인적으로 그리스도의 오심의 방식과 시기에 관해 매우 확고한 견해를 가질 수 있는 반면 우리의 표어는 "본질에서는 일치를, 비본질에서는 자유를, 모든 사안에 자비를"이 되어야 한다.

# 역사적 전천년설의 응답
## 조지 엘던 래드

성경에 호소하는 내용이 너무 적기 때문에 나는 비평할 내용이 별로 없다. 세상이 점점 나아진다는 주장은 양날의 칼이다. 우리의 경험에 비추어 볼 때 세상이 점점 나빠지고 있다는 주장도 똑같이 타당하다. 신약성경 시대에 문명은 위대한 팍스 로마나(Pax Romana, 로마의 평화)를 누렸다. 당시에 지중해 세계는 두 세기 동안 평화로웠다. 이런 시기는 결코 반복되지 않았다. 우리의 생애에 우리는 두 번의 세계대전과 대한민국, 베트남, 근동, 아일랜드, 레바논 등에서 일어난 끊임 없는 일련의 좀 더 작은 규모의 전쟁을 목격했다. 우리는 나치주의가 발흥해 유대인 600만 명을 학살한 것과 파시즘의 발흥과 몰락, 공산주의 정부의 발흥과 안정화를 목격했다. 오늘날 세상은 말 그대로 무장한 캠프다.

뵈트너는 전천년설을 세대주의 관점에서 정의하는 실수를 저지른다. 내가 쓴 장이 보여준 바와 같이 나는 뵈트너가 "전천년주의자들"에게 귀속시키는 문자주의적 주해를 추구하지 않는다.

# ▶ 세대주의적 전천년설의 응답
## ▶ 허먼 A. 호이트

나는 이 제시가 나를 일종의 지적 정지 상태로 남겨둔다는 것을 고백해야겠다. 하지만 후천년설 견해를 제시하는 사람을 깎아내리려는 것은 아니다. 한편으로 나는 그 교리가 내 주위 세상의 실재와 비교할 만한 어떤 관계가 있는지 알 수 없고, 다른 한편으로 나는 그 교리가 성경의 중요한 진술들과 어떤 관계가 있는지 알 수 없다.

어떤 의미에서는 복음 전도를 통해 사람들의 마음에 하나님 나라가 확장되고 있다는 점에 대해 나는 의문을 제기하지 않을 것이다. 나는 하나님이 현재 미래의 왕국을 위한 영적 귀족을 선택하고 계신다는 말이 설득력이 있다고 생각한다. 그리고 그것이 뵈트너가 그의 서론에서 말하고 있는 내용이라면 나는 그를 이해한다. 그러나 이것이 온 세상이 궁극적으로 기독교화될 것이라는 의미라면 그것은 성경과 경험에 반하는 것처럼 보인다. 확실히 이것은 교회가 천년왕국을 안내한다는 것과 이렇게 안내된 천년왕국이 그리스도가 돌아오실 세상이라는 것을 의미하지 않는다. 내가 아는 한 일반적인 부활이나 일반적인 심판이 그리스도의 재림에 이어 즉각적으로 일어나지는 않는다.

뵈트너는 서둘러 후천년설을 현재의 교회 시대 동안의 영적 번영—지금 세상에서 활동 중인 힘들을 통해 오게 될 번영—의 황금시대에 대한 기대로 정의한다. 그는 이 기간이 1,000년보다 훨씬 길 것이라고 말함으로써 이 교리에서 성경 말씀에 대한 문자적 해석을 고수하는 것이 필수적이라고 여겨지지 않음을 암시한다. 그러나 그는 황금시대가 영적 번영의 시대에 위치하리라는 사실을 강조함에도 이 땅에서 "인류의 사회적, 경제적, 정치적, 문화적 삶이 향상될" 것이라고 주장한다 (145-46쪽을 보라). 이 변화가 경험될 때 세상은 대체로 현재 매우 작은 집단들과 고립된 영역들에서 실현된 의의 상태를 누릴 것이다.

이 점은 이 천년왕국이 아직 미래에 속함을 의미한다. 아마도 우리가 언제 또는 어떤 단계에서 이 왕국이 실제로 실현된다고 확신할 수 있는지 물어보는 것이 적절할 것이다. 뵈트너는 이것이 모든 사람이 그리스도인이 되거나 모든 죄가 근절되리라는 것을 의미하지는 않는다고 주장한다. 그러나 그는 많은 형태의 모든 악이 무시해도 좋을 정도로 축소될 것이고 기독교의 원칙들이 예외가 아니라 규칙이 될 것이라고 생각한다. 그때 그리스도가 돌아오실 것이다. 그러나 이것이 성경과 일치하는가? 아니면 우리가 지금 어떤 증거라도 보고 있는가?

대위임령이 보편적인 복음 선포를 의도했다는 그의 말은 의심할 나위 없이 옳다(마 28:18-20). 대위임령은 모든 민족을 제자로 삼는다는 의미에서 효과적인 복음화를 포함했다. 그러나 그는 교회가 지난 1,900년 동안 이 의무에 매우 태만했다는 것을 인정한다. 복음이 잘못된 것이 아니라 교회가 자신의 책임을 수행하는 데 형편없이 실패했다. 상황이 전진하고 있다고 믿을 이유가 있는가? 아니면 영적 상황이 쇠퇴하는 것이 가능한가? 그럼에도 뵈트너는 다른 견해들을 지닌 사람들처럼 "복스러운 소망과 우리의 크신 하나님 구주 예수 그리스도의 영광이 나타나심"을 고대한다(딛 2:13).

　　다양한 견해를 제시함에 있어 부적절한 용어가 걸림돌이 된다. 후천년주의자가 고대하는 천년왕국은 전천년주의자들이 기대하는 천년왕국과 상당히 다르다. 이 차이는 출현의 시기와 방법과만 관련이 있는 것이 아니라 성격 및 통제와도 관련이 있다. 후천년주의자들이 생각하는 황금시대는 정도를 제외하고 지금 우리가 사는 시대와 본질적으로 다르지 않을 것이다. 점점 많은 사람이 기독교로 개종함에 따라 현재 시대가 점진적으로 천년왕국 상태 안으로 통합될 것이다. 이는 사람들의 마음속에서 일어나는 영적 왕국의 점진적인 실현이다. 이는 명백히 전천년주의자들이 생각하는 천년왕국과 현저하게 대비되며, 세상의 점증하는 죄악성과 그 왕국을 수립하기 위한 신적 행동의 필요성에 관한 성경의 명확한 진술들을 무시하는 것처럼 보인다(마 13: 24-30, 36-43).

　　구속의 제공을 통해 구원받는 사람이 더 많을 것이라는 뵈트너의 주장은 옳다. 그는 전천년주의자들 특히 적어도 그들 중 일부는 잃어버린 사람들이 더 많으리라는 입장을 유지한다고 생각한다. 그러나 그것은 현재 시대에만 해당한다. 환난과 천년왕국 시기에는 세계사에서 가장 위대한 복음화의 시기가 일어날 것이다. 가장 불리한 상태에서의 환난 동안과 가장 양호한 시기에서의 천년왕국 동안에 말이다. 그는 전천년설의 입장을 유지하지 않기 때문에 전천년주의자들이 환난과 천년왕국에 속한다고 생각하는 성경 구절들을 사용하여 자신의 입장을 뒷받침한다(슥 9:10; 계 7:9-10).

어떤 면에서는 뵈트너가 단언하는 바와 같이 세상이 점점 나아지고 있다. 그러나 어떤 면에서는 이 세상이 점점 악화되고 있다. 이 추세들은 성경에 비추어 주의 깊게 분석되어야 한다. 도덕적 진보와 영적 진보를 포함한 모든 진보는 주 예수 그리스도에 의해 인도되어 이 땅 위에 천년왕국이 올 것이라는 소망의 이유다. 그러나 영적 퇴보는 그리스도에게 심판을 받을 이 시대의 끝이 다가오고 있다는 경고의 이유다. 교회의 영적 영향에도 불구하고 도래하고 있는 이러한 퇴보는 진정한 소망은 주 예수 그리스도의 개인적인 나타나심에 두어져야 함을 암시한다. 그렇다고 해서 내가 국제적 선의, 성경 번역과 배포, 세계적인 선교 운동, 그리스도인 인구의 증가 및 좀 더 나은 사회에 이바지하는 다른 많은 요인을 무시하려고 하는 것은 아니다. 그러나 이런 가치들을 평가할 때 우리가 이 시대의 끝을 향해 다가가는 우리 사회의 분해와 타락을 가리키는 추세에 눈을 감아서는 안 된다.

뵈트너는 해석 원칙에 대한 논의로 그의 기고문을 마무리한다. 다른 저자들과 마찬가지로 그는 이 대목에서 문제들은 이 점에 집중된다는 것을 기꺼이 인정한다. 예상되는 바와 같이 그는 자기의 입장을 지지하기 위해 영적 해석을 방어한다. 이 과정에서 그는 성경 해석에서 문자주의를 부인한다. 실버가 그리스도의 초림이 문자적으로 실현되었다고 한 말을 인용한 뒤 그는 그리스도의 초림에 관한 최초의 예언인 창세기 3:15, 곧 "여자의 후손은 네 머리를 상하게 할 것이요 너는 그의 발꿈치를 상하게 할 것이니라"를 살펴봄으로써 실버의 진술이 틀렸음을 보이고자 한다. 그는 이 예언이 한 남성이 한 뱀의 머리를 짓밟아 뭉갬으로써 또는 한 뱀이 한 남성의 발꿈치를 묾으로써 문자적으로 성취된 것이 아니라고 주장한다. 그것이 문자주의를 통해 의미하는 바라면 그가 옳다. 그러나 그것은 문자주의가 의미하는 바가 아니다. 어떤 구절이 비유의 언어를 사용한다면 성경에 기록된 비유의 의미를 발견하고 그것을 액면 그대로 취하는 것이 문자적 해석이다. 이 경우 뱀은 명백히 마귀로 정의된다. 그리고 발꿈치를 무는 것은 그리스도가 사역을 완수하실 때 일시적으로 손상되시는 것을 의미한다. 비유의 언어가 채택되는 다른 구절들에도 같은 원칙이 적용된다.

말라기 4:5에 기록된 예언과 그것에 대한 신약성경의 언급을 인용할 때 뵈트너는 마태복음(11:14)에 기록된 텍스트의 일부를 무시하는 잘못을 저지른다. 그리스도는 만일 그들이 세례 요한을 받아들인다면 세례 요한이 엘리야를 상징할 것이라고 말씀하셨다. 그리스도가 세례 요한을 언급하실 수 있었던 이유는 세례 요한이 엘리야의 심령과 능력으로 왔기 때문이었다(눅 1:17). 따라서 엘리야에 관해서는 세례 요한에게도 해당했던 원칙이 있었던 것이 명백해 보이며, 그리스도가 하신 언급은 해석이 아니라 적용을 통한 것이었다. 따라서 이 텍스트를 그것이 고려대상을 해석하고 있지 않은 곳에 사용할 경우 문자적 해석 원칙이 틀렸음을 증명하려는 노력은 실패한다.

어떤 세대주의자도 성경에서 비유의 언어가 많이 사용된다는 사실에 대해 논쟁하지 않는다. 세대주의자는 그런 비유들을 성경의 즉각적이거나 좀 더 멀리 떨어진 맥락이 요구하는 대로 해석하는 것이 문자적이라고 주장한다. 그러나 다루는 문제와 관련하여 어느 정도 공통적인 원칙이 존재하기 때문에 신약성경에 의해 적용된 구약성경의 구절들이 많다는 것도 사실이다. 이것은 해석이 아니다. 따라서 잘못된 추론을 도출하지 않도록 주의해야 한다.

내 서재에는 뵈트너 박사가 쓴 책이 많이 있는데 나는 그 책들을 매우 귀하게 여긴다. 나는 이 분이 하나님의 자녀이고 그리스도의 오심을 참으로 소망하고 있다고 믿는다. 그렇다고 해서 그가 지지하는 후천년설이라는 체계에서 그가 반드시 옳다는 뜻은 아니다. 그것은 그가 틀렸고 올바른 해석 체계를 지지하지 않음으로써 복의 전망을 보지 못함을 의미할 수도 있다. 종말론에 관한 관점은 신학의 다른 영역들에도 영향을 끼치는 함의를 지니기 때문에 이 분야의 다양한 관점들이 사소한 문제라고 취급될 수 없다. 그렇다고 해서 다른 관점을 지지하는 사람들에게 자비가 베풀어질 수 없음을 의미하는 것은 아니다. 나는 종말론의 함의에 관해 나름의 생각을 갖고 있지만 이 형제를 매우 존경한다.

# 무천년설의 응답
## 안토니 A. 후크마

뵈트너가 쓴 장에는 내가 동의하는 부분이 많다. 우리가 동의하는 내용은 다음과 같다. 첫째, 하나님 나라가 지금 복음 전도와 개인들의 마음속에서의 성령의 구원 사역을 통해 세상에서 확장되고 있다(145쪽을 보라). 둘째, 그리스도가 개인적이고 가시적으로 그리고 큰 영광 가운데 돌아오실 것이고, 그리스도가 오시면 그가 죽은 자들을 살리시고 심판을 집행하시며 궁극적으로 영원한 상태를 가져오실 것이다(148쪽을 보라). 셋째, 성경의 예언이 모두 문자적으로 해석되어야 하는 것은 아니지만 문자적 해석과 비유적 해석 모두에 대한 여지가 남겨져야 한다(164-69쪽을 보라). 마지막으로, 천년왕국은 매우 긴 기간, 아마도 문자적인 1,000년보다 훨씬 긴 기간일 것이다(145쪽을 보라).

그러나 나는 우리가 천년왕국을 어떻게 생각해야 하는가에 관해 뵈트너에게 동의하지 않는다. 145쪽에서 뵈트너는 "후천년주의자들이 고대하는 천년왕국은 따라서 현재 시대, 즉 교회 시대 동안의 영적 번영의 황금시대다. 이것은 현재 세상에서 활동 중인 세력들을 통해 일어날 것이다"라고 말한다. 이어서 그는 세계 인구 중 기독교로 개종하는 사람들의 비율이 점점 높아짐에 따라 이 미래의 황금시대는 점진적으로 천년왕국 시대로 통합될 것이고, 죄가 제거되지는 않겠지만 최소 수준으로 줄어들 것이고, 기독교의 믿음과 행동의 원칙들이 표준으로 받아들여질 것이고, 천년왕국은 그리스도의 재림 및 부활과 최후의 심판으로 끝날 것이라고 말한다(150쪽을 보라).

뵈트너는 천년왕국에 관해 말하는 유일한 성경 구절인 요한계시록 20:1-6에 대한 자신의 해석을 제시하지 않기 때문에 그의 논문에 답변하기 어렵다. 우리는 성경의 영감과 규범성을 인정하면서 무천년설 견해를 수용하는 복음주의적인 학자라면 천년왕국에 관한 자신의 견해가 이 구절의 연구에서 직접 나온다는 것을 보여주기 위해 이 구절에 대한 주해적 연구를 제시하리라고 기대할 것이다. 하지만 그는 그런 연구를 제시하지 않는다.

이 주해 연구가 제시되지 않은 상황에서 우리는 뵈트너가 자신이 기대하는 천년왕국의 황금시대가 요한계시록 20:1-6에서 가르쳐진다고 믿는다고 가정할 수 있을 뿐이다. 이 가정이 옳다면 나는 요한계시록 20:4-6은 아직 지상에 있고 아직 죽지 않은 신자들이 그리스도와 더불어 다스리는 것을 가리키는 것이 아니라 죽은 신자들의 영들이 그리스도와 더불어 다스리는 것을 가리킨다고 반박할 것이다. 5절에 기록된 "그 나머지 죽은 자들"이라는 어구 자체가 이 환상은 여전히 살아 있는 신자들에 관한 내용이 아니라 이미 죽은 신자들에 관한 내용임을 나타낸다. 하지만 뵈트너가 요한계시록 20:4-6이 지상에서의 1,000년 통치를 묘사하지 않고 중간 상태 동안 죽은 신자의 영혼들의 통치를 묘사한다는 데 동의한다면(그는 실제로 자신의 저서 『천년왕국』[*The Millennium*] 66쪽이하에서 그렇게 말한다) 그는 어떤 성경적 근거에서 미래의 1,000년 동안의 황금시대가 지상에서 이뤄진다고 주장할 수 있는가?

실제로, 뵈트너는 자신의 입장에 대해 두 가지 주요 주장만 제시한다. 152-54쪽에서 전개되는 첫 번째 주장은 구원받은 사람들이 잃어버린 사람들보다 훨씬 많다는 것이다. 혹자는 뵈트너가 제시하는 구절들을 통해 이 주장에 완전히 설득되지 않을 수도 있을 것이다. 그러나 혹자가 설사 구원받은 사람이 잃어버린 사람보다 훨씬 많다는 데 동의한다고 하더라도 이것이 어떻게 지상에 1,000년 동안 황금시대가 펼쳐지리라는 것을 증명하는가?

뵈트너의 두 번째 주장은 세상이 점점 나아지고 있다는 것이다 (154-64쪽을 보라). 많은 독자가 이 점에 관해 저자에게 문제를 제기하려고 할 것이다. 우선 세상의 상황에 관한 그의 묘사는 심각하게 시대에 뒤졌다. 예를 들어 그는 베트남 전쟁, 중동에서의 긴장, 생태 위기, 세계적인 식량 부족, 에너지 위기에 관해 거의 말하지 않거나 전혀 말하지 않는다. 확실히 오늘날 세상의 모습은 1957년의 세상의 모습과 판이하다! 게다가 저자는 세상의 상황에 관해 좋은 측면들만 선택하고 나쁜 측면들은 무시하는 것처럼 보인다. 예를 들어 그는 운송과 통신 분야에서 얼마나 큰 진보가 이뤄졌는지를 언급한다. 하지만 현대의 발명품들은 확실히 선한 목적뿐 아니라 악한 목적에도 사용된다. 이 세상에서 하나님 나라가 전진함에 따라 그에 상응하여 악의 왕국도 전진한다고 말하는 것이 훨씬 더 현실적이지 않은가?

하지만 혹자가 세상이 실제로 나아지고 있다는 뵈트너의 말에 동의한다고 하더라도 이것이 어떻게 세상이 1,000년 동안의 황금시대를 향해 움직이고 있음을 증명하는가? 인류의 운명이 갑자기 변할 수 있다고 생각할 수도 있지 않은가? 우리의 시대 다음에 새로운 암흑시대가 이어지지 않으리라는 것을 우리가 어떻게 확신할 수 있는가?

이와 관련해서 뵈트너의 논문에서 배교(또는 "신앙의 포기"), 대환난, 적그리스도의 출현에 관한 성경의 가르침이 언급되지 않는다는 점은 당황스럽다. 누가복음 18:8에 기록된 "인자가 올 때에 세상에서 믿음을 보겠느냐?"라는 예수의 말씀에 관해서도 아무런 언급이 없다. 이런 말씀들은 그리스도가 돌아오실 때 참된 신자들의 수가 참으로 적을 수 있음을 암시하며, "그리스도가 다시 오시기 전에 우리는 기독교화된 세상을 보게 될 것"이라는 뵈트너의 주장(155쪽을 보라)을 지지하는 것으로 보이지 않는다.

나는 뵈트너의 천년왕국 견해가 매력적이기는 하지만 성경에 확고하게 근거하지 않는다고 결론짓는다.

# 4

무천년설

▶ 무천년설

▶ 안토니 A. 후크마

천년왕국에 대한 나의 무천년설적 이해는 요한계시록의 해석, 요한계
시록 20:1-6의 해석, 흔히 지상의 천년왕국을 예언하는 것으로 생각된
구약성경의 두 구절 검토, 무천년설 종말론의 간략한 요약 및 무천년설
종말론의 함의 같은 주제들을 포함한다.

나는 먼저 용어에 관해 한마디 언급하려고 한다. **무천년설**이라는
용어는 적절한 용어가 아니다. 그 용어는 무천년주의자들이 어떤 종류
의 천년왕국도 믿지 않는다거나, 그들이 1,000년 동안의 통치에 관해
말하는 요한계시록 20장의 첫 여섯 절을 믿지 않는다는 것을 암시한다.
이 진술들은 어느 것도 사실이 아니다. 무천년주의자들이 그리스도의
재림에 이어질 지상에서의 문자적인 1,000년 동안의 통치를 믿지 않는
다는 것은 사실이지만, **무천년설**(amillennialism)이라는 용어는 그들의 견
해에 대한 정확한 묘사가 아니다. 필라델피아 소재 웨스트민스터 신학
교의 제이 E. 애덤스(Jay E. Adams) 교수는 **무천년설**이라는 용어가 **실현
된 천년설**(realized millennialism)이라는 용어로 대체되어야 한다고 제안

했다.[1] "무천년주의자"들은 요한계시록 20장의 천년왕국이 미래에만 속한 것이 아니라 현재 실현 중이라고 믿기 때문에 "실현된 천년설"이라는 용어는 확실히 "무천년설"이라는 용어보다 "무천년설"의 입장을 좀 더 정확하게 묘사한다. 그러나 **실현된 천년설**이라는 표현은 "무"라는 간단한 접두사를 세 음절의 단어로 대체하는 다소 서투른 표현이다. 그러므로 나는 **무천년설**이라는 용어의 단점과 한계에도 불구하고 좀 더 짧고 좀 더 보편적인 그 용어를 계속 사용할 것이다.


## 요한계시록의 해석

우리가 천년왕국에 대한 무천년설 입장의 배경을 알기 위해서는 먼저 요한계시록의 해석 문제에 관심을 기울여야 한다. 예를 들어 요한계시록이 오로지 미래적인 의미로 그리스도의 재림 즈음에 일어날 사건들을 가리키는 것으로 해석되어야 한다고 가정해보자. 나아가 요한계시록 20장에 기록된 내용이 반드시 시간상으로 19장에 묘사된 내용에 이어서 일어난다고 가정하자. 그럴 경우 우리는 사실상 요한계시록 20:4에 묘사된 1,000년 동안의 통치가 19:11에 묘사된 그리스도의 재림 뒤에 와야 한다고 믿을 수밖에 없다. 하지만 요한계시록 20:1-6이 그리스도의 초림으로 시작된 교회의 전체 역사를 통틀어 일어나는 일을 묘사

---

1_ Jay E. Adams, *The Time Is at Hand* (Philadelphia: Presbyterian and Reformed Publishing Co., 1970), 7-11.

한다고 생각할 경우 우리는 요한계시록 20장의 천년왕국에 대해 방금 언급된 내용과 다르게 이해할 것이다. 따라서 먼저 요한계시록이 해석되는 방식에 관해 뭔가를 말할 필요가 있다.

내게 가장 만족스러워 보이는 요한계시록의 해석 체계(그 체계에도 어려움이 없지는 않지만 말이다)는 **점진적 병행**(progressive parallelism)으로 알려진 체계인데,[2] 이 체계는 윌리엄 헨드릭슨(William Hendriksen)의 요한계시록 주석인 『정복자들 이상』(More Than Conquerors)에서 훌륭하게 방어되었다. 이 견해에 따르면 요한계시록은 서로 병행하여 전개되는 일곱 부분으로 구성되는데, 그 부분들 각각은 그리스도의 초림 시부터 재림 시까지의 교회와 세상을 묘사한다.

이 일곱 부분 중 첫 번째 부분은 1-3장에서 발견된다. 요한은 부활하시고 영화롭게 되신 그리스도가 일곱 금 촛대 사이를 거니시는 것을 본다. 요한은 이제 그리스도의 명령에 순종하여 소아시아의 일곱 교회 각각에 편지를 쓴다. 영화롭게 된 그리스도의 환상과 일곱 교회에 보내는 편지들은 명백히 하나의 단위를 형성한다. 이 편지들을 읽을 때 우리는 두 가지 점에 깊은 인상을 받는다. 첫째 요한계시록이 쓰일 때의 사건들, 인물들, 장소들이 언급된다. 둘째, 이 편지들에 포함된 원칙들, 칭찬들, 경고들은 모든 시대의 교회에 가치가 있다. 이 두 관찰 내용은 사실 요한계시록 전체의 해석을 위한 단서를 제공한다. 요한계시록은 기원후 1세기의 교회에 보내졌기 때문에 그 책의 메시지는 당시에 일어

---

2_ William Hendriksen, *More Than Conquerors* (Grand Rapids: Baker Book House, 1939). 아홉 개의 명제로 요약된 이 해석 방법에 대한 설명과 방어는 11-64쪽에서 찾아볼 수 있다.

나고 있던 사건들을 언급했고 따라서 당시의 그리스도인들에게 의미가 있었다. 하지만 그 책은 또한 모든 시대의 교회들을 위해서도 쓰였기 때문에 그 책의 메시지는 오늘날 우리에게도 적실성이 있다.

일곱 부분 중 두 번째 부분은 4-7장에 기록된 일곱 인 환상이다. 요한은 하늘로 들려 올라가 하나님이 그분의 빛나는 보좌에 앉으신 것을 본다. 이어서 그는 죽임당한 어린 양이 보좌에 앉으신 이의 손에서 일곱 인으로 봉해진 두루마리를 받는 것을 본다. 다양한 인이 떼어지고 세상에 대한 다양한 신적 심판이 묘사된다. 이 환상에서 우리는 그리스도는 승리하는 반면에 교회는 시련과 박해를 받는 것을 본다.

8-11장에서 발견되는 세 번째 부분은 심판의 일곱 나팔을 묘사한다. 이 환상에서 우리는 교회가 복수하고, 보호받고, 승리하는 것을 본다.

네 번째 부분인 12-14장은 여인이 아들을 낳고 용이 아이가 태어나자마자 삼키려고 기다리고 있는 환상으로 시작하는데, 그것은 명백히 그리스도의 탄생에 대한 언급이다. 그 부분의 나머지는 (사탄을 나타내는) 용이 계속 교회를 대적하는 것을 묘사한다. 이 부분은 또한 우리에게 용의 조력자인 두 짐승, 곧 바다에서 나온 짐승과 땅에서 올라온 짐승을 소개한다.

다섯 번째 부분은 15-16장에서 발견된다. 그 부분은 진노의 일곱 대접을 묘사하며, 따라서 여전히 회개하지 않는 사람들에 대한 최종적인 하나님의 진노의 도래를 매우 생생하게 묘사한다.

여섯 번째 부분인 17-19장은 바빌론과 짐승들의 몰락을 묘사한다. 바빌론은 세속 도시, 즉 하나님 나라에 대적하는 세속주의와 경건치 않은 세력들을 상징한다. 19장의 끝은 용의 두 조력자인 바다에서 나온 용과 땅에서 올라온 짐승과 동일시되는 것으로 보이는(16:13을 보라) 거짓 예언자의 최종적인 처벌을 묘사한다.

일곱 번째 부분인 20-22장은 용의 파멸을 서술하며, 따라서 그리스도의 적들의 멸망에 대한 묘사를 완성한다. 그 부분은 또한 최종 심판, 그리스도와 그의 교회의 최종 승리, 새 하늘과 새 땅이라고 불리는 새로워진 우주도 묘사한다.

이 일곱 부분이 서로에 대해 병행하지만 어느 정도 종말론적인 진보도 보여준다는 것을 주목하라. 예를 들어 마지막 부분은 다른 부분들보다 훨씬 더 미래의 일들을 보여준다. 최후 심판이 이미 1:7에서 선언되었고 6:12-17에 간략하게 묘사되었지만, 20:11-15에서야 비로소 충분히 자세하게 제시된다. 구속받은 이들이 내세에서 누릴 최종적인 즐거움이 7:15-17에서 넌지시 언급되었지만, 21장에서야 새 땅에서의 삶의 복됨이 자세하고 정교하게 묘사된다(21:1-22:5). 따라서 이 해석 방법은 **점진적** 병행이라고 불린다.

이 일곱 부분에는 개별적인 부분들과 관련해서뿐만 아니라 요한계시록 전체에 관해서도 종말론적 전진이 존재한다. 우리가 요한계시록이 한편으로는 그리스도와 그의 교회 사이의 투쟁을 묘사하고 다른 한편으로는 그리스도의 원수들과 그의 교회 사이의 투쟁을 묘사한다는 것을 인정할 경우, 그 책의 전반부(1-11장)는 땅 위에서의 투쟁을 그리는데, 세상에 의해 박해를 받는 교회를 묘사한다고 말할 수 있을 것이다. 하지만 그 책의 후반부(12-22장)는 이 투쟁의 좀 더 깊은 영적 배경을 제공하며 용(사탄)과 그의 조력자들을 통한 교회의 박해를 묘사한다.

이 분석에 비추어 볼 때 우리는 그 책의 마지막 부분(20-22장)이 얼마나 잘 들어맞는지를 알 수 있다. 이 마지막 부분은 사탄에게 닥치는 심판과 그의 최종적인 파멸을 묘사한다. 사탄은 그리스도의 최고의 대적이기 때문에 그의 파멸이 마지막으로 서술되어야 한다.

## 요한계시록 20:1-6의 해석

우리는 이제 성경에서 1,000년 통치를 명시적으로 말하는 유일한 구절인 요한계시록 20:1-6을 해석할 준비가 되었다. 먼저 그 구절이 명백히 두 부분으로 나누어지는 것을 주목하라. 1-3절은 사탄의 결박을 묘사하고 4-6절은 영들이 그리스도와 더불어 1,000년 동안 통치하는 것을 묘사한다.

이 구절들에 대한 전천년설의 해석은 그 절들을 그리스도의 재림 후에 일어날, 지상에서의 그리스도의 1,000년 통치를 묘사하는 것으로 본다. 그리고 그리스도의 재림이 앞 장에서 언급되었다는 것은 사실이다(19:11-16을 보라). 따라서 혹자가 요한계시록 20장이 시간상으로 19장에 묘사된 것 후에 일어날 일을 묘사한다고 생각할 경우 그 사람은 실로 요한계시록 20:1-6에 기록된 천년왕국이 그리스도의 재림 뒤에 올 것이라고 결론지을 것이다.

하지만 내가 위에서 언급한 바와 같이 20-22장은 요한계시록의 일곱 부분 중 마지막 부분을 구성하며, 따라서 그리스도의 재림 후에 일어날 일들을 묘사하지 않는다. 요한계시록 20:1은 우리를 신약성경 시대의 시작으로 다시 데려간다.

이것이 이 절들의 적절한 해석이라는 것을 우리는 위에서 설명된 내용으로부터뿐만 아니라 이 장이 사탄의 패배와 최종적인 파멸을 묘사한다는 사실로부터도 명백히 알 수 있다. 확실히 사탄의 패배는 이미 12:7-9에 명확히 기록되었듯이 그리스도의 초림으로 시작되었다. 요한계시록 20:11-15에 묘사된 최후 심판이 1,000년 통치 후에 오는 것으로 그려진다는 사실에 비춰볼 때 요한계시록 20:4-6에 묘사된 1,000년 동안의 통치는 명백히 그리스도의 재림 전에 일어난다. 요한계시록에서뿐만 아니라 신약성경의 다른 곳에서도 최후 심판은 그리스도의 재림과 관련이 있다(계 22:12과 다음 구절들을 보라. 마 16:27; 25:31-32; 유 14-15절; 특히 살후 1:7-10). 따라서 요한계시록 20:4-6의 1,000년 통치는 그리스도의 재림 **후가 아니라 전에** 일어난다.

이제 요한계시록 20:1-6 자체를 자세히 살펴보자. 우리는 1-3절부터 시작한다.

또 내가 보매 천사가 무저갱의 열쇠와 큰 쇠사슬을 그의 손에 가지고 하늘로부터 내려와서 용을 잡으니 곧 옛 뱀이요 마귀요 사탄이라. 잡아서 1,000년 동안 결박하여 무저갱에 던져 넣어 잠그고 그 위에 인봉하여 1,000년이 차도록 다시는 만국을 미혹하지 못하게 하였는데 그 후에는 반드시 잠깐 놓이리라.

이 절들에서 사탄의 결박이 묘사된다. 여기서 "마귀 또는 사탄"으로 명시된 용은 1,000년 동안 결박되어 "무저갱"(the Abyss)이라고 불리는 장

소에 던져진다고 언급된다. 이 결박의 목적은 "1,000년이 차도록 다시
는 만국을 미혹하지 못하게 하는" 것이다.

요한계시록은 상징적인 숫자들로 가득하다. 확실히 이 책에서 사
용된 "1,000"이라는 수는 문자적 의미로 해석되지 않아야 한다. 숫자 10
은 완전함을 나타내고 1,000은 10의 세제곱이기 때문에 우리는 "1,000
년"이라는 표현을 완전한 기간, 즉 확정되지 않은 매우 오랜 기간으로
생각할 수 있을 것이다. 이 책의 구조에 관해 앞서 언급된 내용과 일치
하도록, 그리고 요한계시록 20:7-15(사탄의 "짧은 시절"과 최후의 전쟁 및 최
후의 심판을 묘사한다)에 비추어 우리가 1,000년의 기간이 그리스도의 초
림부터 시작하여 그의 재림 직전까지 이어진다고 결론지을 수 있을 것이
다.

10절, 14절, 15절에서 언급된 불 못(lake of fire)이 명백히 최종적인
처벌 장소에 대한 묘사이기 때문에 1절과 3절에서 언급된 "무저갱"은
틀림없이 최종적인 처벌 장소가 아니다. **무저갱**이라는 단어는 1,000
년 동안 사탄의 활동이 제약되는 방식에 대한 비유적 묘사로 생각되
어야 한다.

그렇다면 사탄을 결박하는 것은 무엇을 의미하는가? 구약성경 시
대에, 적어도 아브라함 이후 시대에 이스라엘을 제외한 세상의 모든 민
족이 말하자면 사탄의 지배 아래 있었다. 당시에 이스라엘 백성은 하나
님의 특별 계시를 받은 사람들로서 그들은 자신들, 자신들의 죄악됨, 자
신들이 용서와 구원을 받을 수 있는 방법에 관한 진리를 알았다. 그러나
같은 시기에 세상의 다른 민족들은—하나님의 특별 계시에 접하게 된
특별한 경우의 개인, 가족, 도시를 제외하고—그 진리를 몰랐고 따라서

무지와 오류 속에 있었다(행 17:30을 보라). 우리는 이 시기에 민족들이 사탄에게 속았다고 말할 수 있을 것이다. 우리의 최초 조상들이 에덴동산에서 죄에 빠졌을 때 사탄에게 속았듯이 말이다.

그러나 승천하시기 직전에 그리스도는 자신의 제자들에게 "가서 모든 민족을 제자로 삼으라"는 대위임령을 주셨다(마 28:19). 이 대목에서 우리는 제자들이 당혹스러운 질문을 제기하는 것을 상상할 수 있다. "사탄이 과거에 그랬던 것처럼 민족들을 계속 속인다면 우리가 어떻게 이 일을 할 수 있겠는지요?" 요한계시록 20:1-3에서 요한은 이 질문에 대해 안심하게 하는 대답을 준다. 그의 답변을 다음과 같이 풀어서 쓸 수 있을 것이다. "이제 도래한 복음 시대 동안 사탄이 결박되었기 때문에 그가 전처럼 계속 백성들을 속일 수 없을 것이다. 그러므로 이 전체 기간 동안 그리스도의 제자인 너희들은 복음을 전하고 모든 민족을 제자 삼을 수 있을 것이다."

그렇다고 해서 사탄이 결박되어있는 동안 아무런 해도 가하지 못하리라는 것을 암시하는 것은 아니다. 하지만 결박되어있는 동안 사탄은 민족들이 하나님의 진리에 관해 배우지 못하게 하는 방식으로 그들을 속일 수 없다. 요한계시록 20장의 뒤에서 우리는 1,000년이 지나면 사탄이 감옥에서 풀려날 것이고 나가서 세상의 민족들을 속여 그들을 모아 하나님의 백성과 싸우게 하고 가능하면 하나님의 백성을 멸망시키려고 할 것이라는 말을 듣는다(7-9절). 그러나 사탄은 결박되어있는 동안에는 이 일을 하지 못한다. 따라서 우리는 복음 시대 동안 사탄이 결박되는 것은 첫째, 그가 복음의 확산을 막지 못한다는 것과 둘째, 그가 그리스도의 모든 적을 모아 교회를 공격할 수 없다는 것을 의미한다고 결론짓는다.

　신약성경에 그리스도의 초림 때 사탄이 결박되었다는 암시가 있는가? 그런 암시가 있다. 바리새인들이 사탄의 힘을 통해 귀신들을 쫓아낸다고 예수를 비난했을 때 예수는 "사람이 먼저 강한 자를 결박하지 않고서야 어떻게 그 강한 자의 집에 들어가 그 세간을 강탈하겠느냐? 결박한 후에야 그 집을 강탈하리라"라고 대답하셨다(마 12:29). 흥미롭게도 강한 자를 결박하는 것을 묘사하기 위해 마태가 사용한 단어가 요한계시록 20장에서 사탄의 결박을 묘사하기 위해 사용된다. 혹자는 예수가 광야에서 마귀의 유혹에 굴복하기를 거절하시고 마귀를 이기셨을 때 그를 결박하셨다고 말할 수 있을 것이다. 예수가 귀신들을 쫓아내신 것은, 그가 이 구절에서 우리를 가르쳐 주시듯이, 이 승리에 대한 증거였다. 혹자는 여기서 언급된 사탄의 결박은 복음 전파와 관련해서가 아니라 귀신들을 쫓아내는 것(축귀)과 관련하여 보고된다고 반박할 수도 있을 것이다. 그러나 나는 축귀는 하나님 나라가 현존한다는 증거이며(마 12:28), 이제 하나님 나라가 왔기 때문에 복음이 모든 민족에게 전파될 수 있다(마 13:24-30, 47-50을 보라)고 답변할 것이다.

　칠십 명이 전도 임무를 마치고 돌아와 예수께 "주여, 주의 이름이면 귀신들도 우리에게 항복하더이다"라고 말하자 예수는 "사탄이 하늘로부터 번개같이 떨어지는 것을 내가 보았노라"라고 대답하셨다(눅 10:17-18). 이 말들이 문자적으로 해석되지 않아야 한다는 것은 말할 필요도 없다. 그 말들은 예수가 그의 제자들이 하고 있던 일에서 사탄의 나라가 결정적인 타격을 받아 사실상 사탄의 결박, 사탄의 힘의 제약이 방금 일어났음을 보았다는 의미로 이해되어야 한다. 이 경우 사탄의 몰락 또는 결박은 예수의 제자들의 선교 활동과 직접적으로 연관된다.

사탄의 활동의 제약을 그리스도의 선교 활동과 연계하는 또 다른 구절은 요한복음 12:31-32이다. "이제 이 세상에 대한 심판이 이르렀으니 이 세상의 임금이 쫓겨나리라. 내가 땅에서 들리면 모든 사람을 내게로 이끌겠노라." 흥미롭게도 여기서 "쫓겨나다"(ekballō)로 번역된 동사는 요한계시록 20:3에 사용된 단어와 같은 어근에서 유래한다. "그[천사]가 그[사탄]를 던져 넣었다[ballō]." 하지만 이 대목에서 더 중요한 것은 사탄의 "쫓겨남"이 그리스도가 십자가에 달리실 때 유대인뿐만 아니라 모든 민족이 그리스도께로 이끌릴 것이라는 사실과 관련이 있다는 점이다.

따라서 우리는 요한계시록 20:1-3에 묘사된 사탄의 결박은 복음 시대 전체를 통틀어 사탄의 영향이 확실히 근절되지는 않지만, 매우 작아져서 그가 복음이 세상의 민족들에게 확산되는 것을 막지 못한다는 것을 의미한다고 본다. 이 현재의 시대 동안 사탄이 결박되었기 때문에 민족들이 교회를 정복하지 못하고 오히려 교회가 민족들을 정복하고 있다.[3]

우리는 이제 1,000년 통치를 다루는 구절인 요한계시록 20:4-6을 살펴볼 것이다.

또 내가 보좌들을 보니 거기에 앉은 자들이 있어 심판하는 권세를 받았더라. 또 내가 보니 예수를 증언함과 하나님의 말씀 때문에 목 베임을 당

---

3_ 이 절들에 대한 상세한 설명은 Hendriksen, 221-29을 보라.

한 자들의 영혼들과 또 짐승과 그의 우상에게 경배하지 아니하고 그들의 이마와 손에 그의 표를 받지 아니한 자들이 살아서 그리스도와 더불어 1,000년 동안 왕 노릇 하니 (그 나머지 죽은 자들은 그 1,000년이 차기까지 살지 못하더라) 이는 첫째 부활이라. 이 첫째 부활에 참여하는 자들은 복이 있고 거룩하도다. 둘째 사망이 그들을 다스리는 권세가 없고 도리어 그들이 하나님과 그리스도의 제사장이 되어 1,000년 동안 그리스도와 더불어 왕 노릇 하리라.

우리는 위에서 요한계시록 20:1-3이 "1,000년"의 기간을 말한다는 것을 보았다. 우리는 이제 4-6절 역시 1,000년의 기간을 언급하는 것을 관찰한다. 4-6절의 "1,000년"이 1-3절의 "1,000년"과 다른 기간을 묘사한다고 이해할 수도 있지만, 우리가 그렇게 이해해야 할 설득력 있는 이유가 없다. 따라서 1-3절과 4-6절이 같은 "1,000년" 기간에 관한 것이라고 가정해도 무방하다. 우리가 살펴보았듯이 그 기간은 그리스도의 초림부터 그리스도의 재림 전까지의 전체 신약성경 시대에 걸친다.

이제 4절을 자세히 살펴보자. "내가 보좌들을 보니 거기에 앉은 자들이 있어 심판하는 권세를 받았더라." 우리는 여기서 먼저 "이 보좌들이 어디에 있는가?"라는 질문을 다뤄야 한다. 레온 모리스(Leon Morris)는 요한계시록에서 "보좌"라는 단어가 마흔일곱 번 사용되는데, 세 번(2:13; 13:2; 16:10)을 제외하고 하늘에 있는 것처럼 보인다고 지적한다.[4]

---

4_Leon Morris, *The Revelation of St. John* (Grand Rapids, Michigan: William B. Eerdmans, 1969), 236.

여기에 요한이 "목 베임을 당한 자들의 영혼들"을 보았다는 사실을 더하면 우리는 요한의 환상 장면이 이제 하늘로 이동했다는 결론을 확인할 수 있다. 그렇다면 우리는 여섯 절에 묘사된 1,000년 기간이 동일한 기간이지만, 1-3절은 이 기간에 땅에서 일어나는 일들을 묘사하고 4-6절은 하늘에서 일어나는 일들을 묘사한다고 말할 수 있다.

요한은 심판할 권한을 받은 사람들(문자적으로는 심판이 주어진 사람들)이 보좌들에 앉은 것을 본다. 요한계시록은 정의의 문제, 특히 박해받는 그리스도인들을 위한 정의의 문제에 큰 관심을 보인다. 따라서 요한의 환상에서 보좌에 앉은 사람들에게 심판할 권한이 주어진다는 것은 대단히 중요하다. 요한이 그들을 "보좌들에 앉았다"고 묘사한 것은 그들이 그리스도와 더불어 통치하고 있다는 생각을 표현하는 구체적인 방법이다(4절의 마지막 부분을 보라). 명백히 이 통치는 심판할 권한을 포함한다. 이것이 단순히 그리스도에 의해 이뤄지는 심판에 동의하고 그것에 감사함을 의미하는지 또는 그것이 보좌들에 앉은 사람들에게 땅의 일들에 관해 그들 자신의 심판을 내릴 기회가 주어졌음을 의미하는지는 설명되지 않는다. 어느 경우든 이곳에 묘사된 그리스도와 더불어 통치하는 것은 그리스도의 심판 활동에 어느 정도 관여하는 것을 포함한다(단 7:22을 보라).

우리는 이어서 누가 보좌들에 앉는지를 질문한다. 그 답은 4절의 나머지에서 주어진다. "또 내가 보니 예수를 증언함과 하나님의 말씀 때문에 목 베임을 당한 자들의 영혼들과." 요한이 자기가 "목 베임을 당한 자들의 영혼들"을 보았다고 말하기 때문에 그는 확실히 아직 지상에서 사는 사람들에 관해 말하고 있지 않다. 때로는 여기서 "영혼들"

로 번역된 단어(*psuchai*)가 여전히 땅에서 사는 사람들을 묘사하는 데 사용될 수도 있다. 예를 들어 사도행전 2:41에서 "그날 약 삼천의 영혼들이 더해졌다"고 기록되었듯이 말이다(개역개정을 사용하지 아니함). 그러나 요한계시록 20:4에서 **프쉬카이**(*psychai*)라는 단어의 이 의미는 통하지 않는다. 우리는 **타스 프쉬카스 톤 페펠레키스메논**(*tas psychas tōn pepelekismenōn*)을 "목 베임을 당한 자들의 사람들"로 번역할 수 없다. 여기서 **프쉬카이**라는 단어는 죽은 사람들의 영혼들을 가리켜야 한다. 사실 이 텍스트는 앞서 요한계시록 6:9에 대한 일종의 병행구다. "다섯째 인을 떼실 때에 내가 보니 하나님의 말씀과 그들이 가진 증거로 말미암아 죽임을 당한 영혼들이 제단 아래에 있어."

혹자가 요한이 어떻게 죽은 사람들의 영혼들을 볼 수 있었느냐고 묻는다면 그 질문에 대한 답은 요한이 이 모든 것을 환상 가운데 보았다는 것이다. 혹자는 요한이 어떻게 천사가 사탄을 잡아 1,000년 동안 결박하는 것을 볼 수 있었는지 물을 수도 있을 것이다.

요한은 예수를 증언함과 하나님의 말씀 때문에 목 베임을 당한 자들의 영혼들을 본다. 즉 그는 순교자들, 곧 그리스도에게 충실했기 때문에 순교를 당한 신자들의 영혼들을 본다. 요한이 요한계시록을 썼을 때 많은 그리스도인이 그들의 신앙 때문에 순교를 당하고 있었다. 이곳에 기록된 환상이 이 순교자들의 친척들과 친구들에게 큰 위로를 주었으리라는 점은 말할 필요도 없다. 요한은 그들의 영혼들이 이제 하늘 보좌에 앉아서 심판 사역에 참여하고 있는 것을 본다.

"그들은 짐승과 그의 우상에게 경배하지 아니하고 그들의 이마와 손에 그의 표를 받지 아니했다"(개역개정을 사용하지 아니함). NIV 성경은 이 표현이 20:4의 앞 문장에 언급된 순교자들에 대한 추가적인 묘사인 것처럼 번역한다. 그러나 미국 표준 번역 성경에서 발견되는 것과 같이 "그리고 짐승이나 그의 우상을 경배하지 아니하고 그들의 이마와 손에 그 짐승의 표를 받지 않은 사람들"로 번역될 가능성이 있다. 요한계시록의 앞에서 그리스도와 그의 나라를 믿지 않는 대적들은 짐승이나 그의 우상을 경배하고 그들의 이마나 손에 그 짐승의 표를 받는 자들로 묘사된다(13:8, 15-17; 14:9-11을 보라). 이와 반대로 그들의 주님께 대한 충성을 유지한 신자들은 짐승을 이긴 사람들(15:2) 또는 짐승이나 짐승의 우상에게 경배하지 않은 사람들(13:15)로 묘사된다. 그러므로 나는 요한계시록 20:4에서 요한이 이제 순교자들보다 좀 더 넓은 집단을 묘사하고 있다고 생각한다. "짐승이나 그의 우상을 경배하지 아니하고 그들의 이마와 손에 그 짐승의 표를 받지 않은 사람들"이라는 표현을 통해 요한은 그리스도께 충실했고 그리스도를 대적하는 세력들에 대적한 모든 그리스도인, 즉 끝까지 충실했던 모든 그리스도인을 의미한다. 순교한 사람들이 이 집단의 일부를 구성하겠지만 이 집단 전체를 구성하지는 않을 것이다(요한이 이 대목에서 특별히 "영들"에 관해 말하지는 않지만, 그가 여전히 죽은 사람들의 영들에 관해 이야기하고 있다고 가정해도 무방할 것이다. 그가 애초에 죽임을 당한 사람들의 영혼들에 관해 이야기하는 것으로 이 장면을 시작했기 때문이다).

이어서 그 구절에서 가장 논란이 되는 내용이 나온다. "그들이 살아나서 그리스도와 더불어 1,000년 동안 통치했다"(개역개정을 사용하지 아니함). 세대주의적이든 비세대주의적이든 전천년주의 해석자들은 이 말씀이 죽은 자들로부터의 문자적 부활을 가리킨다고 이해하며 따라서 이 구절에서 그리스도의 재림 후 지상에서 그리스도와 더불어 1,000년 동안 통치하는 것에 대한 증거를 발견한다. 이것이 그 구절의 정확한 해석인가?

"살아났다"로 번역되는 그리스어 단어 **에제산**(*ezēsan*)이 육체적 부활을 가리킬 수 있음이 인정되어야 한다(예를 들어 다음 구절들을 보라. 마 9:18; 롬 14:9; 고후 13:4; 계 2:8). 그러나 이것이 이 구절에서 의미하는 내용인지가 문제다.

우리는 요한이 여기서 일종의 부활을 말하고 있다는 것을 5절의 두 번째 문장에서 명백히 알 수 있다. "이는 첫째 부활이라." 이 말은 명백히 4절에 기록된 살아서 그리스도와 더불어 통치하는 사람들을 가리킨다. 그러나 이 "첫째 부활"이 육체적 부활, 즉 죽은 자들로부터의 몸의 부활인가? 명백히 그렇지 않다. 죽은 자들로부터의 몸의 부활은 요한계시록 20장의 뒤에서 여기서 묘사된 것과 별개의 모종의 사건으로 언급되기 때문이다(11-13절을 보라). 혹자가 두 번의 몸의 부활—한 번은 천년왕국의 시작 때 신자들의 부활과 다른 한 번은 천년왕국 후의 불신자들의 부활—을 믿을 때에만 4절의 **에제산**이 몸의 부활을 지칭한다고 이해될 수 있을 것이다. 성경은 다른 곳에서 신자들과 불신자들을 포함하는 한 번의 몸의 부활을 명확하게 가르치기 때문에(요 5:28-29과 행 24:15을 보라), 요한계시록 20:4의 마지막 부분에 묘사된 부활은 틀림없이 아직 일어나지 않은 육체적 부활 또는 몸의 부활이 아닌 어떤 것일 것이다.

그렇다면 "그들이 살아나서 그리스도와 더불어 1,000년 동안 통치했다"는 말이 무슨 의미인가? 이미 20:4a에서 단서가 주어졌다. 그곳에서 요한은 "나는 심판할 권한이 주어진 사람들이 앉은 보좌들을 보았다"라고 말했다(개역개정을 사용하지 아니함). 그 절의 나머지는 보좌들에 앉은 사람들이 신앙 때문에 순교한 사람들과, 삶의 마지막 순간까지 그리스도께 충실했던 그리스도인들의 영혼들이었음을 명확히 밝힌다. 이들이 요한이 "살아서 그리스도와 더불어 다스리는"것으로 본 집단이다. 이 신자들은 죽었지만 요한은 그들이 살아 있는 것으로 본다. 몸이 살아 있다는 의미에서가 아니라 그들이 하늘에서 그리스도와 교제하는 삶을 누리고 있다는 의미에서 말이다. 이 삶은 매우 행복한 삶이다(빌 1:23과 고후 5:8에 기록된 바울의 말을 보라). 그것은 그들이 보좌에 앉아 만물에 대한 그리스도의 통치에 참여하며 심지어 그리스도의 심판 활동에까지 참여하는 삶이다! 이 하늘의 통치는 요한계시록의 앞에 기록된 약속의 성취다. "이기는 그에게는 내가 내 보좌에 함께 앉게 하여 주기를 내가 이기고 아버지 보좌에 함께 앉은 것과 같이 하리라"(계 3:21).

우리가 요한의 시대에 교회가 심하게 억압받고 자주 박해받았다는 것을 기억할 때 이 환상의 중요성을 인식할 수 있다. 신자들이 비록 그들의 많은 동료 그리스도인이 죽었고 일부는 심지어 잔인하게 순교 당하기도 했지만, 이 죽은 신자들이 그들의 영혼에 관한 한 살아서 하늘에서 그리스도와 더불어 통치하고 있다는 것을 안다면 그들에게 큰 위안이 되었을 것이다. 이어서 요한은 살아서 그리스도와 더불어 통치하는 것이 그리스도가 다시 오셔서 이 신자들의 몸을 무덤에서 일으키실 때까지 복음 시대 전체를 통틀어 계속되리라고 말한다.

이 절들에서 요한이 지상의 1,000년 통치를 묘사하고 있다는 암시는 없다. 우리가 보았듯이 장면은 하늘에서 펼쳐진다. 요한계시록

20:4-6에서 이 땅, 이 통치의 중심지로서의 팔레스타인, 유대인들에 관해서는 어떤 언급도 없다.[5] 요한계시록 20:4의 1,000년 통치는 죽은 신자들의 영혼들이 하늘에서 그리스도와 함께 수행하는 통치다. 이 통치는 미래에 있을 것으로 기대되는 어떤 것이 아니다. 그것은 현재 진행 중이며 그리스도가 돌아오실 때까지 계속될 것이다. 그러므로 문제의 천년왕국이 지상의 왕국이 아니라 하늘의 왕국이라는 것이 기억된다면 **실현된 천년왕국**이라는 용어는 이 대목에서 방어되는 견해에 대한 적절한 묘사다.

다음 문장인 5a절은 삽입구이며 따라서 괄호 안에 두는 것이 적절하다. "그 나머지 죽은 자들은 그 1,000년이 차기까지 살지 못하더라." 나는 이미 내가 이 말들이 천년왕국 후에 일어날 몸의 부활을 묘사한다고 믿지 않는 이유를 제시했다. 이 문장에서 사용된 **에제산**("살았다" 또는 "살아났다")이라는 단어는 앞 문장에서 의미한 것과 같은 의미여야 한다. 요한은 이 대목에서 죽은 불신자들, 즉 자신이 묘사하고 있던 죽은 신자들과 구별되는 "나머지 죽은 자들"에 관해 말하고 있다. 그가 나머지 죽은 자들은 살지 못했다, 또는 살아나지 못했다고 한 말은 그가 방금 죽은 신자들에 관해 한 말과 정반대다. 그는 죽은 불신자들은 바로 그 1,000년 동안 살거나 그리스도와 더불어 통치하지 못한다고 말하고 있

---

5_ 사실 **에제산**이 몸의 부활을 의미하는 것으로 해석되더라도 그 절은 전천년주의자들이 흔히 주장하는 것처럼 지상의 천년왕국을 묘사하지 않는다. 계 20:4에 대한 전천년주의자들의 보편적인 해석에 따르면 그리스도와 더불어 통치한다고 언급되는 사람들은 살아난 신자들뿐이기 때문이다. 이 구절에서 그리스도가 죽지 않고 여전히 살아 있는 사람들에 대해 통치한다는 언급은 없다. 그러나 전천년주의자들의 천년왕국은 주로 그리스도가 오실 때 여전히 살아 있는 사람들과 그들의 후손들에 대한 그리스도의 통치라고 설명된다!

다. 신자들은 죽음 뒤 하늘에서 그리스도의 통치에 참여하며 그리스도와 함께 누리는 일종의 새 삶을 누리는 반면 불신자들은 죽음 뒤 이 삶이나 이 통치의 어떤 것도 공유하지 못한다.

이것이 1,000년 기간 내내 해당한다는 점이 "그 1,000년이 차기까지"라는 말을 통해 암시된다. 여기서 "까지"로 번역된 그리스어 단어 **아크리**(*achri*)는 여기서 언급된 내용이 1,000년의 전체 기간에 해당한다는 것을 의미한다. **까지**라는 단어는 이 죽은 불신자들이 이 기간이 끝난 뒤 살아나 그리스도와 더불어 통치하리라는 것을 암시하지 않는다. 그럴 경우 우리는 그렇게 말하는 명확한 진술이 있을 것이라고 예상할 것이다(예를 들어 계 20:3 같은 종류의 진술 말이다). 하지만 1,000년 후 죽은 불신자들에게 일어나는 일은 6절에서 "둘째 사망"으로 불린다. 6절에서 둘째 사망이 죽은 신자들에 대한 힘이 없다고 언급한 말은 "둘째 사망"이 죽은 불신자들에게 힘이 있음을 암시한다. "둘째 사망"은 무엇을 의미하는가? 14절이 설명한다. "이것은 둘째 사망, 곧 불 못이라." 그렇다면 둘째 사망은 몸의 부활 후 영원한 벌을 의미한다. 그러므로 죽은 불신자들에 관한 한 1,000년이 끝난 후 변화가 있을 터이지만 그것은 나아지는 쪽으로의 변화가 아니라 나빠지는 쪽으로의 변화다.

요한은 이어서 "이는 첫째 부활이라"라고 말한다. 이 말은 방금 논의된 괄호 안의 진술에 앞서 4절 끝에 묘사된 죽은 신자들에게 일어난 일을 묘사한다. 위에서 언급된 내용에 비추어 우리는 이 말이 몸의 부활을 묘사하는 것이 아니라 육체적 죽음에서 하늘에서 그리스도와 함께 하는 삶으로 변화하는 것이라고 이해해야 한다. 이 변화가 "부활"이라고 불린다. 이는 확실히 그 단어의 이례적인 용법이지만 앞의 맥락에 비추어 충분히 이해될 수 있다. "첫째 부활"이라는 표현은 이 죽은 신자들에게 "둘째 부활"이 있을 것임을 암시한다. 1,000년 기간이 끝나고 그리스도가 돌아오실 때 일어날 몸의 부활 말이다.

요한은 이제 6절에서 "이 첫째 부활에 참여하는 자들은 복이 있고 거룩하도다"라고 말한다. 다음에 이 복됨의 이유를 제시한다. "둘째 사망이 그들을 다스리는 권세가 없다." 둘째 사망은 우리가 보았듯이 영원한 벌을 의미한다. 둘째 사망에 관한 이 말은 요한이 방금 언급한 "첫째 부활"이 몸의 부활이 아님을 암시한다. 여기서 신자들이 영화된 몸으로 육체적으로 부활한 것으로 생각된다면, 그들이 이미 내세의 완전하고 총체적인 복을 누리고 있으며 둘째 사망이 그들에게 힘을 발휘하지 못한다고 말할 필요가 없을 것이기 때문이다.

"도리어 그들이 하나님과 그리스도의 제사장이 되어 1,000년 동안 그리스도와 더불어 왕 노릇 하리라"(6b절). 그러므로 이 전체 1,000년 기간 동안 죽은 신자들이 제사장으로서 하나님과 그리스도를 예배하고 왕으로서 그리스도와 더불어 통치할 것이다. 요한은 이 대목에서 그리스도가 돌아오실 때까지 연장되는 1,000년 기간에 관해서만 생각하고 있지만, 요한계시록 끝부분의 장들은 그리스도의 재림과 몸의 부활 뒤에 이 죽은 신자들이 지금보다 훨씬 더 풍요로운 방식으로 하나님을 예배하고 하나님을 섬기며 그리스도와 더불어 다스릴 수 있으리라고 암시한다. 그때 그들은 새 땅에서 영화롭게 된 몸으로 죄 없는 완벽한 상태에서 영원토록 하나님을 예배하고 섬길 것이다.

이것이 요한계시록 20:1-6에 대한 무천년설의 해석이다. 그렇게 이해될 경우 그 구절은 주로 유대인의 왕국에 대한 그리스도의 지상 통치에 관해 아무것도 말하지 않는다. 오히려 그것은 죽은 신자들의 영혼들이 하늘에서 그리스도와 더불어 통치하는 것을 묘사한다. 그들은 그들의 죽음과 그리스도의 재림 사이의 시간 동안 다스린다.

## 구약성경의 예언 해석

전천년주의자들과 무천년주의자들이 채택한 성경 해석 방법에는 기본적인 차이가 있다. 전천년주의자들, 특히 세대주의자 진영은 흔히 구약성경의 예언에 대한 "문자적" 해석으로 불리는 방법에 몰입한다. 세대주의적 전천년설 관점의 저명한 대변인인 존 F. 월부드는 이 학파의 해석 방법을 다음과 같이 정의한다.

> 전천년설의 입장은 맥락상 또는 신학상의 이유가 이것이 저자에 의해 의도된 바가 아님을 명백히 하지 않는 한 신학의 모든 분야에서 성경이 그것의 일반적인 문법상 및 역사적 의미로 해석되어야 한다는 것이다.[6]

이 원칙에 대한 논의에서 월부드는 때때로 구약성경이 그것의 일부가 문자적으로 이해될 것이 아니라 비유적으로 이해되어야 한다는 암시를 포함한다고 인정한다. 예를 들어 이사야 11:4에서 그리스도가 "그의 입

---

6_John F. Walvoord, *The Millennial Kingdom* (Findlay, Ohio: Dunham, 1959), 128.

의 막대기"로 세상을 치실 것이라고 묘사하는 것처럼 말이다.[7]

반면에 무천년주의자들은 구약성경의 많은 예언이 문자적으로 해석될 것으로 의도되었지만 다른 많은 예언은 비문자적으로 해석되어야 한다고 믿는다.[8] 추상적으로는 무천년주의자들이 월부드에 의해 제시된 전천년설의 해석 방법의 정의에 동의할 수도 있을 것이다. 무천년설 해석자와 전천년설 해석자 사이의 차이는 각자 어느 예언들이 문자적으로 해석되어야 하고 어느 예언들이 비문자적으로 해석되어야 하는지를 제시하려고 할 때 나타난다. 이 문제에 관해서는 의견이 크게 갈린다.

이 짧은 장에서 해석의 차이들을 깊이 있게 논의할 공간은 없다. 그러나 우리가 전천년주의자들이 흔히 미래의 지상의 1,000년 통치를 묘사하는 것으로 이해하는 구약성경의 두 구절을 간략히 살펴보면 도움이 될 것이다. 그렇게 할 때 우리는 대표적인 이 두 구절에 대한 전천년설의 해석만이 가능한 해석이 아님을 알게 될 것이다.

먼저 새 스코필드 성경에 기록된 이사야 11:6-9을 살펴보자(본 번역서에서는 개역개정을 사용함).

이리가 어린 양과 함께 살며 표범이 어린 염소와 함께 누우며 송아지와 어린 사자와 살진 짐승이 함께 있어 어린아이에게 끌리며 암소와 곰이 함께

---

7_Ibid., 130.

8_무천년설의 예언 해석 방법에 대한 상세한 설명과 예시는 Martin J. Wyngaarden, *The Future of the Kingdom in Prophecy and Fulfillment*(Grand Rapids, Michigan: Zondervan Publishing House, 1934)를 보라. 이 책은 신약성경이 시온, 예루살렘, 아브라함의 씨, 이스라엘, 성전, 제사 등 구약성경에 등장하는 많은 개념을 어떻게 영적으로 해석하는지를 보여준다는 점에서 특히 귀중하다.

먹으며 그것들의 새끼가 함께 엎드리며 사자가 소처럼 풀을 먹을 것이며 젖 먹는 아이가 독사의 구멍에서 장난하며 젖 뗀 어린아이가 독사의 굴에 손을 넣을 것이라. 내 거룩한 산 모든 곳에서 해 됨도 없고 상함도 없을 것이니 이는 물이 바다를 덮음 같이 여호와를 아는 지식이 세상에 충만할 것임이니라.[9]

1967년판 새 스코필드 성경에서 이사야 11장 위에 "다윗 왕국이 그리스도에 의해 회복되다: 그 왕국의 특징과 범위"라는 제목이 달려 있는데, 그것은 11:1-10까지에 해당한다. 1절에는 "이 장은 다윗의 자손이 영광 중에 돌아올 때 세워질 미래의 왕국의 영광에 대한 예언적 그림이다"라는 주석이 달렸다. 그러므로 새 스코필드 성경이 이 구절이 미래의 천년왕국 시대를 묘사하는 것으로 해석한다는 것이 명백하다.

현대의 대표적인 전천년주의자인 존 F. 월부드는 그 장에 대한 이 해석에 동의한다.

이사야 11장은 그리스도의 지상 통치에 대한 생생한 그림을 제공하는데, 그 장면은 일반적인 문자적 의미로 해석될 경우 현재 시대나 중간 상태 또는 영원한 상태와 혼동될 수 없다. 제시된 그 장면은 천년기의 땅을 묘사한다.…[이 장에서 발견되는] 묘사는…이리, 어린 양, 표범, 어린아이, 송아지, 어린 사자 같은 동물들을 묘사하는데, 이들은 모두 하늘의 생물이

---

9_ 이 구절과 뒤에 나오는 구절(사 65:17-25)은 킹 제임스 번역본에 몇 가지 경미한 수정을 가한 New Scofield Bible (New York: Oxford University Press, 1967)에서 인용했다(본 번역서에서는 개역개정을 사용함).

아니라 땅의 생물이며 그 동물들은 천년왕국의 땅에만 적용될 수 있는 평
온한 시대에 있는 것으로 그려진다.[10]

혹자가 미래의 지상의 천년왕국을 믿을 경우 그 사람은 이 절들에 그 천
년왕국이 묘사되어 있다고 생각하리라는 것이 쉽게 이해될 수 있다. 그
러나 그런 해석만 가능한 것은 아니다. 우리는 성경이 종말에 새 땅이
있을 것이라고 예언한다는 것을 안다(예를 들어 사 65:17과 66:22, 계 21:1을
보라). 그러므로 우리가 왜 이 절들에서 발견되는 세부내용들이 새 땅에
서의 삶에 대한 묘사라고 이해할 수 없는가?[11] 이는 특히 9절에 기록된
"물이 바다를 덮음 같이 여호와를 아는 지식이 세상에 충만할 것"이라
는 포괄적인 파노라마 같은 비전에 비추어 볼 때 특히 가능성이 있는 해
석이다. 왜 이 진술이 새 땅에 선행하는 1,000년 기간에만 적용된다고
생각되어야 하는가? 그것들은 하나님의 창조세계의 최종적인 완벽성
을 묘사하지 않는가?

이와 관련하여 내가 예증하고 싶은 다른 구약성경 구절은 이사야
65:17-25이다.

(17) 보라, 내가 새 하늘과 새 땅을 창조하나니 이전 것은 기억되거나 마음
에 생각나지 아니할 것이라.

(18) 너희는 내가 창조하는 것으로 말미암아 영원히 기뻐하며 즐거워할지

---

10_ Walvoord, 298.

11_ 여기서 언급된 동물들이 하늘의 생물이 아니라 땅의 생물이라는 월부드의 논평에도 불구하
고, 그 진술은 새 땅에서의 상태에 대한 예언적 묘사일 가능성을 배제하지 않는다.

니라. 보라, 내가 예루살렘을 즐거운 성으로 창조하며 그 백성을 기쁨으로 삼고

(19) 내가 예루살렘을 즐거워하며 나의 백성을 기뻐하리니 우는 소리와 부르짖는 소리가 그 가운데에서 다시는 들리지 아니할 것이며

(20) 거기는 날 수가 많지 못하여 죽는 어린이와 수한이 차지 못한 노인이 다시는 없을 것이라. 곧 백 세에 죽는 자를 젊은이라 하겠고 백 세가 못 되어 죽는 자는 저주받은 자이리라.

(21) 그들이 가옥을 건축하고 그 안에 살겠고 포도나무를 심고 열매를 먹을 것이며

(22) 그들이 건축한 데에 타인이 살지 아니할 것이며 그들이 심은 것을 타인이 먹지 아니하리니 이는 내 백성의 수한이 나무의 수한과 같겠고 내가 택한 자가 그 손으로 일한 것을 길이 누릴 것이며

(23) 그들의 수고가 헛되지 않겠고 그들이 생산한 것이 재난을 당하지 아니하리니 그들은 여호와의 복된 자의 자손이요 그들의 후손도 그들과 같을 것임이라.

(24) 그들이 부르기 전에 내가 응답하겠고 그들이 말을 마치기 전에 내가 들을 것이며

(25) 이리와 어린 양이 함께 먹을 것이며 사자가 소처럼 짚을 먹을 것이며 뱀은 흙을 양식으로 삼을 것이니 나의 성산에서는 해함도 없겠고 상함도 없으리라. 여호와께서 말씀하시니라.


새 스코필드 성경에서 17절 위에 붙은 제목은 "새 하늘과 새 땅"이다. 그러나 18-25절 위에 붙은 제목은 "저주가 제거되고 새로워진 땅에서의

천년왕국 상태"다. 이 성경의 편집인들은 어쩔 수 없이 17절이 최종적인 새 땅을 묘사한다는 것을 인정하면서도 19-25절의 의미를 최종적인 새 땅에 앞서는 천국왕국만 언급하도록 제한하는 것처럼 보인다. 월부드는 이와 유사하게 이사야 65:17-19은 영원한 상태를 묘사하고[12] 이사야 65:20-25은 천년왕국 동안의 상태를 묘사하는[13] 것으로 이해한다.

혹자가 미래의 지상 천년왕국을 믿지 않는다면 그 사람은 확실히 이 구절들을 읽는다고 해도 지상의 천년왕국을 받아들일 수밖에 없다고 생각하지 않을 것이다. 그러나 혹자가 그런 천년왕국을 믿는다면 그 사람은 이 대목에 묘사된 내용에서 그 천년왕국을 발견할 것이다. 그러나 그러기 위해서는 그 사람이 다소 심각한 주해의 장애를 극복해야 할 것이다.

혹자가 이 구절에서 천년왕국에 대한 묘사를 발견하려면 17-18절에 기록된 내용을 고의로 빠뜨려야 한다. 17절은 새 하늘과 새 땅(요한계시록은 그것을 최종 상태를 특징짓는 것으로 묘사한다)에 관해 명백하게 말한다. 18절은 독자에게 방금 언급된 새 하늘과 새 땅으로 말미암아 단지 1,000년만 기뻐할 것이 아니라 "영원히 즐거워하라"고 요청한다. 이사야는 이 대목에서 1,000년만 지속될 새로움에 관해 말하고 있는 것이 아니라 영원히 지속되는 새로움에 대해 말하고 있다! 19절에서 이어지는 내용은 앞의 내용과 직접 연결되어 있다. "내가 예루살렘을 즐거워하며 나의 백성을 기뻐하리니 우는 소리와 부르짖는 소리가 그 가운데

---

12_ Walvoord, 325.
13_ Ibid., 253, 318-19.

에서 다시는 들리지 아니할 것이다"(계 21:4을 보라). 이 지점에서 또는 18절이나 20절에서 이사야가 갑자기 새 하늘과 새 땅의 창조에 앞서는 천년 시대에 대한 묘사로 이동하고 있다는 어떤 암시도 없다!

사실 25절에 기록된 동물 세계에 대한 묘사는 우리에게 이사야 11장에서 발견되는 최종 상태의 그림을 상기시켜준다. 이 절의 끝에서 우리는 이사야 11:9의 메아리를 듣는다. "나의 성산에서는 해함도 없겠고 상함도 없으리라. 여호와께서 말씀하시니라."[14] 이는 새 땅에 대한 참으로 아름다운 묘사다! 혹자가 전천년설 안경을 쓰고서 이 구절을 볼 때에만 여기서 천년왕국을 볼 것이다.

## 무천년설의 종말론에 대한 간략한 개관

무천년설은 흔히 너무 부정적이며, 주로 무천년설이 동의하지 않는 종말론 체계에 대해 반대하고 그것을 논박하는 데 힘을 기울인다는 비판을 받는다. 이 비판이 사실인지 아닌지의 문제는 제쳐두고 나는 이 대목에서 무천년주의자인 신학자들이 주장하는 몇 가지 긍정적인 내용을 간략하게 개관함으로써 일부 무천년설 종말론의 부정적 사고를 중화하려고 한다. 이런 방식으로 우리는 무천년설 종말론을 요한계시록 20장에

---

14_ 사 11:9에서 이사야가 "해 됨도 없고 상함도 없는" 이유를 덧붙이는 것을 주목하라. "이는 물이 바다를 덮음 같이 여호와를 아는 지식이 세상에 충만할 것임이니라." 확실히 이 상태는 내세의 새 땅에서만 실현될 것이다(계 21:27과 22:14-15을 보라). 전천년설의 가르침에 따르면 천년왕국 동안에 쇠 막대기로 다스려져야 할 불순종하는 나라들이 여전히 존재할 것이기 때문에 마지막으로 인용된 말들은 천년왕국에 대한 묘사일 수 없다.

대한 특정한 해석으로 보는 것이 아니라 전체적으로 볼 수 있을 것이다.

이 개관은 두 영역을 다룰 것이다. 첫째는 무천년설의 종말론이 **시작된 종말론**(inaugurated eschatology)에 관해 무엇을 가르치는가이고, 둘째는 무천년설의 종말론이 **미래 종말론**(future eschatology)에 관해 무엇을 가르치는가다. 내가 말하는 **시작된 종말론**은 복음 시대 동안 이미 현존하는 종말론의 측면을 의미한다. **시작된 종말론**이라는 용어는 위대한 종말이 이미 역사 안으로 침투했다는 사실을 충분히 인정하면서도 추가적인 발전과 미래 종말론의 완성을 배제하지 않기 때문에 시작된 종말론이라는 용어가 **실현된 종말론**이라는 용어보다 선호된다. "시작된 종말론"에 대해 말할 때 우리는 신약성경의 신자들에게 있어 중요한 종말론적 사건들이 이미 일어나기 시작한 반면 다른 종말론적 사건들의 발생은 아직 미래의 일이라고 말하는 셈이다.

**시작된 종말론**에 관해 무천년설은 다음 사항을 단언한다.

1. **그리스도가 죄와 죽음과 사탄에 대해 결정적인 승리를 거두셨다.** 그리스도는 죄 없는 삶을 사시고 우리 죄를 위한 속죄제물로서 십자가 위에서 죽으심으로써 죄를 이기셨다. 그리스도는 죽으시고 무덤에서 일어나심으로써 죽음을 이기셨다. 그리스도는 마귀의 유혹에 저항하시고, 하나님께 완벽하게 순종하시고, 죽으신 후 부활하심으로써 사탄과 그의 악한 군대에 치명적인 타격을 가하셨다. 그리스도의 이 승리는 결정적이고 최종적이었다. 그러므로 역사에서 가장 중요한 날은 아직도 미래의 날인 그리스도의 재림의 날이 아니라 과거의 사건인 초림의 날이다. 그리스도의 승리 덕분에 역사의 궁극적인 이슈들은 이미 결정되었다. 그것은 이제 그 승리가 최종적으로 완성될 때까지 시간의 문

제일 뿐이다.

2. **하나님 나라는 현재이기도 하고 미래이기도 하다.** 무천년주의자들은 하나님 나라가 주로 다윗의 보좌의 문자적 회복과 관련된 유대인의 왕국이라고 믿지 않는다. 그들은 그리스도가 이 땅에 계실 때 유대인들이 믿지 않았기 때문에 장차 그리스도가 자신이 지상에서 1,000년 동안 통치하실 때까지 그 나라의 수립을 미루셨다고 믿지도 않는다. 무천년주의자들은 하나님 나라가 그리스도가 이 땅에 계실 때 수립되었으며, 현재 역사 안에서 작동하고 있고, 내세에 완전히 드러날 것이라고 믿는다. 그들은 하나님 나라가 예수 그리스도를 통해 인간의 역사에서 역동적으로 활동하시는 하나님의 통치라고 믿는다. 하나님 나라의 목적은 하나님의 백성을 죄와 마귀의 힘들로부터 구속하고 마침내 새 하늘과 새 땅을 확립하는 것이다. 하나님 나라는 바로 하나님이 그리스도 안에서 창조된 자신의 우주 전체를 통치하시는 것을 의미한다.

그러므로 하나님 나라는 현재의 실재이자 미래의 소망이다. 예수는 자신의 지상 사역 동안 하나님 나라가 이미 현존한다고 명확하게 가르치셨다. "그러나 내가 하나님의 성령을 힘입어 귀신을 쫓아내는 것이면 하나님의 나라가 이미 너희에게 임하였느니라"(마 12:28). 바리새인들이 하나님 나라가 언제 오느냐고 묻자 예수는 "하나님의 나라는 볼 수 있게 임하는 것이 아니요 또 '여기 있다, 저기 있다'고도 못하리니 하나님의 나라는 너희 안에 있느니라"라고 대답하셨다(눅 17:20-21). 그러나 예수는 개별적인 말씀들(마 7:21-23; 8:11-12)과 종말론적 비유들(혼인 잔치 비유, 가라지 비유, 달란트 비유, 지혜로운 처녀와 어리석은 처녀 비유 등)에서 하나님 나라가 어떤 의미에서는 아직 미래에 속한다고도 가르치셨다.

바울 역시 그 나라를 현재(롬 14:17; 고전 4:19-20; 골 1:13-14)와 미래(고전 6:9; 갈 5:21; 엡 5:5; 딤후 4:18) 모두로 묘사하는 진술을 한다.

하나님 나라가 어떤 의미에서는 현재이고 또 다른 의미에서는 미래라는 사실은 그 나라의 신민인 우리가 "이미"와 "아직" 사이에서 일종의 긴장 가운데 살고 있음을 암시한다. 우리는 이미 그 나라 안에 있지만, 아직 그 나라가 완전히 나타나기를 고대한다. 우리는 이미 그 나라의 복에 참여하지만 아직 그 나라의 전적인 승리를 기다린다. 그리스도가 돌아오실 정확한 시기는 알려지지 않았기 때문에 교회는 역사의 끝이 매우 가까이 다가와 있을 수도 있음을 깨닫고 긴박감을 갖고 살아야 한다. 그러나 동시에 교회는 오랫동안 지속할 수도 있는 이 현재의 땅에서 계속 계획을 세우고 일해야 한다.

한편, 하나님 나라는 우리에게 그리스도와 그의 대의에 전적으로 헌신할 것을 요구한다. 우리는 모든 삶과 모든 실재를 개인들뿐만 아니라 전체 우주의 구속에 비추어 봐야 한다. 이는 네덜란드의 저명한 신학자이자 정치인이었던 아브라함 카이퍼(Abraham Kuyper)의 말마따나 우주에는 그리스도가 "그것은 내 것이다"라고 말씀하시지 않는 부분이 티끌만큼도 없음을 암시한다.

이 전적인 헌신은 나아가 모든 역사는 하나님의 영원한 목적이 펼쳐지는 것으로 여겨져야 한다는 기독교의 역사 철학을 암시한다. 하나님 나라에 대한 이런 비전은 하나님의 영광을 반영하는 예술과 과학이 하나님을 찬송하기 위해 추구되어야 한다는 기독교 문화 철학을 포함한다. 하나님 나라에 대한 그 비전은 우리가 일상생활에서 하는 모든 일이―연구, 가르침, 설교, 비즈니스, 생산활동, 가사 등 무엇이든지―하나님께 찬송이 되도록 행해져야 한다는 기독교 직업관을 포함한다.

오늘날 복음주의자들 사이에서 교회가 주로 복음 전도에 관여해야 하는가 또는 사회 활동이나 정치 활동에 관여해야 하는가의 문제를 두고 긴장이 빚어지고 있다. 나는 적절한 하나님 나라 관점이 우리가 이 문제에 관해 균형을 유지하도록 도와주리라고 생각한다. 사람들을 하나님 나라로 데려오는 복음 전도가 교회의 본질적인 임무 중 하나라는 점은 말할 필요도 없다. 그러나 하나님 나라는 전적인 헌신을 요구하기 때문에 교회는 정치적 영역 및 사회적 영역을 포함한 삶의 모든 영역에서 기독교 원칙을 실행하는 것에 관해 깊은 관심을 기울여야 한다. 그러므로 복음 전도와 사회적 관심은 그리스도인들이 그 사이에서 골라야 하는 선택지 중 하나로 여겨지지 않아야 한다. 하나님 나라에 완전히 순종하기 위해서는 두 가지 모두 필요하다.

**3. 마지막 날은 아직 미래의 일이지만 우리는 지금 마지막 날들(말세)에 살고 있다.** 복음주의 진영에서 종종 소홀히 취급되는 종말론의 이 측면은 신약성경 메시지의 본질적인 부분이다. 내가 "우리는 지금 마지막 날들에 살고 있다"라고 말할 때 "마지막 날들"이라는 표현은 그리스도의 재림 직전의 시기만 가리키는 것이 아니라 그리스도의 초림과 재림 사이의 전체 시기에 대한 묘사다. 신약성경 저자들은 그들이 말하고 있거나 쓰고 있던 당시에 이미 마지막 날들에 살고 있다는 사실을 알고 있었다. 이 점은 특히 베드로가 오순절 날에 한 설교에서 말세에 모든 육체에 성령을 부어 주실 것에 관한 요엘의 예언을 인용했을 때 진술되었다(행 2:16-17). 따라서 그는 사실상 "우리는 지금 예언자 요엘이 예언한 마지막 날들에 살고 있습니다"라고 말하고 있었다. 바울은 당시의

신자들을 "말세를 만난" 사람들이라고 묘사했을 때(고전 10:11) 이 점을 지적했다. 그리고 사도 요한은 그의 독자들에게 그들이 이미 "마지막 때"에 살고 있다고 말했다(요일 2:18). 이러한 신약성경의 가르침들에 비춰볼 때 우리는 실로 성경은 요한이 흔히 "마지막 날"이라고 부르는 날에 일어날(요 6:39-40, 44, 54; 11:24; 12:48), 종말론적 사건들의 최종적인 완성에 대해서도 말한다는 것을 기억하면서 "시작된 종말론"에 대해 말할 수 있다.

우리가 지금 마지막 날들에 살고 있다는 사실은 우리가 이미 종말론적 복들을 맛보고 있다는 것, 즉 바울이 말하듯이 우리가 이미 "성령의 처음 익은 열매"를 가지고 있다는 것을 암시한다. 이는 신자들인 우리가 자신을 유혹에 직면하여 무력한 죄인들로 볼 것이 아니라, 그리스도 안에 있는 새로운 피조물(고후 5:17)이자 성령의 전(고전 6:19)이며 육체를 단호하게 십자가에 못박은 사람들이며(갈 5:24) 옛사람을 벗어버리고 새사람을 입은(골 3:9-10) 사람들로 봐야 함을 의미한다. 이 모든 것은 주로 부정적인 것이 아니라 긍정적인 자아상을 가지는 것과 관련된다. 그것은 또한 동료 그리스도인들을 우리와 함께 그리스도 안에 있는 사람들로 보고 그러므로 그들로 인해 우리가 하나님께 감사하는 것과 관련이 있다.[15]

**4. 요한계시록 20장의 1,000년에 관한 한 우리는 지금 천년왕국에 있다.** 앞에서 요한계시록 20장의 1,000년은 그리스도의 초림부터 재림

---

15_Anthony A. Hoekema, *The Christian Looks at Himself*(Grand Rapids, Michigan: William B. Eerdmans, 1975)를 보라.

직전까지 이어지고 그때 사탄이 잠시 풀려날 것이라는 입장에 대한 증거가 제시되었다. 요한계시록 20장의 1,000년에 대한 무천년설의 입장은 사탄이 이 기간 동안 묶여 있기 때문에 현재 그리스도인들이 이 천년왕국의 혜택을 누리고 있음을 암시한다. 우리가 살펴보았듯이 사탄이 지금 묶여 있다는 사실은 그가 현재 세상에서 활동하고 있지 않음을 의미하는 것이 아니라 이 기간에 민족들을 속일 수 없다는 것, 즉 그가 복음의 확산을 막을 수 없다는 것을 의미한다. 달리 말하자면 이 시대 동안 사탄의 결박은 선교와 복음 전도를 가능하게 한다. 이 사실은 확실히 지상의 교회에게 격려의 원천이다.

무천년주의자들은 이 1,000년 기간 동안 죽은 신자들의 영혼들이 몸의 부활을 기다리는 한편 지금 하늘에서 살아서 그리스도와 함께 통치하고 있다고 가르친다. 그러므로 그들의 상태는 복됨과 행복의 상태다. 그들의 몸이 부활할 때까지는 그들의 기쁨이 완전해지지 않겠지만 말이다. 이 가르침은 자기가 사랑하는 이들이 주 안에서 죽은 사람들에게 위로를 줄 것이다.

**미래 종말론**에 관해 무천년설은 다음 사항을 단언한다.

1. **"시대의 표적들"은 현재 및 미래 모두와 적실성이 있다.** 무천년주의자들은 그리스도의 재림에 앞서 특정한 표적들이 있을 것이라고 믿는다. 예를 들어 모든 민족에게 복음이 전파되고, 이스라엘의 충만한 수가 회심하고, 대대적인 배교와 대환난이 있고 적그리스도가 출현할 것이다. 그러나 우리는 이 표적들이 단지 그리스도의 재림 직전만 가리킨다고 생각하지 않아야 한다. 그것들은 어떤 의미에서는 기독교 시대

의 처음부터 존재해왔고[16] 지금도 존재하고 있다.[17] 이는 우리가 항상 주님의 재림에 대비해야 한다는 것과 우리가 결코 우리의 생각 속에서 그리스도의 재림을 먼 미래로 밀어내지 않아야 한다는 것을 의미한다.

그러나 무천년주의자들은 또한 이 "시대의 표적들"이 그리스도의 재림 직전에 절정의 최종 실현에 도달할 것이라고 믿는다. 이 실현은 완전히 새로운 현상의 형태를 취하는 것이 아니라 줄곧 존재해왔던 표적들이 강화된 형태일 것이다.

**2. 그리스도의 재림은 한 번의 사건일 것이다.** 무천년주의자들은 세대주의자들이 재림을 두 단계(때때로 강림[*parousia*]과 나타나심[*revelation*]으로 불린다)로 나누고 그사이에 7년의 기간이 있다고 보는 성경의 근거를 발견하지 못한다. 우리는 그리스도의 재림이 한 번의 사건이라고 이해한다.

**3. 그리스도의 재림 때 신자들과 불신자들 모두의 일반적인 부활이 있을 것이다.** 무천년주의자들은 신자들의 부활과 불신자들의 부활 사이에 1,000년의 간격이 있다는 전천년설의 보편적인 가르침을 거부한다. 그들은 또한 세 가지 또는 네 가지의 부활이 있을 것이라는 많은 세대주의자들의 견해(세대주의자들은 위에서 언급된 두 가지 부활에 더하여 환난기 성도들의 부활과 천년왕국 동안에 죽은 신자들의 부활도 있을 것이라고 가르치기 때문이다)도 거부한다. 우리는 그런 다수의 부활에 대한 성경의 증거

---

16_ 예를 들어 요한이 그의 시대에 적그리스도의 영이 이미 세상에 있다고 말하는 것을 보라(요일 4:3).

17_ G. C. Berkouwer, *The Return of Christ*(Grand Rapids, Michigan: William B. Eerdmans, 1972)는 성경이 어떻게 우리로 하여금 "시대의 표적들"이 기독교 시대 전체에 걸쳐 적실성이 있는지 생각하도록 요구한다(235-59쪽).

를 발견하지 못한다.[18]

4. **부활 후 그때까지 살아 있는 신자들은 갑자기 변화되고 영화될 것이다.** 이 가르침의 토대는 바울이 고린도전서 15:51-52에서 말하는 내용이다. "보라, 내가 너희에게 비밀을 말하노니 우리가 다 잠잘 것이 아니요, 마지막 나팔에 순식간에 홀연히 다 변화되리니 나팔 소리가 나매 죽은 자들이 썩지 아니할 것으로 다시 살아나고 우리도 변화되리라."

5. **이제 모든 신자의 "휴거"가 일어난다.** 방금 죽은 자들 가운데서 부활한 신자들과 방금 변화된 신자들이 이제 구름 속으로 끌어 올려져 공중에서 주를 영접한다(살전 4:17). 성경은 그런 "휴거"가 있을 것이라고 명확히 가르친다. 그러나 나는 휴거에 대한 무천년설의 개념과 세대주의 견해를 구분하기 위해 휴거라는 단어에 인용 부호를 붙였다. 세대주의자들은 휴거 뒤 전체 교회가 7년 동안 하늘로 들어 올려지는 반면 아직 땅에 있는 사람들이 대환난을 겪을 것이라고 가르친다.

무천년주의자들은 그런 7년이나 교회가 그 기간 동안 땅에서 하늘로 옮겨 간다는 성경의 증거가 없다고 생각한다. 부활하여 영화된 신자들의 몸은 하늘에 속하는 것이 아니라 땅에 속한다. 데살로니가전서 4:17에서 "영접하다"로 번역된 단어(*apantēsis*)는 신약성경 시대에 어떤 도시가 방문하는 고관에게 보여주는 공적인 환영을 묘사하는 데 사용된 기술적인 용어다. 사람들은 대개 귀빈을 영접하러 도시를 떠났다가

---

18_ 한 번의 일반적 부활에 대한 성경의 증거는 위의 계 20:1-6의 해설에서 제시되었다. 다수의 부활에 반대하는 추가 증거는 L. Berkhof, *Systematic Theology* (Grand Rapids, Michigan: William B. Eerd-mans, 1941), 724-27을 보라.

그와 함께 도시로 돌아오곤 했다.[19] 이 단어를 통해 전달된 유비를 토대로 판단하자면, 바울이 이 대목에서 말하는 내용은 부활하고 변화된 신자들이 내려오시는 주를 영접하러 구름 속으로 들려 올라간다고 말하고 있는데, 이는 이 영접 후 그들이 주와 함께 다시 땅으로 돌아오리라는 것을 암시한다.

6. **이제 최후의 심판이 뒤따른다.** 세대주의자들은 흔히 적어도 세 건의 별도의 심판이 있을 것이라고 가르치지만 ,무천년주의자들은 그 견해에 동의하지 않는다. 무천년주의자들은 성경에 그리스도의 재림 때 일어날 하나의 심판의 날에 대한 증거만 있다고 생각한다. 그때 모든 사람이 그리스도의 심판대 앞에 서야 한다.

최후 심판의 주된 목적은 사람들의 최종 운명을 결정하는 것이 아니다. 그때쯤이면 그리스도의 재림 때 아직 살아 있는 사람들을 제외하고 모든 사람의 최종 운명이 이미 결정되었을 것이기 때문이다. 오히려 그 심판은 삼중의 목적을 지닐 것이다. 첫째, 그것은 각 사람에게 할당된 최종 운명에서 하나님이 영광을 받으시는 것을 드러낼 것이다. 둘째, 그것은 하나님의 백성과 하나님의 원수들 사이의 역사의 큰 대조를 최종적이고 공개적으로 보여줄 것이다. 셋째, 그것은 각 사람이 받을 보상의 정도와 처벌의 정도를 드러낼 것이다.

7. **심판 후 최종 상태가 시작될 것이다.** 불신자들과 그리스도를 거절한 모든 사람은 지옥에서 영원히 지내는 반면 신자들은 새 땅에서 영

---

19_ Gerhard Kittel, ed., *Theological Dictionary of the New Testament*, trans. and ed. Geoffrey Bromiley (Grand Rapids, Michigan: William B. Eerdmans, 1964), I, 380-81.

원한 영광 안으로 들어갈 것이다. 새 땅 개념은 성경적 종말론에서 매우 중요하므로 우리는 그것을 좀 더 자세하게 살펴봐야 한다. 많은 그리스도인이 자신이 모종의 천상의 하늘에서 영원히 지내리라고 생각하는 반면 성경은 새 땅이 있으리라고 명백히 가르친다. 요한계시록이 거룩한 성 새 예루살렘이 하늘에서 새 땅으로 내려오리라는 것(21:2)과 하나님이 이제 사람과 함께 거하시리라는 것(21:3)과 하나님과 어린 양의 보좌가 새 예루살렘에 있으리라는 것(22:3)을 말할 때, 그것은 비유적인 언어로서 내세에서는 하늘과 땅이 더 이상 분리되지 않고 통합되리라는 것을 가르친다. 그러므로 최종 상태에서 하늘과 땅이 하나일 것이기 때문에 영화된 신자들은 하늘에도 있고 새 땅에도 있을 것이다.

우리가 새 땅의 비전을 명심할 때 성경의 많은 가르침이 유의미한 패턴을 형성하기 시작한다. 우리가 살펴본 바와 같이 몸의 부활은 새 땅을 요구한다. 그리스도의 사역의 우주적 중요성은 인간의 죄 때문에 창조세계에 임한 저주(창 3:17-19)가 언젠가 제거될 것임을 암시한다(롬 8:19-22). 이러한 창조세계의 갱신은 참으로 새 땅이 있을 것임을 의미한다. 성경은 새 땅에 대한 구체적인 약속들도 포함한다. 우리는 이미 이사야 65:17에서 새 땅에 대한 이사야의 예언을 살펴보았다(사 66:2을 보라). 예수는 온유한 자가 땅을 상속받을 것이라고 약속하셨다(마 5:5). 베드로는 의가 거할 새 하늘과 새 땅에 대해 말한다(벧후 3: 13). 그리고 요한계시록 5장에 기록된, 요한이 하늘 환상에서 본 장로들과 생물들이 대신 죽임을 당한 어린 양을 찬양하는데, 그 찬양은 다음과 같은 말을 포함한다. "그들[주님께서 주님의 피로 사신 사람들]로 우리 하나님 앞에서 나라와 제사장들을 삼으셨으니 그들이 땅에서 왕 노릇하리로

다"(계 5:10).[20]

　새 땅에 관한 성경의 가르침에 비춰볼 때 가나안 땅과 하나님의 백성의 미래에 관한 구약성경의 많은 예언이 잘 들어맞는다. 히브리서 4장에서 우리는 가나안이 내세에서 하나님의 백성들이 누릴 일종의 안식이었음을 배운다. 바울이 쓴 갈라디아서에서 우리는 그리스도 안에 있는 모든 사람이 아브라함의 자손에 포함된다는 것을 배운다(갈 3:29). 이 개념들을 넓히는 신약성경의 이해에 비추어 창세기 17:8("내가 너와 네 후손에게 네가 거류하는 이 땅 곧 가나안 온 땅을 주어 영원한 기업이 되게 하고 나는 그들의 하나님이 되리라")을 읽으면, 우리는 그 구절에서 단지 아브라함의 육체적 후손만이 아니라 하나님의 모든 백성의 영원한 소유로서의 새 땅에 대한 약속을 본다. 그리고 이제 아모스 9:15("내가 그들을 그들의 땅에 심으리니 그들이 내가 준 땅에서 다시 뽑히지 아니하리라. 네 하나님 여호와의 말씀이니라")을 읽으면, 우리는 이 진술의 의미를 이스라엘 민족과 팔레스타인 땅으로 제한할 필요를 느끼지 못한다. 우리는 그 구절이 가나안이 예표였던 새 땅에서 유대인뿐만 아니라 이방인들도 포함한 하나님의 모든 백성이 영원히 거주할 것을 예언한 말씀이라고 이해한다. 그러므로 무천년주의자들은 이런 종류의 예언을 성취하기 위해 지상의 천년왕국이 있어야 한다고 가정할 필요를 느끼지 못한다. 그들은 그런 예언들이 하나님의 모든 백성을 기다리는 영광스러운 영원한 미래를 가리킨다고 본다.

　그러므로 전천년주의자들이 무천년주의자들에게 영적이기만 하

---

20_ Berkouwer, 211-34에 수록된, 새 땅에 관한 뛰어난 장들을 보라.

고 땅과는 아무 관계가 없는 미래의 왕국을 가르친다고 비난할 때 그들은 무천년설의 견해를 정확하게 나타내는 것이 아니다. 무천년주의자들은 약속의 땅이 하나님의 백성의 영원한 소유가 되리라는 것과 이리가 어린 양과 함께 살리라는 것과 물이 바다를 덮음 같이 땅에 하나님을 아는 지식이 가득해지리라는 것을 예언하는 구약성경의 예언들이 1,000년 동안만이 아니라 영원히 성취되리라고 믿는다! 우리는 이 해석이 그 예언들의 의미를 최종 상태에 앞서는 지상의 천년왕국에 대한 묘사로 제한하는 이해보다 그 예언들에 대한 더 풍부하고, 폭넓고, 적실성이 있는 이해라고 믿는다.

## 무천년설 종말론의 몇몇 함의

결론적으로 무천년설 종말론이 우리의 신학적 이해에 어떤 함의를 지니는가? 나는 다음과 같은 네 가지를 언급하려고 한다.

1. **구약성경과 신약성경을 결합하는 것은 은혜 언약의 단일성이다.** 무천년주의자들은 신성한 역사가 일련의 구분되는 별개의 시대들(dispensations)로 나눠진다고 믿지 않고, 모든 역사를 통틀어 하나의 은혜 언약이 적용된다고 본다. 이 은혜 언약은 오늘날에도 여전히 유효하며 하나님과 그분의 구속받은 백성이 새 땅에서 영원히 거하는 데서 절정에 달할 것이다.

2. **인간의 역사에서 하나님 나라가 중심적이다.** 그 나라는 구약성경 시대에 예언되고 준비되었으며, 예수 그리스도에 의해 땅에 세워졌

고, 신약성경 시대와 이에 이어지는 교회의 역사에서 연장되고 확대되었으며, 내세에 최종적으로 완성될 것이다.

3. **예수 그리스도는 역사의 주님이시다.** 이는 역사의 모든 것이 그리스도의 통제 아래 있고 궁극적으로 그의 목적에 공헌하리라는 것을 의미한다. 그러므로 우리는 우리의 구원의 복을 누리는 데만 관심을 기울일 것이 아니라 삶의 모든 영역에서 그리스도를 주님으로 즐겁게 섬기는 데도 관심을 기울여야 한다.

4. **모든 역사는 우주의 총체적 구속이라는 목표를 향해 움직이고 있다.** 역사는 무의미하지 않고 의미가 있다. 우리가 각각의 역사적 사건의 의미를 언제나 분간할 수 있는 것은 아니지만 우리는 역사의 궁극적인 결과가 어떻게 될지를 안다. 우리는 하나님의 선한 창조세계가 그 안에서 하나님이 존재하게 하신 목적인 하나님의 이름에 영광을 돌리는 것을 최종적이고 완전하게 실현할, 갱신된 우주의 일부로서의 새 땅을 진지하게 고대한다.

세계의 역사에 관한 이 모든 것은 무천년주의자들이 **온건한**(sober) (또는 **현실적인**[realistic]) **낙관주의**를 채택한다는 것을 암시한다. 그리스도의 현재의 통치, 하나님 나라의 현존, 목표를 향해 나아가는 역사의 움직임에 대한 믿음에 이 세상에서 죄의 현존과 악의 나라의 점증하는 발전에 대한 현실적인 인식이 수반된다. 무천년설 종말론은 그리스도가 다시 오시기 전에 인격적인 적그리스도가 최종적으로 출현하는 가운데 배교와 환난의 절정이 있을 것으로 예견한다. 무천년주의자들은 이 현재 시대 동안에 완벽한 사회가 실현되리라고 기대하지 않는다.

그러나 우리는 악에 대한 그리스도의 승리가 결정적이라는 것과 그리스도가 지금 보좌에 앉아 계신다는 것을 알기 때문에 무천년설 종말론의 지배적인 분위기는 낙관주의—기독교적 낙관주의—다. 이는 우리가 세계의 어떤 위기도 완전히 어쩔 수 없는 것으로 보지 않으며 어떤 사회적 추세도 절대적으로 뒤집을 수 없는 것으로 보지 않는다는 것을 의미한다. 그것은 우리가 소망—신앙에 기반을 두고 사랑 안에서 표출되는 소망—안에서 산다는 것을 의미한다.

그러므로 무천년설의 종말론은 현실적이지만 기본적으로 낙관적인 세계관과 인생관을 제공한다. 그것은 흥분시키고, 기분을 돋우어주고, 도전을 주는 종말론이다. 그것은 역사에 대한 그리스도의 주권과 그의 나라의 궁극적인 승리에 대한 고무적인 비전을 주는 종말론이다.

나는 그의 요한계시록 20장 주해를 제외하고 후크마가 쓴 내용의 사실
상 모든 부분에 동의한다. 나는 마태복음 12:29이 예수의 지상 사역이
하나님 나라가 역사 안으로 침투한 것을 의미하며 그것은 사탄의 결박
을 의미한다고 명확히 가르친다는 데 동의한다. 그러나 이 결박은 요한
계시록 20장에 기록된 사탄의 결박과 다르다. 전자는 사탄의 힘이 분쇄
되어 남녀 개인들이 그의 통제에서 벗어날 수 있음을 의미한다. 후자는
그가 민족들을 더 이상 속이지 못하는 것을 의미한다.

　요한이 "목 베임을 당한 자들"을 보았다는 사실이 그 장면이 하늘
의 장면임을 증명하지 않는다. 사실 요한계시록 전체에서 요한이 언제
하늘에 있고 언제 땅에 있는지 알기 어렵다. 그러나 이 맥락에서 요한
은 명확하게 "천사가 하늘로부터 내려오는 것을 보았다"라고 말함으로
써(계 20:1) 그 장면이 하늘에서 땅으로 전환되었음을 단언한다. 그리고
"그들이 살아서"라는 진술(계 20:4)이 우리가 믿는 바와 같이 몸의 부활
을 의미한다면 그 장면은 땅이다.

　나는 전천년주의자들에게 가장 큰 어려움은 신약성경의 대부분이

그리스도의 파루시아(parousia) 때 완성이 일어나는 것으로 묘사한다는 것임을 인정한다. 그러나 우리가 점진적 계시를 믿는다면 이것이 극복할 수 없는 문제는 아니다. 구약성경은 교회 시대를 예견하거나 정확히 예언하지 않는다. 구약성경은 미래를 오로지 하나님의 백성으로서 이스라엘의 관점에서 본다. 그러므로 신약성경이 **한** 곳에서만 이 시대와 내세 사이의 중간 왕국을 가르친다는 사실이 그것을 거절할 이유가 되지 못한다.

나는 세 가지 이유로 후크마가 주해의 요구를 충족하지 못한다고 생각한다. 첫 번째 이유는 나의 기고문에서 이미 제시되었다. 요한계시록 19-20장은 연속적인 것으로 보이며 악의 3인방의 멸망을 묘사한다. 먼저 짐승과 이어서 거짓 예언자(19:20-21)가 멸망하고 그 후에 이 둘의 배후의 힘인 마귀가 멸망한다. 20장에서 재현에 대한 어떤 암시도 없다.

두 번째 이유는 "그들이 살아났다"로 번역된 동사(*ezēsan*, 계 20:4-5)가 신약성경에서 **부활을 제외하고** 결코 죽음 뒤의 삶에 대해 사용되지 않는다는 것이다. 그 단어는 영적으로 살아나는 데 사용될 수 있다(요 5:25). 실제로 바울은 부활 및 그리스도와 함께 올라감의 관점에서 삶을 묘사한다(엡 2:6). 그러나 그 단어는 다른 곳에서는 결코 몸이 죽은 후에 살아 있는 영혼에 대해 사용되지 않는다. 오히려 그 동사의 다양한 형태가 많은 경우 예수( 눅 24:5, 23; 행 1:3; 롬 14:9; 고후 13:4)뿐 아니라 사람들 일반(마 9:18; 행 9:41; 20:12)의 부활 생명에 대해 사용된다. 같은 동사가 요한계시록 2:8에서 예수의 부활에 대해 사용되어 예수를 "죽었다가 살아나신 이"로 묘사한다.

셋째, 후크마는 요한계시록 20:5을 다소 이례적인 방식으로 해석한다. 이 절은 대개 몸의 부활을 가리키는 것으로 이해되어 왔는데, 이 절에 대한 후크마의 주해는 나의 논문에서 그것에 대해 가해진 비판을 회피한다. 후크마는 20:5이나 20:6 **어느 것**도 몸의 부활을 가리키지 않는다고 주장한다. 이 점에서 그는 일관성이 있다. 그러나 나는 그의 20:5 주해를 따를 수 없다. 그는 그 절이 "죽은 불신자들은 바로 그 1,000년 동안 살거나 그리스도와 더불어 통치하지 못한다"를 의미한다고 생각한다(본서 206쪽을 보라). 그러나 이것은 그 텍스트가 말하는 바가 아니다. "그 나머지 죽은 자들은 그 1,000년이 차기까지 살지 못하더라." 그 텍스트의 자연스러운 해석은 1,000년 후에 나머지 죽은 자들이 살아남을 명확히 암시한다. "까지"(*achri*)가 명확히 이것을 암시한다. 그 텍스트의 자연스러운 의미를 에두르려는 노력은 전혀 설득력이 없다.

그러므로 나는 여전히 전천년설을 확신한다.

무천년설 견해를 제시하는 저자는 자신의 논의 순서를 현명하게 배열하여 독자로 하여금 자신의 논의의 두드러진 특징들에 대해 잘 대비하게 했다. 그가 제시한 요한계시록의 특정한 해석이 요한계시록 20:1-6에 대한 그의 논의의 절대적으로 본질적인 배경이다. 그 논의에서 그는 천년왕국이 그리스도의 재림 후 미래에 있을 가능성을 제거한다. 이는 문자적 해석이 성경을 이해하기 위한 유일하게 타당한 해석이라는 입장을 논박하기 위한 두 구절의 성경 논의를 통해 논리적으로 따라온다. 이는 무천년설 종말론과 그것의 함의를 개괄하기 위한 길을 준비한다.

나는 후크마가 무천년설 입장에 관해 제시하는 명확한 구별을 인정한다. 어떤 의미에서 그가 **무천년설**이라는 용어에 반대하는 것은 옳다. 다른 용어들이 제안되었지만 모두 관련된 핵심 이슈를 해소하지 못한다. 따라서 **무천년설**이라는 용어가 유지되고 정의된다. 어떤 관점에서는 그 용어가 부적절해 보이지만 또 다른 관점에서는 그 용어는 이 견해를 지지하는 사람들이 그리스도의 재림 때 시작해서 영원한 상태가 시작되기 전까지 계속되는 지상의 천년왕국을 믿지 않는다는 것을 좀 더 명확하게 나타낸다.

요한계시록의 해석이 무천년설 교리의 토대를 놓는다. 후크마는 솔직하게 다음과 같이 말한다.

예를 들어 요한계시록이 오로지 미래적인 의미로 그리스도의 재림 즈음에 일어날 사건들을 가리키는 것으로 해석되어야 한다고 가정해보자. 나아가 요한계시록 20장에 기록된 내용이 반드시 시간상으로 19장에 묘사된 내용에 이어서 일어난다고 가정하자. 그럴 경우 우리는 사실상 요한계시록 20:4에 묘사된 1,000년 동안의 통치가 19:11에 묘사된 그리스도의 재림 뒤에 와야 한다고 믿을 수밖에 없다(본서의 190쪽을 보라).

이는 매우 중요한 인정으로 보이며, 요한계시록 해석 방법의 타당성에 진지한 문제를 제기한다.

후크마는 윌리엄 헨드릭슨이 그의 요한계시록 주석에서 사용한 **점진적 병행** 견해를 채택한다. 이는 요한계시록이 병행하는 일곱 부분으로 구성되는데 각각의 부분은 그리스도의 초림 때부터 재림 때까지의 교회와 세상을 묘사한다고 한다. 이는 요한계시록을 1-3장, 4-7장, 8-11장, 12-14장, 15-16장, 17-19장, 20-22장으로 나눈다. 이 전략은 사탄의 감금을 그리스도의 초림 때 일어나는 것으로 해석하고(20:1-3), 20:4-6은 1,000년 통치가 그리스도가 재림하여 부활과 심판을 집행하기(20:11-15) 전에 일어나는 것으로 묘사한다고 해석한다. 이는 그리스도의 재림 후 일어나는 기간으로서의 천년왕국을 제거한다. 이 해석에서 천년왕국이 생각될 수 있는 유일한 방법은 그리스도의 초림과 재림 사이에 위치하는 것이다.

후크마가 정직하게 인정하듯이 요한계시록을 다루는 이 방법이 그에게는 가장 만족스러워 보이지만 이 방법에도 "어려움이 없는 것이 아니다." 그러나 이것은 요한계시록에서 미래주의의 함의를 제거하고 그의 체계에 당황스러울 수도 있는 문자주의를 피하는 하나의 방법이다. 이는 요한계시록을 역사적으로 해석하는 방법이다. 그러나 그 추론이 학문적으로 아무리 뛰어나다고 하더라도, 어려움들이 쉽게 없어지지는 않는다. 요한계시록이 묵시적이기는 하지만 그렇다고 해서 그 책이 모호해지지 않는다. 묵시적인 제시 방법은 그 책을 한층 더 생생하게 만든다. 하지만 그 이미지는 성경의 관점에서 해석되어야 하며 이 이미지는 평균적인 사람들에게 이해될 수 있어야 한다. 더욱이 이 책에서 비유적인 내용은 많은 사람이 원하는 수준보다 훨씬 적다. 평균적인 사람들에게 천년왕국을 그리스도의 재림 전에 위치시키려는 노력은 인간의 정신으로 하여금 텍스트에 나오지 않는 뭔가에 동의하도록 요구하는 처사다. 그보다 더 심각한 요소로서, 혹자가 일곱 부분이 같은 시기(초림과 재림 사이)를 다루게 하려고 노력하다 보면 그 사람은 그것의 타당성을 확립하기 위해 온갖 종류의 혼동에 직면할 것이다. 이것은 무천년설의 견고한 기초를 세우기에는 허약한 토대다.

요한계시록 20:1-6을 논의하면서 후크마는 그 구절로부터 뒷받침되기 어려운 많은 내용을 주장한다. 그는 1-3절의 1,000년과 4-6절의 1,000년이 같다고 결론지어도 "무방하다"고 결론지을 뿐만 아니라 그 결론을 도출할 수 밖에 없다. 그리스어는 네 번 정관사를 사용한다(3절, 5-7절). 그는 이것이 논의 중인 같은 기간이라는 사실에 주의를 기울일 것을 요청한다. 그는 1-3절이 땅과 관련이 있고 4-6절은 하늘과 관련이 있다고 단언한다. 그러나 그 텍스트에는 그 결론을 요구하는 어떤 내용도 없다. 1-3절이 땅에 관련된다면 4-6절도 마찬가지다. 그리고 병행구는 땅에서의 통치를 지지하는 것처럼 보인다(계 5:10). 요한계시록 6:9-11은 명확히 하늘에서 펼쳐지기 때문에(계 4-6장) 그 구절이 후크마가 주장하고 있는 내용의 근거로 제시될 수 없다.

무천년설을 뒷받침하는 성경의 모순을 피하기 위해 후크마는 요한계시록 20:4-6에서 몸의 부활이 두 번 있을 것으로 이해될 가능성을 제거해야 한다. 성경은 **부활**이라는 단어를 사용하기 때문에 그는 요한이 "여기서 일종의 부활"에 대해 말하고 있다고 인정한다. 그러나 그는 그 텍스트가 천년왕국 전의 부활을 말하는 것처럼 보이는데도 이것이 천년왕국 전의 부활이 아니라 천년왕국 후의 또 다른 부활이라고 말한다. 그가 제시하는 이유는 한 번의 부활만 있을 터인데 그것은 재림 시의 영원한 상태가 시작된 후에 있을 것이고 신자들과 불신자들을 모두 포함한다는 것이다. 이것이 일반적인 부활이라는 그의 결론을 확고히 하기 위해 그는 요한복음 5:28-29과 사도행전 24:15을 인용한다. 그러나 이 구절들은 일반적인 심판을 증명하지 않는다. 그 구절들은 악인들과 의인들이 부활하리라고 단언할 뿐이다. 부활의 시기는 진술되지 않는다. 요한계시록 20:5에서는 시간 요소가 진술된다. 요한계시록 20:11-15은 악인들과 관련이 있다. 이는 요한계시록 20:4-6이 특히 의인들을 다룬다는 것(그리고 "살아났다"라는 말은 육체적 부활이라는 일반적인 의미로 여겨져야 한다)과 그들이 후크마가 선언하듯이 그리스도의 재림 전의 현재의 시간에 하늘에서 영들로서 다스리고 통치하는 것이 아니라 땅에서 몸으로 다스리는 것을 의미한다.

　요한계시록 20:1-3에 제시된 사탄의 상태에 대한 논의에서 후크마는 사탄이 그리스도의 초림 때 결박되었고 그리스도의 십자가 사역을 통해 패배했으며 현재 그의 활동에 대해 특정한 상대적 제약을 경험하고 있다고 설명한다. 그에 따르면 사탄은 이제 그리스도가 오시기 전에 그랬던 것처럼 민족들을 속이지 못하며, 따라서 제자들은 자유롭게 민족들 가운데 복음을 전할 수 있다. 이 결박은 사탄이 아무런 해도 가하지 못함을 의미하지 않는다. 그의 제약은 민족들을 속이는 데만 적용되는데, 그리스도의 재림 때 그 제약이 제거되고 그는 최후의 파멸을 맞이할 것이다. 이 복음 시대에 사탄은 결박되고 복음의 확산을 방해하지 못하며 그리스도의 모든 적을 모아 교회를 공격하지도 못한다. 사탄이 이 복음 시대에 결박되었음을 증명하기 위해 몇몇 구절이 인용되지만(마 12:28-29; 눅 10:17-18; 요 12:31-32), 그 구절들은 문제가 되는 주제에 대해 설득력이 별로 없다.

　그는 성경을 영적으로 해석할 권리에서 도피처를 찾으면서 천년왕국과 관련된 구약성경의 두 구절을 인용한다(사 11:6-9; 65:17-25). 스코필드 주석 성경은 이사야 65:17을 제외하고 그 구절들을 천년왕국에 할당한다. 후크마는 이 모든 구절이 영원한 상태를 묘사한다고 생각한다. 그의 추정에서 성경이 말하는 유일한 천년왕국은 그리스도의 초림과 재림 사이의 기간이며, 이 구절들은 이 현재의 시간을 묘사하지 않기 때문이다. 그러나 중재적 왕국 즉 천년왕국이 영원한 왕국과 통합되리라고 이해된다면 이 묘사가 천년왕국과 영원한 상태 모두에 해당할 수 있다. 이사야 65:17은 실제로 새 하늘과 새 땅을 언급한다. 천년왕국 때 시작된 변화는 매우 놀라워서 그것이 새 하늘 및 새 땅과 같을 것이고, 이 변화는 영원한 상태에서 완전한 단계에 이를 것이다. 그렇다면 이 구절에 기록된 변화 중 일부는 천년왕국에 해당하고 다른 일부는 영원한 상태에 해당하지 않을 이유가 없으며, 따라서 이후의 절들(사 65:18-25)에 어떤 모순도 없다.

일반적으로 나는 후크마의 무천년설 종말론 개관에 동의한다. 그리스도는 그의 초림 때 죄와 사망과 사탄에 대해 결정적인 승리를 거두셨다. 모든 유익이 경험되는 것은 아니다. 완전한 효과는 아직 미래에 속한다. 우주적 의미에서 하나님 나라는 작동 중이고 명백히 미래의 영적 귀족이 징집되고 있다. 우리는 지금 그리스도의 초림 이후 이제 마지막 때에 살고 있다(행 2:16-17; 고전 10:11; 요일 2:18).

나는 이 마지막 때가 시작된 종말론을 구성하며 동시에 최종적인 완성은 "마지막 날"(요 6:39-40, 44, 54; 11:24; 12:48)이라 불리는 미래에 일어나리라는 것을 기억한다는 그의 입장에 전적으로 동의한다. 이는 신자들이 "성령의 처음 익은 열매"(롬 8:23) 같은 미래의 복을 맛보고 있음을 의미한다. 그리고 그것은 나아가 신자들에게 긴급한 책임이 있음을 의미한다(고후 5:17; 고전 6:19; 갈 5:24; 골 3:9-10). 그러나 나는 우리가 지금 성경에 제시된 천년왕국에 살고 있다는 데 동의할 수 없다.

미래, 그것도 매우 가까울 수도 있는 미래를 가리키는 "시대의 표적들"이 있다는 후크마의 말은 확실히 옳다. 그는 그리스도의 재림이 하나의 사건이라고 믿지만, 나는 재림이 확대된 기간에 걸쳐 있고 두 단계로 구성된 복잡한 사건이라고 주장한다. 성경은 보편적인 부활과 보편적인 심판 교리를 지지하지 않는다. 의인의 부활과 악인의 부활 사이에 적어도 1,000년의 간격이 존재한다. 후크마는 교회의 부활과 그리스도가 다시 오셔서 그의 왕국을 세우시는 것 사이의 7년 간격이 들어설 자리가 없다고 생각한다. 따라서 환난으로 묘사된 무서운 기간 동안 지상에 부재한다는 의미에서의 교회의 휴거도 없다. 그의 견해에 따르면 성경은 그리스도가 두 번째 오셔서 교회를 들어 올리시고, 죽은 모든 사람을 살리시고, 모든 사람에 대한 심판을 수행하시고, 영원한 상태를 시작하실 것이라고 가르친다. 그는 새 예루살렘이 땅으로 내려올 것이고 새 땅은 영원토록 구속받은 사람들의 집이 될 것이며 하나님은 그분의 아들의 인격 안에서 인류와 거하실 것이라고 믿는다.

후크마가 열거한 무천년설의 함의들을 심사숙고하면 위안이 된다. 편만한 하나의 은혜 언약이 구약성경과 신약성경을 하나로 묶는다. 나는 이 점에 동의한다. 그러나 나는 이 하나의 언약에 다양한 단계들이 있다고 믿는데 후크마는 그 견해에 동의하지 않는다. 하나님 나라는 인간의 역사에 핵심적이며 영원한 상태에서 마침내 완성될 것이다. 확실히 그리스도는 역사의 주님이시다. 역사는 그분의 역사이며, 그분은 역사를 자신이 온 우주의 구속을 통해 달성하시는 최종적인 목적으로 인도하신다. 이 모든 것은 역사의 가장 어두운 시기에 있는 신자에게 낙관주의 정신을 제공한다.

# ▶ 후천년설의 응답
## ◣ 로레인 뵈트너

후천년설이나 무천년설이 역사적 전천년설이나 세대주의와 비교될 경우 후천년설과 무천년설 사이에는 비교적 별로 차이가 없다. 간략하게 말하자면 후천년설은 하나님 나라가 현재 복음 선포와 성령의 사역을 통해 확대되고 있으며, 세상이 궁극적으로 기독교화될 것이고, 그리스도의 재림이 오랜 의와 평화의 기간 끝에 일어날 것이라고 주장한다. 무천년설은 성경이 그리스도의 재림 전에 그런 의와 평화의 기간이 있으리라고 예언하지 않는다는 것과 선과 악, 하나님 나라와 사탄의 나라가 병행하여 동시에 발전하기를 그리스도가 재림하실 때까지 계속하리라는 것을 주장한다. 후천년설과 무천년설 모두 그리스도의 재림 후 즉시 부활과 심판 및 영원한 상태가 이어지리라고 주장한다.

많은 사람이 세상이 점점 나아지고 있다는 것을 믿지 못한다. 그러나 우리는 악에 관한 한 인류가 아담 안에서 타락한 이후 그것이 세상의 자연스러운 상태였다는 것을 기억해야 한다. 약 2,000년 전에 그리스도가 오셨을 때 팔레스타인의 작은 땅을 제외하고 온 땅이 이교도의 흑암 가운데 있었다. 그러나 그때 이후 복음이 점진적으로 세상에 퍼졌고 오늘날 수천만 명의 참된 그리스도인이 있다. 세상에 악이 많다는 점이 아니라 의가 많다는 점이 놀랍다. 기독교 원칙들이 개인들과 나라들이 그것들에 의해 살고 규율**되어야 할** 원칙이라고 널리 인정된다. 비록 그 원칙들이 일관성 있게 적용되고 있지 않지만 말이다.

세상은 아직 기독교화되지 않았지만 교회가 점점 더 넓은 지역에서 효과적으로 되어 감에 따라 교회는 큰 진보를 이루고 인류를 고양했다. 그리고 교회가 이미 우리가 많은 지역에서 보고 있는 놀라운 변화들을 가져왔다면 그 선한 영향이 온 세상에 확장될 경우 얼마나 큰 변화를 가져올 수 있겠는가!

천년왕국은 성경의 다른 곳에서는 언급되지 않기 때문에 후크마의 무천년설 설명은 주로 요한계시록 20장에 집중된다. 내게는 그의 요한계시록 해석 방법이 매우 칭찬할 만하며 그의 구약성경 해석 방법도 마찬가지다. 그는 요한계시록이 서로 병행하여 전개되는 일곱 부분으로 나뉘는데, 각 부분은 그리스도의 초림과 재림 사이의 교회의 진보를 다른 방식으로 서술한다고 주장한다.

그러나 나는 요한계시록 19:11-21이 그가 간략하게 제시하는 것처럼 그리스도의 재림을 묘사하는 것이 아니라 그리스도의 초림과 재림 사이의 교회의 진보를 묘사한다고 믿는다. 이 부분은 거대한 두 세력이 관여하는 큰 전쟁의 이미지를 사용한다. 나는 이것이 그리스도가 하늘 보좌에서 그의 지상의 왕국—그것의 외적 현시가 교회다—의 일들을 인도할 때 여러 세기에 걸쳐, 심지어 천년왕국까지 이어지는 전쟁이라고 믿는다. 그리고 그 전쟁은 그리스도와 그의 교회의 압도적인 승리로 귀결된다.

무천년주의자들은 그리스도의 재림 전에 세상이 기독교화될 것을 고대하지 않지만, 마태복음에서 이 주제와 관련이 있는 두 건의 산문체 진술을 살펴보자. 첫 번째 진술은 마태복음 28:18-20에서 그리스도가 그의 제자들에게 주신 대위임령이다.

> 예수께서 나아와 말씀하여 이르시되 "하늘과 땅의 모든 권세를 내게 주셨으니 그러므로 너희는 가서 모든 민족을 제자로 삼아 아버지와 아들과 성령의 이름으로 세례를 베풀고 내가 너희에게 분부한 모든 것을 가르쳐 지키게 하라. 볼지어다, 내가 세상 끝날까지 너희와 항상 함께 있으리라" 하시니라.

이 구절에서 우리는 **하늘과 땅의 모든 권위**가 승천하여 다스리는 그리스도께 주어졌다는 말을 듣는다. 그리고 그 권위를 토대로 그는 자신의 추종자들에게 가서 **모든 민족을 제자 삼으라**고 명령하셨다. 그 목적을 위해 그는 자신이 세상 끝날까지 그들과 함께하겠다고 약속하셨다. 따라서 교회 시대 동안의 그의 목적은 세상을 기독교화하는 것이다. 그는 전천년주의자들이 믿는 것처럼 오셔서 예루살렘에 천년왕국을 세우신다고 할지라도 그 목적을 수행하기 위해 지금 최고의 힘을 갖고 계신다. 그의 제자들은 가서 그리스도가 그들에게 명령하신 모든 것을 사람들에게 가르쳐야 한다. 그러므로 이것은 단순히 복음에 관한 외부적 또는 피상적인 발표나 "증언"이 아니라 삶을 변화시키는 효과적인 교육 시스템이다. 제자가 되는 자들은 세례를 받아야 한다. 그러나 진정한 제자들만 세례를 받게 되어 있다.

우리에게 교회가 할당받은 임무를 완수하기 전에 그리스도가 그의 교회를 위해 재림하시리라고 기대할 권리가 있는가? 나는 그렇다고 믿지 않는다. 확실히 신부가 준비를 마치기 전에는 신랑이 오지 않을 것이다! 그러므로 우리는 대위임령에서 교회에 부여된 임무는 후천년설 원칙에서 제시된 바와 같이 세상이 궁극적으로 기독교화되리라는 것을 의미한다고 믿는다.

세상이 기독교화되리라고 가르치는 두 번째 언급은 "또 내가 네게 이르노니 너는 베드로라. 내가 이 반석 위에 내 교회를 세우리니 음부의 권세가 이기지 못하리라"라고 말하는 마태복음 16:18이다. 이 절은 예수가 그리스도라는 베드로의 장엄한 고백 직후에 나온다. 지옥의 문들이 교회를 이기지 못하리라는 진술은 대개 교회가 자신의 모든 적에 대항하여 자신을 방어할 수 있으리라는 것과 교회의 원수들이 교회에 대항하여 가져올 수 있는 최악의 것들조차 교회를 파괴하지 못하리라는 뜻이라고 이해되었다. 그러나 우리는 진정한 의미는 위의 설명과 아주 다르다고 믿는다.

문들은 공격 무기가 아니라 방어 무기다. 그날 성의 문들은 공격자들의 가장 강력한 맹공격도 견디도록 설계된, 강력하게 요새화된 도구들이었다. 따라서 이 절의 진정한 의미는 교회가 공격하리라는 것과 교회가 온 세상으로 진격하리라는 것과 문자적으로 아무것도 교회의 전진에 저항할 수 없으리라는 것이다. 지옥 자체의 요새조차 저항할 수 없을 것이다. 끝이 오기 전에 교회는 모든 것을 깨끗이 청소할 것이다. 물론 그렇다고 해서 모든 악이 제거되리라는 뜻은 아니다. 이 세상에 들어오는 사람들은 모두 거듭나지 않은 아담의 후손으로 태어나며 깨끗해지는 것을 순전히 하나님의 은혜에 의존하기 때문이다. 그러나 이 일반적인 그림이 요한계시록 19:11-21에 기록된 백마를 탄 사람에게 돌려진 압도적인 승리에 얼마나 조화롭게 들어맞는가! 확실히 이것은 무천년설이나 전천년설 입장보다 후천년설 입장을 지지하는 방향으로 훨씬 더 많은 것을 말한다.

나는 매우 중요한 부분인 요한계시록 20:1-6에 대한 후크마의 해석이 본질적으로 옳다고 믿는다. 그는 1-3절이 우리를 신약성경 시대의 시작으로 데려가는데 사탄의 패배가 그리스도의 초림 때 이뤄졌고 그때 사탄이 1,000년 동안 결박되었다고 말한다. 사탄은 더 이상 아무런 해도 끼치지 못한다는 의미에서 결박된 것이 아니라 이제 더 이상 그리스도가 오시기 전에 그랬던 것처럼 세상 민족들에게 복음이 전해지는 것을 막지 못한다는 의미에서 결박되었다. 1,000년은 그 시대에 대한 정확한 기간이 아니라 정해지지 않은 긴 기간, 실제로는 그리스도의 초림과 재림 사이의 기간을 의미한다. 이제 그 저주가 풀렸고 복음이 모든 민족에게 전파되고 있다.

4-6절 역시 명백히 전체 교회 시대 동안 계속되는 1,000년 기간에 대해 말한다. 그곳에서 언급된 영혼들은 "목 베임을 당한" 사람들의 영혼들이기 때문에 후크마가 말하듯이 그 환상의 장소는 이제 땅에서 하늘로 이동한 것이 분명하다. 요한의 시대에 박해와 순교가 매우 흔했기 때문에 목 베임을 당한 비유는 아마도 죽을 때까지 그들의 주님께 진실했던 모든 신자를 포함하도록 의도되었을 것이다. 그리고 요한은 그들이 보좌에 앉은 것을 보았기 때문에 그것은 명백히 그들이 그리스도와 함께 통치하고 있으며, 그들이 죽는 순간부터 초림과 재림 사이 중간 기

간의 나머지 동안 계속 그리스도와 함께 통치하리라는 것을 의미한다.

그러나 후크마는 (모든 민족에게 복음이 전파됨, 유대인들의 회심, 대대적인 배교, 대환난과 적그리스도의 도래 같은) 특정한 표지들이 그리스도의 재림에 앞서야 한다고 말한다. 그는 이어서 이 표지들이 어떤 의미에서는 기독교 시대의 시작부터 우리와 함께 있어 왔기 때문에 그것들은 미래에 대해서뿐만 아니라 현재에 대해서도 적실성이 있다고 덧붙인다. 우리가 어떻게 그런 표지들이 주님의 재림이 가까이 다가왔다고 암시하기에 충분할 정도로 강해졌다는 것을 아는가?

마지막의 표지로서의 복음 전파에 관해서는 (사도 시대, 아우구스티누스 시대, 개신교 종교개혁 시대, 휘트필드와 웨슬리 형제들 시대의 부흥 같은) 다양한 시기에 큰 진보가 이루어졌고 각각의 진보 때 전에 있었던 어떤 시기보다 큰 진전이 이뤄졌지만, 그 시기에 이어 무기력이나 배교의 시기가 따라왔다. 우리가 사는 20세기 동안 복음의 확산에 큰 진전이 이뤄졌다. 대형 교회 조직들과 독립적인 기관들의 사역, 그리고 인쇄기, 라디오, 텔레비전의 사용을 통해 오늘날 복음이 문자적으로 세상의 모든 민족에게 전해지고 있다. 그러나 누가 현재의 이 대규모 사역이 마지막 때의 표지라고 말할 수 있는가?

그리스도의 재림이 임박했다는 표지로서의 유대인들의 회심에 관해서는 세계적으로 유대인의 일부만 기독교로 개종했는데 그것은 끝이 아직 멀었음을 암시할 수도 있다. 그러나 상당히 많은 유대인의 회심과 특히 상당히 많은 유대인이 팔레스타인 땅으로 돌아와 이스라엘 국가를 수립한 것이 많은 사람으로 하여금 주님의 재림이 임박했다고 믿게 했다.

소위 대대적인 배교는 그것에 관해 많은 의견 차이가 있는 또 다른 주제다. 복음의 빛이 꺼질 것처럼 보이던 때가 많이 존재해왔다. 몇 가지 사건만 거명하자면 5세기 야만인들의 침략과 로마의 멸망, 개신교 종교개혁 전의 암흑시대, 수만 명이 신앙 때문에 고문받고 죽었던 스페인과 이탈리아 등에서의 종교재판을 들 수 있다. 그러나 이 사건들이 모질기는 했지만 그중 아무것도 주님의 재림에 대한 진정한 표지가 아니었다. 각각의 사건 후 교회는 회복했고 훨씬 더 큰 진보를 이뤄냈다.

또한 다양한 시기에 매우 심하고 넓은 지역에 걸친 많은 환난이 존재해왔다. 특히 7세기와 8세기에 근동과 이슬람교의 침입이 유럽의 이탈리아와 오스트리아, 북아프리카 전역, 스페인과 프랑스까지 휩쓸었다. 14세기에는 흑사병이 아시아와 유럽을 폐허로 만들었다. 17세기에 30년 전쟁이 중부 유럽의 많은 부분을 황폐화했다. 20세기에 두 번의 세계대전이 있었다. 한동안 이 사건들 각각이 대환난으로서의 자격이 있는 것처럼 보였다. 그러나 각각의 사건이 끝난 후 회복과 더 큰 진전이 있었다.

적그리스도에 관해서는 다양한 인물―5세기 때 훈족 아틸라(Attila), 개신교 종교개혁 당시 교황, 19세기 때 나폴레옹, 20세기 때 무솔리니와 히틀러와 스탈린 등―이 일시적으로 그 역할을 해왔다.

그리고 그런 식으로 진행된다. 그런 모든 표지는 상대적이며 어느 시대에나 상당히 현저하다. 나는 그런 표지 중 어느 것도 그리스도의 재림이 가까워졌다는 증거나 암시로 여겨질 수 있다고 믿지 않는다. 오히려 나는 마태복음 24:1-34에 언급된 표지들이 예수 당시에는 다가오고 있는 예루살렘의 멸망과 관련이 있다고 믿는데, 그 일은 기원후 70년에 일어났다. 그러므로 이 표지들은 오래전에 성취되었다. 34절은 "내가 진실로 너희에게 말하노니 이 세대가 지나가기 전에 이 일이 다 일어나리라"라고 말하기 때문이다. J. 마셀러스 키크(J. Marcellus Kik)는 『승리의 종말론』(*An Eschatology of Victory*)에서 이 장에 대한 상세한 설명을 제공했다. 나는 그 주제에 관심이 있는 모든 사람에게 그 책을 강력하게 추천한다.

후크마는 진정한 무천년주의자답게 그리스도의 재림 시기에 관해 확언하지 않는다. 그는 "그리스도가 돌아오실 정확한 시기는 알려지지 않았기 때문에 교회는 역사의 끝이 매우 가까이 다가와 있을 수도 있음을 깨닫고 긴박감을 갖고 살아야 한다"라고 말한다. 하지만 그는 "그러나 동시에 교회는 오랫동안 지속할 수도 있는 이 현재의 땅에서 계속 계획을 세우고 일해야 한다"라고 덧붙인다(본서의 218쪽을 보라).

그리스도의 재림이 아마도 아직 먼 미래의 일일 것이라는 후천년설의 가르침에 대해 흔히 제기되는 이의는 만일 그것이 사실이라면 우리가 그의 오심을 명확히 명령받은 바대로 "경계할" 수 없다는 것이다. 그러나 그 이의는 그리스도가 오시는 다양한 방법이 있다는 사실을 통해 답변된다. 나는 그리스도의 오심을 다루는 많은 책 중 대다수가 그리스도의 최종적이고 가시적인 오심 외에 그가 오시는 다른 방식들이 있다는 아이디어를 무시하거나 비웃기까지 하는 것은 불행한 일이라고 생각한다. 다음 사항들을 고려해보라.

1. **그리스도인들이 죽을 때 그들을 위한 그리스도의 오심**. 예수는 "내가 너희를 위하여 거처를 예비하러 가노니 가서 너희를 위하여 거처를 예비하면 내가 다시 와서 너희를 내게로 영접하여 나 있는 곳에 너희

도 있게 하리라"라고 말씀하셨다(요 14:2-3). 충실한 신자가 죽을 때 예수가 큰 값을 지불하시고 사신 사람, 그가 개인적으로 그 사람을 위해 죽으셨고 영원을 함께 보내실 사람을 하늘나라로 환영하실 때 그 사람을 위한 그리스도의 오심이 있다. 그리고 그렇게 하늘나라에 들어가는 것은 확실히 그 신자의 전체 실존에서 가장 절정의 사건일 것이다. 우리는 우리 각자에게 그 사건이 비교적 가까운 미래라는 것과 우리가 항상 그것에 대해 준비하고 있어야 한다는 것을 알기 때문에, 이것은 재림과 마찬가지로 완전히 경계할 기회를 주는 오심이다. 확실히 그것은 개인으로서의 우리가 가장 관심을 가져야 할 오심이다.

2. **심판 때 그리스도의 오심**. 마태복음 24장에 기원후 70년에 일어난, 배교한 이스라엘에 대한 심판에서 그리스도의 오심이 예언되었다. 위에 인용된 34절은 그 오심의 때를 매우 명확하게 확정한다.

3. **그리스도의 부활 후 그가 제자들에게 오심**. 이것은 문자적이고 가시적이며 개인적인 오심이었다. 그리스도는 그의 마지막 강화에서 "내가 너희를 고아와 같이 버려두지 아니하고 너희에게로 오리라"라고 말씀하셨고 "'내가 갔다가 너희에게로 온다' 하는 말을 너희가 들었나니"라고 말씀하셨다(요 14:18; 14:28도 보라). 그리고 다시 "조금 있으면 너희가 나를 보지 못하겠고 또 조금 있으면 나를 보리라"라고 말씀하셨다(요 16:16). 사건들이 증명했듯이 그의 부활 후 몇 번의 나타나심은 문자적으로 그들에게 개인적으로 오신 것이었다.

4. **오순절 날 그리스도의 오심**. 그날의 사건들에서 그리스도는 그의 성령을 부어 주셔서 인간사에서 그의 현존을 섭리적으로 드러내셨고 성령을 통해 그의 힘을 보여주시고 사도들을 계몽하시고 세상에 복

음을 전하는 자들로 준비시키셨다.

5. **소아시아 교회들에게 그리스도가 오심**. 그는 에베소 교회에 "그러므로 어디서 떨어졌는지를 생각하고 회개하여 처음 행위를 가지라. 만일 그리하지 아니하고 회개하지 아니하면 내가 네게 가서 네 촛대를 그 자리에서 옮기리라"라고 경고하셨다(계 2:5). 소아시아에 있는 다른 교회들에게도 비슷한 경고가 주어졌다. 에베소 교회는 회개하지 않았다. 그가 오셔서 에베소 교회의 촛대를 옮기셨고 그 교회는 존재하지 않게 되었다. 물론 그것은 가시적인 오심이 아니었지만, 그것은 예언되었고 매우 실제적인 오심이었다.

6. **신자들에게 그리스도가 오심과 모든 시대의 신자들에게 성령을 통한 그리스도의 현존**. 그리스도는 "사람이 나를 사랑하면 내 말을 지키리니 내 아버지께서 그를 사랑하실 것이요, 우리가 그에게 가서 거처를 그와 함께하리라"라고 말씀하셨다(요 14:23). 또한 "두세 사람이 내 이름으로 모인 곳에는 나도 그들 중에 있느니라"라고 말씀하셨다(마 18:20).

7. **그리스도의 공적 사역 동안 팔레스타인의 다양한 도시에 그리스도가 오심**. 열두 제자가 전도 임무를 띠고 파송받았을 때 그리스도는 그들에게 "이 동네에서 너희를 박해하거든 저 동네로 피하라. 내가 진실로 너희에게 이르노니 이스라엘의 모든 동네를 다 다니지 못하여서 인자가 오리라"라고 말씀하셨다(마 10:23). "그 후에 주께서 따로 칠십 인을 세우사 친히 가시려는 각 동네와 각 지역으로 둘씩 앞서 보내셨기" 때문에(눅 10:1) 그는 명백히 이 도시들을 머지않아 방문하시리라는 것을 의미했다.

8. 마지막으로, **마지막 때에 그리스도의 가시적이고 영광스러운 오심**. 가장 중요한 이 절정의 오심은 그리스도의 승천 때 두 천사를 통해 약속되었고 모든 그리스도인에게 인정된다.

(수 세기에 걸쳐 그리스도의 교회가 다른 모든 시스템에 대해 승리를 거두고 있고 궁극적으로 그리스도가 기독교화된 세상에 돌아오시리라는) 후천년설의 독특한 교의들을 염두에 두면서 나는 가장 위대한 교회사가인 케네스 스캇 라투렛(Kenneth Scott Latourette)의 말을 인용하면서 마무리하려고 한다. 그의 기념비적인 저작 『기독교 확장의 역사』(*A History of the Extension of Christianity*) 제7권의 마지막 장에서 그는 다음과 같이 말한다.

지난 150년 동안 기독교는 지리적으로 가장 크게 확장되었고 인류에 가장 광범위한 영향을 끼쳤다. 기독교의 역사 전체를 통틀어 기독교는 주요 진동들을 통해 앞으로 나아갔다. 각각의 전진은 기독교를 그 전의 전진보다 한층 더 앞으로 나아가게 했다. 번갈아 일어났던 후퇴에 관해 말하자면 각각의 후퇴는 그전에 있었던 후퇴보다 기간이 짧고 덜 현저했다.

그러고 나서 그는 "역사에 19세기에 사람들이 맹신적으로 마음에 품었던 진보라는 교의를 확신할 근거가 있는가?"라고 질문한다. 그는 이 질문에 다음과 같이 답변한다.

수 세기 안에 기독교가 모든 인류가 고백하는 종교가 될 가능성이 있다. 이 일이 일어날 경우 그것은 아마도 오랜 시간이 지난 후 일어날 것이다.…주 예수 그리스도의 아버지이신 하나님이 패배하시지 않으리라는 것이 기독교 신앙의 핵심이다.

하지만 그는 완벽은 이 세상에서 달성될 수 없기 때문에 세상의 모든 사람이 기독교의 패턴에 완전히 순응하지는 않을 것이라고 덧붙인다. 그러나 다른 종말론을 주장하는 사람 중 누가 이것이 사실이기를 바라지 않겠는가?

후기

# ▶ 후기
## ▶ 로버트 G. 클라우스

비판적인 사람은 "왜 종말론에 대한 성경의 가르침을 이해하기 위해 그렇게 많은 시간과 에너지를 소비하는가?"라고 물을 수도 있을 것이다. 그 주장은 계속해서 미래에 관한 교리는 최근의 기독교 역사에서 가장 분열을 일으키는 요소 중 하나였음을 지적할 수도 있다. 실제로 그런 가르침과 관련된 유일한 문제가 다가오는 사건들에 대한 추상적인 사변이라면 혹자는 모든 사안을 무시하려는 유혹을 받을 수 있을 것이다. 하지만 그리스도인이 사회, 교회와 교회의 목적, 교육과 문화, 심지어 현재의 사건들에 관해 지니는 많은 태도가 그 사람이 지지하는 종말론에 의존하기 때문에 이것은 가능하지 않다.

천년왕국주의자의 가르침의 가장 흔한 형태는 전천년주의자의 가르침이기 때문에 이후의 논평은 특히 그 입장을 대상으로 할 것이다. 전천년설 견해를 취하는 개인은 일반적으로 다른 종말론 중 하나를 받아들이는 사람보다 좀 더 비관적일 것이다. 최근에 어떤 저자가 다음과 같이 진술한 것처럼 말이다.

그러나 누가 우리가 사는 세상에서 안정적일 수 있는가? 인정사정없는 태도가 비즈니스계에 편만하다. 이 풍요의 시대의 물질주의가 우리 모두에게 압력을 가한다. 소득 증가는 소비 증가와 더 큰 압력을 가져왔다. 우리의 도시들에서 일어나는 폭동들과 권위 일반에 대한 저항으로 사람들은 거리를 걷기를 두려워한다. 부모들은 그들의 자녀들을 염려하고 인종들이 서로 싸우며 국가들은 누가 먼저 남을 파괴할 수 있는지 보려고 경쟁한다. 교회에서는 배교와 무관심과 생기 없음이 보편적인 것으로 보인다. 거짓된 지성주의가 너무도 만연하여 우리가 불신자들이 참된 신자라는 말과 하나님은 죽었거나 너무 멀리 있어 실제로 아무 쓸모가 없다는 말을 들을 지경이 되었다.

우리는 그 추세가 어디로 향할지 궁금하지 않을 수 없다. 기독교가 이 혼란스러운 시대를 위한 어떤 메시지를 가지고 있는가?… 이런 질문에 대한 답이 성경에 들어 있으며 특히 미래를 위한 하나님의 프로그램을 이해하는 데 들어 있다.[1]

그가 보기에 인류의 유일한 희망은 예수 그리스도의 재림이다. 이 견해는 사회적 행동에 관여하는 것을 억제하며 현상을 지지하는 초자연적인 사회 윤리를 조장한다. 전천년설에 큰 영향을 받은 많은 복음주의자가 그들의 많은 동료의 삶을 개선할 수 있는 사회적 변화를 보기를 원치 않는다. 성경이 신자들은 그들의 이웃을 사랑하고 이웃에게 육체적

---

1_Charles C. Ryrie, *The Bible and Tomorrow's News* (Wheaton, Illinois: Scripture Press, 1969), 12.

으로 및 영적으로 도움을 주어야 한다고 명확히 가르침에도(마 25장; 롬 12:20) 너무도 많은 그리스도인이 그들의 사명을 그리스도를 위해 영혼들을 얻으려는 노력으로 제한한다.[2]

전천년설을 유지하는 사람들은 종종 교회를 오로지 그리스도의 복음을 증진하는 기관으로만 본다. 비관적인 세계관을 증진하기 위해 고강도의 압박 전술이 사용되며 그리스도가 돌아오시도록 "마지막 영혼을 얻는 것"이 강조된다. (신학적 자유주의자들은 교회를 사교 클럽으로 취급하는 반면 근본주의 회중들은 주님을 위한 선전에 관여하는 대항문화 집단을 만들려고 노력함으로써 과녁을 놓친다.) 이 두 태도와 대조적으로 성경은 교회를 하나님에 의해 사용되어 사람을 온전해지게 만들 뿐만 아니라 구성원들을 계속 돌보기도 하는 치유 공동체로 묘사한다. 이 관심은 모든 분야의 인간의 필요를 돕는 데 미친다. 따라서 무천년주의자들과 후천년주의자들은 시간과 공간을 뛰어넘는 하나님의 대의 또는 공동체로서의 교회를 다른 많은 전천년주의자들보다 훨씬 더 많이 이해한다. 후천년설은 특히 하나님의 백성에게 진정한 부흥이 오고 그들을 통해 인간의 모든 제도에 치유하는 영향을 행사할 가능성을 연다.

---

2_ 전천년주의자들 사이의 사회적 문제에 대한 관심 결여에 관한 좀 더 자세한 내용은 Robert G. Clouse, "The Evangelical Christian, Social Concern, and a Theology of Hope," *The Evangelical Quarterly*, XLIV (1972), 68-75을 보라. 전천년설을 믿는 사람이 모두 사회적 변화를 설교하기를 삼가는 것은 아니라는 점을 지적할 필요가 있다. 사회적 변화에 찬성하는 강력한 입장을 취하는 선도적인 전천년설 신학자로는 버논 C. 그라운즈(Vernon C. Grounds)가 있다. 그의 *Revolution and the Christian Faith*(Philadelphia: J. B. Lippincott, 1971)를 보라. 그라운즈가 그의 종말론을 그의 훌륭한 사회적 메시지와 맞추려는 시도는 그의 다음 논문들을 보라. "Premillennialism and Social Pessimism," in *Christian Heritage*, Sept. 1974, 25-27와 Oct. 1974, 28-29. 또한 다른 종말론을 믿는 사람들이 반드시 사회 변화에 좀 더 우호적인 태도를 취하는 것은 아니라는 점을 우리가 기억할 필요가 있다.

전천년주의자들은 문화에 관해 흔히 극단적으로 분리주의적인 입장을 취한다. 그들은 "전임"(full-time) 기독교 사역을 위해 훈련하는 성경학교와 신학교들을 강조하는 경향이 있다. 이 집단 사이에서는 교양 과목에 대한 견고한 기초와 기독교 사상사에 대한 철저한 지식이 무천년주의자들과 후천년주의자들 사이에서 만큼의 인기가 없다. 그리스도인들이 예술과 엔터테인먼트 매체를 소홀히 할 경우 이 표현 통로들이 대개 좀 더 세속적이고 물질주의적인 영향에 장악될 것이기 때문에 이런 태도에는 큰 위험이 있다. 다수의 열렬한 천년왕국 옹호자들이 그리스도와 문화 사이의 모종의 종합을 위해 일하기보다 대체로 유행하고 있는 예술과 표현을 부인하는 것으로 구성된 메시지를 전한다.

전천년설의 또 다른 측면인 "시대의 표지들"을 식별하려는 노력이 많은 그리스도인을 난처하게 한다. 자연재해, 교회 안의 배교, 기술적 진보, 권위적인 정치 지도자의 부각 같은 현상이 "끝이 가까이 왔다"는 것과 그리스도의 재림이 "가까이 왔다"거나 "임박했다"는 증거로 인용된다. 현시점에서는 현저한 표지들로서의 중동과 이스라엘 국가에 주의가 집중된다. 표지를 구하는 것이 날짜를 고정하는 막다른 골목으로 인도할 수 있다는 사실은 차치하고, 하나님의 대의를 시오니즘과 이스라엘 국가와 동일시하는 경향은 지구상에 평화를 가져오지 않는 정책들을 지지할 수 있다. 미국이 중동에서의 전쟁에 말려들 수 있으며 많은 복음주의자가 그 갈등으로 인도할 수 있는 태도들에 책임이 있을 수도 있다.

그러나 전천년설은 종말론에 초점을 맞추기 때문에 큰 가치가 있다. 종말론은 그리스도인들이 무시하기 쉬운 영역이다. 하지만 그리스도의 복음은 소망과 미래에 대한 개방성의 메시지다. 전천년주의자들은 신자들에게 오늘날 상황이 아무리 실망스럽더라도 1,000년의 영광이 기다리고 있음을 계속 상기해 준다. 혹자의 사회적 계급이 하락하고 있거나 그의 보수적인 신학적 견해가 약해지거나 그에게 모종의 커다란 개인적인 비극이 닥쳤을 수도 있지만, 언젠가 그리스도와 함께 다스릴 것이기 때문에 그는 용기를 낼 수 있다.

그러나 C. S. 루이스(C. S. Lewis)가 경고했듯이 종말론이 결코

보통의 도덕성과 신중함의 한계 안에서 미래를 위해 건전하게 일하는 것을 막지 않아야 한다.…심판이 다가오고 있기 때문이다. 심판 때 그들의 직업에서 일하고 있는 사람들에게 복이 있을 것이다. 그 일이 밖에 나가 돼지들에게 먹이를 주는 일이든 앞으로 100년 뒤에 큰 악으로부터 인류를 구원할 좋은 계획을 세우는 것이든 말이다. 이제 막이 내렸다. [심판이 오면] 그 돼지들이 사실은 결코 먹이를 제공받지 않을 것이고, 강제 매춘이나 정부의 독재에 반대하는 위대한 운동이 사실은 결코 승리하지 않을 것이다. 그래도 괜찮다. 감찰이 행해질 때 당신은 당신의 자리를 지키고 있었으니 말이다.[3]

---

3_ C. S. Lewis, "The Christian Hope," *Eternity* (March 1954), 50.

# ▶ 참고 문헌

## 교리사

Bass, Clarence B. *Backgrounds to Dispensationalism*. Grand Rapids, Michigan: William B. Eerdmans, 1960.

Bethune-Baker, James F. *An Introduction of the Early History of Christian Doctrine*. London: Methune & Co., 1923.

Case, Shirley Jackson. *The Millennial Hope*. Chicago: University of Chicago Press, 1918.

Cohn, Norman. *The Pursuit of the Millennium*. New York: Oxford University Press, 1970.

Danielou, Jean. *The Development of Christian Doctrine before the Council of Nicaea*. Chicago: Henry Regnery Co., 1964.

Elliott, E. B. *Horae Apocalypticae; or a Commentary on the Apocalypse, Critical and Historical*. 4 vols. London: Seely, Burnside, and Seely, 1847.

Fixler, Michael. *Milton and the Kingdoms of God*. Evanston, Illinois: Northwestern University Press, 1964.

Froom, LeRoy Edwin. *The Prophetic Faith of Our Fathers*. 4 vols. Washington, D.C.: Review and Herald Publishing Association, 1946-1954.

Kelly, John N. D. *Early Christian Doctrines*. New York: Harper & Brothers, 1958.

Klausner, Joseph. *The Messianic Idea in Israel*. New York: Macmillan, 1958.

Kraus, C. Norman. *Dispensationalism in America*. Richmond, Virginia: John Knox Press, 1958.

Morris, Leon. *Apocalyptic*. Grand Rapids, Michigan: William B. Eerdmans, 1972.

Murray, lain H. *The Puritan Hope*. London: Banner of Truth Trust, 1971.

Peters, George N. H. *The Theocratic Kingdom of Our Lord Jesus, the Christ*. 3 vols. Grand Rapids, Michigan: Baker Book House, 1957.

Sandeen, Ernest R. *The Roots of Fundamentalism*. Chicago: University of Chicago Press, 1970.

Smith, David E. "Millenarian Scholarship in America." *American Quarterly*, XVII, 535-49.

Thrupp, Sylvia, ed. *Millennial Dreams in Action*. New York: Schocken Books, 1969.

Toon, Peter, ed. *Puritans, the Millennium and the Future of Israel*. Cambridge: James Clarke & Co., 1970.

Tuveson, Ernest Lee. *Millennium and Utopia*. Berkeley: University of California Press, 1949.

_____. *Redeemer Nation*. Chicago: University of Chicago Press, 1968.

## 역사적 전천년설

Alford, Henry. *The Greek Testament*. New Edition. 4 vols. London: Longmans, Green & Co., 1894.

Frost, Henry W. *The Second Coming of Christ*. Grand Rapids, Michigan: William B. Eerdmans, 1934.

Guinness, H. Grattan. *The Approaching End of the Age*. London: Hodder and Stoughton, 1880.

Kellogg, S. H. *The ferns, or Predictions and Fulfillment*. New York: A. D. F. Randolph & Co., 1883.

Ladd, George E. *The Blessed Hope*. Grand Rapids, Michigan: William B. Eerdmans, 1956.

_____. *A Commentary on the Revelation of John*. Grand Rapids, Michigan: William B. Eerdmans, 1972.

_____. *Crucial Questions About the Kingdom of God*. Grand Rapids, Michigan: William B. Eerdmans, 1952.

_____. *The Gospel of the Kingdom*. Grand Rapids, Michigan: William B. Eerd‑ mans, 1959.

_____. *The Presence of the Future*. Grand Rapids, Michigan: William B. Eerdmans, 1974.

Pay ne, J. Barton. *Encyclopedia of Biblical Prophecy*. New York: Harper and Row, 1973.

Reese, Alexander. *The Approaching Advent of Christ*. London: Marshall, Morgan & Scott, 1937.

West, Nathaniel. *Studies in Eschatology; The Thousand Years in Both Testaments*. New York: Fleming H. Revell, 1889.

## 세대주의적 전천년설

Anderson, Robert. *The Coming Prince*. Grand Rapids, Michigan: Kregel Publications, 1969.

Blackstone, William E. *Jesus Is Coming*. New York: Fleming H. Revell, 1908.

Brookes, James H. *Maranatha*. 10th ed. New York: Fleming H. Revell, 1889.

Chafer, Lewis Sperry. *Dispensationalism*. Dallas: Dallas Seminary Press, 1936.

_____. *Systematic Theology*. Dallas: Dallas Seminary Press, 1947‑48. Vol. 4. 종말론을 다룬다.

Darby, John N. *Synopsis of the Books of the Bible*. 2nd ed. 5 vols. New York: Loizeaux Brothers, 1950.

Ehlert, Arnold H. "A Bibliography of Dispensationalism," *Bibliotheca Sacra*, 1944‑1946.

Feinberg, Charles L. *Premillennialism or Amillennialism?* 2nd ed. Wheaton, Illinois: Van Kampen Press, 1954.

Gaebelein, Arno C. *The Hope of the Ages*. New York: Publication Office "Our Hope," 1938.

_____. *The Return of the Lord*. New York: Publication Office "Our Hope," 1925.

Gray, James M. *Prophecy and the Lord's Return*. New York: Fleming H. Revell, 1917.

Haldeman, I. M. *The Coming of Christ*, Both Premillennial and Imminent. New York: Charles C. Cook, 1906.

Hoyt, Herman A. *The End Times*. Chicago: Moody Press, 1969.

Ironside, H. A. *The Lamb of Prophecy*. Grand Rapids: Zondervan, 1940.

Lindsey, Hal. *The Terminal Generation*. Old Tappan, New Jersey: Fleming H. Revell, 1976.

_____. *The Late Great Planet Earth*. Grand Rapids, Michigan: Zondervan, 1970.

_____. *There's a New World Coming*. Santa Ana, California: Vision House, 1973.

McClain, Alva J. *The Greatness of the Kingdom*. Grand Rapids, Michigan: Zondervan, 1959.

Pache, Rene. *The Return of Jesus Christ*. Translated by William Sanford La Sor. Chicago: Moody Press, 1955.

Pentecost, J. Dwight. *Prophecy for Today*. Grand Rapids, Michigan: Zondervan, 1961. Things To Come. Findlay, Ohio: Dunham, 1959.

Peters, George N. H. *The Theocratic Kingdom of Our Lord Jesus, the Christ*. 3 vols. Grand Rapids, Michigan: Baker Book House, 1957.

Ryrie, Charles C. *Dispensationalism Today*. Chicago: Moody Press, 1965.

Sauer, Erich. *From Eternity to Eternity*. Grand Rapids, Michigan: William B. Eerdtnans, 1954.

Scofield, C. I. *Rightly Dividing the Word of Truth*. New York: Fleming H. Revell, 1907.

_____, ed. *The Scofield Reference Bible*. New York: Oxford University Press, 1909.

_____, ed. *The New Scofield Bible*. New York: Oxford University Press, 1967.

Walvoord, John F. *The Millennial Kingdom*. Findlay, Ohio: Dunham, 1959.

_____. *The Rapture Question*. Findlay, Ohio: Dunham, 1957.

Wood, A. Skevington. *Signs of the Times*. Grand Rapids, Michigan: Baker Book House, 1971.

## 후천년설

Boettner, Loraine. *The Millennium*. Philadelphia: Presbyterian and Reformed Publishing Co., 1957.

Brown, David. *Christ's Second Coming*. 6th ed. Edinburgh: T. & T. Clark, 1867.

Campbell, Roderick. *Israel and the New Covenant*. Philadelphia: Presbyterian and Reformed Publishing Co., 1954.

Hodge, Charles. *Systematic Theology*. New York: Scribner's, 1871.

Kik, J. Marcellus. *An Eschatology of Victory*. Nutley, New Jersey: Presbyterian and Reformed Publishing Co., 1974.

Shedd, W. G. T. *Dogmatic Theology*. New York: Scribner's Sons, 1888.

Snowden, James H. *The Coming of the Lord*. New York: Macmillan, 1919.

Strong, Augustus H. *Systematic Theology*. Philadelphia: Griffith and Roland Press, 1907.

Warfield, B. B. *Biblical Doctrines*. New York: Oxford University Press, 1929.

## 무천년설

Allis, Oswald T. *Prophecy and the Church*. Philadelphia: Presbyterian and Reformed Publishing Co., 1945.

Berkhof, Louis. *Systematic Theology*. Grand Rapids, Michigan: William B. Eerdmans. 1941.

_____. *The Second Coming of Christ*. Grand Rapids, Michigan: William B. Eerdmans, 1953.

Berkouwer, G. C. *The Return of Christ*. Grand Rapids, Michigan: William B. Eerdmans, 1972.

Cox, William E. *Amillennialism Today*. Philadelphia: Presbyterian and Reformed Publishing Co., 1972.

_____. *An Examination of Dispensationalism*. Philadelphia: Presbyterian and Reformed Publishing Co., 1971.

_____. *Biblical Studies in Final Things*. Philadelphia: Presbyterian and Re- fornted Publishing Co., 1967.

Graebner, Theodore. *War in the Light of Prophecy*. St. Louis: Concordia Publishing House, 1941.

Grier, William J. *The Momentous Event*. Belfast: Evangelical Bookshop, 1945.

Hamilton, Floyd E. *The Basis of Millennial Faith*. Grand Rapids, Michigan: William B. Eerdmans, 1942.

Hendriksen, William. *More Than Conquerors*. Grand Rapids, Michigan: Baker Book House, 1939.

Hodges, Jesse Wilson. *Christ's Kingdom and Coming*. Grand Rapids, Michigan: William B. Eerdmans, 1957.

Hoekema, Anthony A. *The Bible and the Future*. Grand Rapids, Michigan: William B. Eerdmans, 1979.

Hughes, Archibald. *A New Heaven and a New Earth*. Philadelphia: Presbyterian and Reformed Publishing Co., 1958.

Jones, R. Bradley, *What, Where, and When Is the Millennium?* Grand Rapids, Michigan: Baker Book House, 1975.

Kuyper, Abraham. *Chiliasm, or the Doctrine of Premillennialism*. Grand Rapids, Michigan: Zondervan Publishing House, 1934.

Masselink, William, *Why Thousand Years?* Grand Rapids, Michigan: William B. Eerdmans, 1930.

Mauro, Phili *The Seventy Weeks and the Great Tribulation*. Swengel, Pennsylvania: Bible Truth Depot, 1944.

Morris, Leon. *The Revelation of St. John*. Grand Rapids, Michigan: William B. Eerd- mans, 1969.

Murray, George L. *Millennial Studies*. Grand Rapids, Michigan: Baker Book House, 1948.

Pieters, AIbertus. *Studies in the Revelaation of St. John*. Grand Rapids, Michigan: Zondervan Publishing House, 1937.

_____. *The Seed of Abraham*. Grand Rapids, Michigan: William B. Eerdmans, 1950.

Travis, Stephen. *The Jesus Hope*. Downers Grove, Illinois: InterVarsity Press, 1976.

Vos, Geerhardus. *The Pauline Eschatology*. Grand Rapids, Michigan: William B. Eerdmans, 1930.

Wilcock, Michael. *I Saw Heaven Opened*. Downers Grove, Illinois: InterVarsity Press, 1975.

Wyngaarden, Martin J. *The Future of the Kingdom*. Grand Rapids, Michigan: Baker Book House, 1955.

▶ 저자·편집자 소개

## ▶ 저자

**로레인 뵈트너**(Loraine Boettner)는 미주리주 북서부에서 태어났다. 프린스턴 신학교에서 고(故) C. W. 하지의 지도로 조직신학을 공부했다(Th. B., 1928; Th. M., 1929). 그전에는 미주리주 타키오 대학을 졸업했고 미주리 대학교에서 단기 농업 과정을 수료했다. 1933년에 명예 신학 박사 학위를 받았고 1957년에 문학 박사 학위를 받았다. 켄터키주 파이크빌 대학에서 8년 동안 성경을 가르쳤다. 워싱턴 D. C.에서 11년, 로스앤젤레스에서 3년간 살았고 현재는 미주리주 락포트에서 거주하고 있다. 저서로는 『개혁주의 예정 교리』(*The Reformed Doctrine of Predestination*, 1932), 『신학 연구』(*Studies in Theology*, 1947), 『불멸』(Immortality, 1956), 『로마 가톨릭주의』(Roman Catholicism, 1962) 등이 있다.

**안토니 A. 후크마**(Anthony A. Hoekema)는 네덜란드에서 태어나 1923년에 미국으로 이주했다. 칼빈 대학(A.B.), 미시간 대학교(M.A.), 칼빈 신학교(Th.B.)와 프린스턴 신학교(Th.D., 1953)를 졸업했다. 몇몇 기독교 개혁 교회의 사역자로 섬긴 후(1944-56) 칼빈 대학의 성경 부교수가 되었다(1956-58). 1958년 이후 칼빈 신학교 조직신학 교수로 재직해왔다. 영국 케임브리지에서 두 번의 안식년을 보냈고(1965-66, 1973-74) 『4대 주요 이단』(*The Four Major Cults*, 1963), 『방언을 어떻게 볼 것인가』(*What about Tongue-Speaking?*, 1966), 『성령 세례』(*Holy Spirit Baptism*, 1972), 『그리스도인, 자신을 보다』(*The Christian Looks at Himself*, 1975), 『성경과 미래』(*The Bible and the Future*, 1979)를 썼다.

**허먼 A. 호이트**(Herman A. Hoyt)는 인디애나주 위노나 레이크 소재 그레이스 신학교와 그레이스 대학의 기독교 신학 학장이자 교수다. A.B., B.D., M.Th., Th.D. 학위를 취득했고 명예 법학 박사 학위를 받았다. 『마지막 때』(*The End Times*, 1969) 등을 저술했으며, 많은 기독교 정기 간행물과 심포지움에 천년왕국에 관한 글을 기고했다. 현재 위노나 레이크 기독교 총회 이사회 의장이며, 그레이스 신학교와 그레이스 대학이 1937년에 설립되었을 때 초대 총장이었던 알바 J. 맥클레인 박사와 함께 일했다.

**조지 엘던 래드**(George Eldon Ladd)는 1950년부터 풀러 신학교에서 신약 해석과 신약 신학 교수로 일하고 있다. 고든 대학과 고든 신학교에서 교육을 받았고(B.D.) 하버드 대학교에서 Ph.D. 학위를 받았다. 하이델베르크 대학교와 바젤 대학교에서 박사 후 연구를 하기도 했다. 미국 침례교 사역자로 서품을 받은 래드 박사는 그 교파의 몇몇 교회들을 섬겼다. 고든 대학 그리스어 교수(1942-45)와 고든 신학교 신약 부서의 학과장(1946-50)을 역임했다. 저서로는 『하나님 나라에 관한 중대한 질문들』(*Crucial*

*Questions about the Kingdom of God*, 1952), 『복된 소망』(*The Blessed Hope*, (1956), 『그 나라의 복음』(*The Gospel of the Kingdom*, 1959), 『예수 그리스도와 역 사』(*Jesus Christ and History*, 1963), 『신약성경과 비평』(*The New Testament and Criticism*, 1965), 『신약성경의 진리의 양상』(*The Pattern of New Testament Truth*, 1968), 『요한계시록 주석』(*Commentary on The Revelation*, 1972) , 『신약 성서 신학』(*The Theology of the New Testament*, 1974) 등이 있다.


## ▶ 편집자

**로버트 G. 클라우스**(Robert G. Clouse)는 테레호테 소재 인디애나 주립대학 교 역사 교수이자 서품을 받은(ordained) 형제회 사역자로서 아이오와 주와 인디애나주에서 교회들을 섬겨왔다. 브라이언 대학(B.A.), 그레이 스 신학교(B.D.), 인디애나 주립대학교(M.A.와 Ph.D.)를 졸업했다. 기독 교 사상사가 그의 전공 분야다. 『시위와 정치』(*Protest and Politics*, 1968)를 공동으로 편집했고 『청교도, 천년왕국, 이스라엘의 미래』(*Puritans, The Millennium and the Future of Israel*, 1970), 『그리스도와 현대의 정신』(*Christ and the Modern Mind*, 1972), 『십자가와 깃발』(*The Cross and the Flag*, 1972)의 몇몇 장을 썼다.

# 천년왕국 논쟁

천년왕국 이론에 관한 네 가지 견해

**Copyright ©** 새물결플러스 2024

**1쇄 발행** 2024년 2월 8일

| | |
|---|---|
| **지은이** | 로레인 뵈트너, 안토니 A. 후크마, 허먼 A. 호이트, 조지 엘던 래드 |
| **옮긴이** | 노동래 |
| **펴낸이** | 김요한 |
| **펴낸곳** | 새물결플러스 |

| | |
|---|---|
| **편 집** | 왕희광 정인철 노재현 이형일 나유영 노동래 |
| **디자인** | 황진주 김은경 |
| **마케팅** | 박성민 |
| **총 무** | 김명화 이성순 |
| **영 상** | 최정호 곽상원 |
| **아카데미** | 차상희 |

| | |
|---|---|
| **홈페이지** | www.holywaveplus.com |
| **이메일** | hwpbooks@hwpbooks.com |
| **출판등록** | 2008년 8월 21일 제2008-24호 |
| **주 소** | (우) 04114 서울특별시 마포구 신촌로28가길 29 |
| **전 화** | 02) 2652-3161 |
| **팩 스** | 02) 2652-3191 |

**ISBN** 979-11-6129-270-0 93230

책값은 뒤표지에 있습니다.